# TRANZLATY

## La Langue est pour tout le Monde

### Dil herkes içindir

# L'appel de la forêt

## Vahşetin Çağrısı

### Jack London

Français / Türkçe

## Dans le primitif
## İlkelliğe Doğru

**Buck ne lisait pas les journaux/**
Buck gazete okumazdı.

**S'il avait lu les journaux, il aurait su que des problèmes se préparaient.**
Gazeteleri okusaydı başının dertte olduğunu anlardı.

**Il y avait des problèmes non seulement pour lui-même, mais pour tous les chiens de la marée.**
Sadece kendisi için değil, tüm su köpekleri için sorun vardı.

**Tout chien musclé et aux poils longs et chauds allait avoir des ennuis.**
Kaslı ve sıcak, uzun tüylü her köpek başını belaya sokacaktı.

**De Puget Bay à San Diego, aucun chien ne pouvait échapper à ce qui allait arriver.**
Puget Körfezi'nden San Diego'ya kadar hiçbir köpek yaklaşan felaketten kaçamadı.

**Des hommes, tâtonnant dans l'obscurité de l'Arctique, avaient trouvé un métal jaune.**
Arktik karanlığında el yordamıyla dolaşan adamlar sarı bir metal bulmuşlardı.

**Les compagnies de navigation et de transport étaient à la recherche de cette découverte.**
Vapur ve nakliye şirketleri bu keşfin peşindeydi.

**Des milliers d'hommes se précipitaient vers le Nord.**
Binlerce adam Kuzey'e doğru akın ediyordu.

**Ces hommes voulaient des chiens, et les chiens qu'ils voulaient étaient des chiens lourds.**
Bu adamlar köpek istiyordu ve istedikleri köpekler ağır köpeklerdi.

**Chiens dotés de muscles puissants pour travailler.**
Çalışmak için güçlü kaslara sahip köpekler.

**Chiens avec des manteaux de fourrure pour les protéger du gel.**
Dondan korunmak için tüylü kürklere sahip köpekler.

**Buck vivait dans une grande maison dans la vallée ensoleillée de Santa Clara.**

Buck, güneşli Santa Clara Vadisi'ndeki büyük bir evde yaşıyordu.

**La maison du juge Miller s'appelait ainsi.**

Yargıç Miller'ın yeri, evi deniyordu.

**Sa maison se trouvait en retrait de la route, à moitié cachée parmi les arbres.**

Evi yoldan uzakta, ağaçların arasında yarı yarıya gizlenmişti.

**On pouvait apercevoir la large véranda qui courait autour de la maison.**

Evin etrafını çevreleyen geniş verandayı görebiliyorduk.

**On accédait à la maison par des allées gravillonnées.**

Eve çakıllı araba yollarından ulaşılırdı.

**Les sentiers serpentaient à travers de vastes pelouses.**

Yollar geniş çimenliklerin arasından kıvrılarak geçiyordu.

**Au-dessus de nos têtes se trouvaient les branches entrelacées de grands peupliers.**

Üstümüzde uzun kavakların iç içe geçmiş dalları vardı.

**À l'arrière de la maison, les choses étaient encore plus spacieuses.**

Evin arka tarafında her şey daha da genişti.

**Il y avait de grandes écuries, où une douzaine de palefreniers discutaient**

Bir düzine seyisin sohbet ettiği büyük ahırlar vardı

**Il y avait des rangées de maisons de serviteurs recouvertes de vigne**

Asmalarla kaplı hizmetçi kulübelerinin sıraları vardı

**Et il y avait une gamme infinie et ordonnée de toilettes extérieures**

Ve sonsuz ve düzenli bir dizi tuvalet vardı

**Longues tonnelles de vigne, pâturages verts, vergers et parcelles de baies.**

Uzun üzüm bağları, yemyeşil otlaklar, meyve bahçeleri ve dut tarlaları.

**Ensuite, il y avait l'usine de pompage du puits artésien.**

Daha sonra artezyen kuyusu için pompaj tesisi vardı.

Et il y avait le grand réservoir en ciment rempli d'eau.
Ve orada suyla dolu büyük bir beton tank vardı.
C'est ici que les garçons du juge Miller ont fait leur
plongeon matinal.
Burada Yargıç Miller'ın çocukları sabah dalışlarını yaptılar.
Et ils se sont rafraîchis là-bas aussi dans l'après-midi chaud.
Ve öğleden sonra sıcağında oralar da serinliyordu.
Et sur ce grand domaine, Buck était celui qui régnait sur
tout.
Ve bu büyük toprakların tamamına Buck hükmediyordu.
Buck est né sur cette terre et y a vécu toutes ses quatre
années.
Buck bu topraklarda doğdu ve dört yılını burada yaşadı.
Il y avait bien d'autres chiens, mais ils n'avaient pas
vraiment d'importance.
Başka köpekler de vardı ama onların pek önemi yoktu.
D'autres chiens étaient attendus dans un endroit aussi vaste
que celui-ci.
Bu kadar geniş bir yerde başka köpeklerin de olması
bekleniyordu.
Ces chiens allaient et venaient, ou vivaient à l'intérieur des
chenils très fréquentés.
Bu köpekler gelip gittiler ya da kalabalık kulübelerin içinde
yaşadılar.
Certains chiens vivaient cachés dans la maison, comme
Toots et Ysabel.
Toots ve Ysabel gibi bazı köpekler evde saklanarak yaşıyordu.
Toots était un carlin japonais, Ysabel un chien nu mexicain.
Toots bir Japon pug cinsi, Ysabel ise tüysüz bir Meksika
köpeğiydi.
Ces étranges créatures sortaient rarement de la maison.
Bu garip yaratıklar nadiren evin dışına çıkıyorlardı.
Ils n'ont pas touché le sol, ni respiré l'air libre à l'extérieur.
Ne yere dokundular, ne de dışarıdaki açık havayı kokladılar.
Il y avait aussi les fox-terriers, au moins une vingtaine.
Ayrıca en az yirmi tane olan tilki terrier'ler de vardı.

**Ces terriers aboyaient férocement sur Toots et Ysabel à l'intérieur.**
Bu terrierler içeride Toots ve Ysabel'a şiddetle havlıyorlardı.

**Toots et Ysabel sont restés derrière les fenêtres, à l'abri du danger.**
Toots ve Ysabel tehlikeden uzak, pencerelerin arkasında kaldılar.

**Ils étaient gardés par des domestiques munies de balais et de serpillères.**
Onları süpürge ve paspaslarla hizmetçiler koruyordu.

**Mais Buck n'était pas un chien de maison, et il n'était pas non plus un chien de chenil.**
Ama Buck ne bir ev köpeğiydi ne de bir kulübe köpeği.

**L'ensemble de la propriété appartenait à Buck comme son royaume légitime.**
Tüm mülk Buck'ın yasal alanıydı.

**Buck nageait dans le réservoir ou partait à la chasse avec les fils du juge.**
Buck tankta yüzüyor ya da Hakim'in oğullarıyla ava çıkıyordu.

**Il marchait avec Mollie et Alice tôt ou tard le soir.**
Sabahın erken veya geç saatlerinde Mollie ve Alice ile yürüyüşe çıkıyordu.

**Lors des nuits froides, il s'allongeait devant le feu de la bibliothèque avec le juge.**
Soğuk gecelerde Hakim'le birlikte kütüphane ateşinin başında yatardı.

**Buck a promené les petits-fils du juge sur son dos robuste.**
Buck, Yargıç'ın torunlarını güçlü sırtında gezdiriyordu.

**Il roula dans l'herbe avec les garçons, les surveillant de près.**
Çocuklarla birlikte çimenlerin üzerinde yuvarlanıyor, onları sıkı sıkıya koruyordu.

**Ils s'aventurèrent jusqu'à la fontaine et même au-delà des champs de baies.**
Çeşmeye doğru ilerlediler, hatta meyve bahçelerinin yanından bile geçtiler.

**Parmi les fox terriers, Buck marchait toujours avec une fierté royale.**

Fox terrier'ler arasında Buck her zaman asil bir gururla yürürdü.

**Il ignora Toots et Ysabel, les traitant comme s'ils étaient de l'air.**

Toots ve Ysabel'i görmezden geldi, onlara hava gibi davrandı.

**Buck régnait sur toutes les créatures vivantes sur les terres du juge Miller.**

Buck, Yargıç Miller'ın topraklarındaki tüm canlılara hükmediyordu.

**Il régnait sur les animaux, les insectes, les oiseaux et même les humains.**

Hayvanlara, böceklere, kuşlara ve hatta insanlara hükmediyordu.

**Le père de Buck, Elmo, était un énorme et fidèle Saint-Bernard.**

Buck'ın babası Elmo çok büyük ve sadık bir St. Bernard'dı.

**Elmo n'a jamais quitté le juge et l'a servi fidèlement.**

Elmo, Hakim'in yanından hiç ayrılmadı ve ona sadakatle hizmet etti.

**Buck semblait prêt à suivre le noble exemple de son père.**

Buck babasının asil örneğini izlemeye hazır görünüyordu.

**Buck n'était pas aussi gros, pesant cent quarante livres.**

Buck o kadar büyük değildi, 140 kilo ağırlığındaydı.

**Sa mère, Shep, était un excellent chien de berger écossais.**

Annesi Shep, iyi bir İskoç çoban köpeğiydi.

**Mais même avec ce poids, Buck marchait avec une présence royale.**

Ama Buck, o kiloda bile görkemli bir duruşla yürüyordu.

**Cela venait de la bonne nourriture et du respect qu'il recevait toujours.**

Bu, güzel yemeklerden ve her zaman gördüğü saygıdan kaynaklanıyordu.

**Pendant quatre ans, Buck a vécu comme un noble gâté.**

Buck dört yıl boyunca şımarık bir asilzade gibi yaşamıştı.

**Il était fier de lui, et même légèrement égoïste.**

Kendisiyle gurur duyuyordu, hatta biraz da egoistti.

**Ce genre de fierté était courant chez les seigneurs des régions reculées.**

Bu tür bir gurur, uzak ülke beyleri arasında yaygındı.

**Mais Buck s'est sauvé de devenir un chien de maison choyé.**

Ama Buck, şımartılan bir ev köpeği olmaktan kurtuldu.

**Il est resté mince et fort grâce à la chasse et à l'exercice.**

Avcılık ve egzersiz sayesinde zayıf ve güçlü kaldı.

**Il aimait profondément l'eau, comme les gens qui se baignent dans les lacs froids.**

Suyu çok severdi, tıpkı soğuk göllerde yıkanan insanlar gibi.

**Cet amour pour l'eau a gardé Buck fort et en très bonne santé.**

Suya olan bu sevgi Buck'ı güçlü ve çok sağlıklı tutuyordu.

**C'était le chien que Buck était devenu à l'automne 1897.**

Bu, Buck'ın 1897 sonbaharında dönüştüğü köpekti.

**Lorsque la découverte du Klondike a attiré des hommes vers le Nord gelé.**

Klondike saldırısı adamları dondurucu Kuzey'e çektiğinde.

**Des gens du monde entier se sont précipités vers ce pays froid.**

Dünyanın her yanından insanlar soğuk topraklara akın ediyordu.

**Buck, cependant, ne lisait pas les journaux et ne comprenait pas les nouvelles.**

Ancak Buck gazete okumuyor ve haberlerden anlamıyordu.

**Il ne savait pas que Manuel était un homme désagréable à fréquenter.**

Manuel'in etrafında bulunması kötü bir adam olduğunu bilmiyordu.

**Manuel, qui aidait au jardin, avait un problème grave.**

Bahçede yardım eden Manuel'in derin bir sorunu vardı.

**Manuel était accro aux jeux de loterie chinois.**

Manuel, Çin piyangosuna kumar oynamaya bağımlıydı.

**Il croyait également fermement en un système fixe pour gagner.**

Ayrıca kazanmak için sabit bir sisteme inanıyordu.

**Cette croyance rendait son échec certain et inévitable.**
Bu inanç onun başarısızlığını kesin ve kaçınılmaz kılıyordu.
**Jouer un système exige de l'argent, ce qui manquait à Manuel.**
Sistemli bir oyun oynamak para gerektiriyordu ve Manuel'de bu yoktu.
**Son salaire suffisait à peine à subvenir aux besoins de sa femme et de ses nombreux enfants.**
Maaşı karısının ve çok sayıda çocuğunun geçimini ancak sağlıyordu.
**La nuit où Manuel a trahi Buck, les choses étaient normales.**
Manuel'in Buck'a ihanet ettiği gece her şey normaldi.
**Le juge était présent à une réunion de l'Association des producteurs de raisins secs.**
Hakim, Kuru Üzüm Yetiştiricileri Derneği toplantısındaydı.
**Les fils du juge étaient alors occupés à former un club d'athlétisme.**
O sıralarda Hakim'in oğulları bir spor kulübü kurmakla meşguldüler.
**Personne n'a vu Manuel et Buck sortir par le verger.**
Manuel ve Buck'ın meyve bahçesinden ayrıldıklarını kimse görmedi.
**Buck pensait que cette promenade n'était qu'une simple promenade nocturne.**
Buck bu yürüyüşün sıradan bir gece gezintisi olduğunu düşünüyordu.
**Ils n'ont rencontré qu'un seul homme à la station du drapeau, à College Park.**
College Park'taki bayrak istasyonunda yalnızca bir adamla karşılaştılar.
**Cet homme a parlé à Manuel et ils ont échangé de l'argent.**
O adam Manuel'le konuştu ve para alışverişinde bulundular.
**« Emballez les marchandises avant de les livrer », a-t-il suggéré.**
"Malları teslim etmeden önce paketleyin" diye önerdi.
**La voix de l'homme était rauque et impatiente lorsqu'il parlait.**

Adam konuşurken sesi sert ve sabırsızdı.

**Manuel a soigneusement attaché une corde épaisse autour du cou de Buck.**

Manuel, Buck'ın boynuna kalın bir ipi dikkatlice bağladı.

**« Tournez la corde et vous l'étoufferez abondamment »**

"İpi bükersen onu bol bol boğarsın"

**L'étranger émit un grognement, montrant qu'il comprenait bien.**

Yabancı, onu iyi anladığını gösteren bir homurtu çıkardı.

**Buck a accepté la corde avec calme et dignité tranquille ce jour-là.**

Buck o gün ipi sakin ve sessiz bir vakarla kabul etti.

**C'était un acte inhabituel, mais Buck faisait confiance aux hommes qu'il connaissait.**

Sıra dışı bir davranıştı ama Buck tanıdığı adamlara güveniyordu.

**Il croyait que leur sagesse allait bien au-delà de sa propre pensée.**

Onların bilgeliğinin kendi düşüncelerinin çok ötesinde olduğuna inanıyordu.

**Mais ensuite la corde fut remise entre les mains de l'étranger.**

Ama sonra ip yabancının eline geçti.

**Buck émit un grognement sourd qui avertissait avec une menace silencieuse.**

Buck, sessiz bir tehditle uyaran alçak bir homurtu çıkardı.

**Il était fier et autoritaire, et voulait montrer son mécontentement.**

Gururlu ve buyurgandı, hoşnutsuzluğunu göstermek istiyordu.

**Buck pensait que son avertissement serait compris comme un ordre.**

Buck, uyarısının bir emir olarak anlaşılacağına inanıyordu.

**À sa grande surprise, la corde se resserra rapidement autour de son cou épais.**

Şaşkınlıkla, ipin kalın boynunu daha da sıkı sardığını gördü.

**Son air fut coupé et il commença à se battre dans une rage soudaine.**
Nefesi kesildi ve aniden öfkelenerek kavga etmeye başladı.

**Il s'est jeté sur l'homme, qui a rapidement rencontré Buck en plein vol.**
Adamın üzerine atıldı, adam da hemen Buck'la havada buluştu.

**L'homme attrapa Buck par la gorge et le fit habilement tourner dans les airs.**
Adam Buck'ın boğazını yakaladı ve onu ustalıkla havaya kaldırdı.

**Buck a été violemment projeté au sol, atterrissant à plat sur le dos.**
Buck sert bir şekilde yere fırlatıldı ve sırt üstü yere düştü.

**La corde l'étranglait alors cruellement tandis qu'il donnait des coups de pied sauvages.**
İp artık onu acımasızca boğuyordu, o ise çılgınca tekmeliyordu.

**Sa langue tomba, sa poitrine se souleva, mais il ne reprit pas son souffle.**
Dili dışarı çıktı, göğsü inip kalktı ama nefes alamadı.

**Il n'avait jamais été traité avec une telle violence de sa vie.**
Hayatında hiç bu kadar şiddetle karşılaşmamıştı.

**Il n'avait jamais été rempli d'une fureur aussi profonde auparavant.**
Daha önce hiç bu kadar derin bir öfkeye kapılmamıştı.

**Mais le pouvoir de Buck s'est estompé et ses yeux sont devenus vitreux.**
Ama Buck'ın gücü azaldı ve gözleri donuklaştı.

**Il s'est évanoui juste au moment où un train s'arrêtait à proximité.**
Yakınlarda bir trenin durdurulduğu sırada bayıldı.

**Les deux hommes le jetèrent alors rapidement dans le fourgon à bagages.**
Daha sonra iki adam onu hızla bagaj vagonuna fırlattılar.

**La chose suivante que Buck ressentit fut une douleur dans sa langue enflée.**

Buck'ın hissettiği bir sonraki şey şişmiş dilindeki acıydı.

Il se déplaçait dans un chariot tremblant, à peine conscient.

Sallanan bir arabada hareket ediyordu, bilinci pek yerinde değildi.

Le cri aigu d'un sifflet de train indiqua à Buck où il se trouvait.

Bir tren düdüğünün keskin çığlığı Buck'a yerini söyledi.

Il avait souvent roulé avec le juge et connaissait ce sentiment.

Yargıçla birlikte sık sık yolculuk yapmıştı ve bu duyguyu çok iyi biliyordu.

C'était le choc unique de voyager à nouveau dans un fourgon à bagages.

Tekrar bir yük vagonunda seyahat etmenin eşsiz sarsıntısıydı.

Buck ouvrit les yeux et son regard brûla de rage.

Buck gözlerini açtı, bakışları öfkeyle yanıyordu.

C'était la colère d'un roi fier déchu de son trône.

Bu, tahtından indirilen kibirli bir kralın öfkesiydi.

Un homme a tenté de l'attraper, mais Buck a frappé en premier.

Bir adam onu yakalamak için uzandı ama önce Buck saldırdı.

Il enfonça ses dents dans la main de l'homme et la serra fermement.

Dişlerini adamın eline geçirdi ve sıkıca tuttu.

Il ne l'a pas lâché jusqu'à ce qu'il s'évanouisse une deuxième fois.

İkinci kez bayılıncaya kadar bırakmadı.

« Ouais, il a des crises », murmura l'homme au bagagiste.

"Evet, kriz geçiriyor," diye mırıldandı adam bagaj görevlisine.

Le bagagiste avait entendu la lutte et s'était approché.

Yükçü boğuşma sesini duymuş ve yaklaşmıştı.

« Je l'emmène à Frisco pour le patron », a expliqué l'homme.

"Onu patron için Frisco'ya götürüyorum" diye açıkladı adam.

« Il y a un excellent vétérinaire qui dit pouvoir les guérir. »

"Orada onları iyileştirebileceğini söyleyen iyi bir köpek doktoru var."

**Plus tard dans la soirée, l'homme a donné son propre récit complet.**

Aynı gece adam tüm ayrıntısıyla anlattı.

**Il parlait depuis un hangar derrière un saloon sur les quais.**

Rıhtımda bir meyhanenin arkasındaki kulübeden konuşuyordu.

**« Tout ce qu'on m'a donné, c'était cinquante dollars », se plaignit-il au vendeur du saloon.**

"Bana sadece elli dolar verildi," diye şikayet etti meyhaneciye.

**« Je ne le referais pas, même pour mille dollars en espèces. »**

"Bin dolar nakit verilse bile bir daha bunu yapmam."

**Sa main droite était étroitement enveloppée dans un tissu ensanglanté.**

Sağ eli kanlı bir bezle sıkıca sarılmıştı.

**Son pantalon était déchiré du genou au pied.**

Pantolon paçası dizinden ayağına kadar yırtılmıştı.

**« Combien a été payé l'autre idiot ? » demanda le vendeur du saloon.**

"Diğer züppe ne kadar maaş aldı?" diye sordu barmen.

**« Cent », répondit l'homme, « il n'accepterait pas un centime de moins. »**

"Yüz," diye cevapladı adam, "bir kuruş bile aşağısını kabul etmez."

**« Cela fait cent cinquante », dit le vendeur du saloon.**

"Bu da yüz elli ediyor," dedi meyhaneci.

**« Et il vaut tout ça, sinon je ne suis pas meilleur qu'un imbécile. »**

"Ve o her şeye değer, yoksa ben bir aptaldan daha iyi değilim."

**L'homme ouvrit les emballages pour examiner sa main.**

Adam elini incelemek için ambalajı açtı.

**La main était gravement déchirée et couverte de sang séché.**

Eli çok kötü yırtılmış ve kurumuş kanla kaplanmıştı.

**« Si je n'ai pas l' hydrophobie... » commença-t-il à dire.**

"Kuduz olmazsam..." diye söze başladı.

**« Ce sera parce que tu es né pour être pendu », dit-il en riant.**

"Çünkü asılmak için doğmuşsun," diye bir kahkaha duyuldu.

**« Viens m'aider avant de partir », lui a-t-on demandé.**

"Yola çıkmadan önce bana yardım et," diye rica ettiler.

**Buck était dans un état second à cause de la douleur dans sa langue et sa gorge.**

Buck, dilindeki ve boğazındaki acıdan sersemlemişti.

**Il était à moitié étranglé et pouvait à peine se tenir debout.**

Yarı boğulmuş haldeydi ve ayakta durmakta zorlanıyordu.

**Pourtant, Buck essayait de faire face aux hommes qui l'avaient blessé ainsi.**

Yine de Buck, kendisine bu kadar zarar veren adamlarla yüzleşmeye çalışıyordu.

**Mais ils le jetèrent à terre et l'étranglèrent une fois de plus.**

Ama onu yere attılar ve bir kez daha boğazladılar.

**Ce n'est qu'à ce moment-là qu'ils ont pu scier son lourd collier de laiton.**

Ancak o zaman ağır pirinç yakasını kesebildiler.

**Ils ont retiré la corde et l'ont poussé dans une caisse.**

İpi çözüp onu bir sandığa ittiler.

**La caisse était petite et avait la forme d'une cage en fer brut.**

Sandık küçüktü ve kaba bir demir kafese benziyordu.

**Buck resta allongé là toute la nuit, rempli de colère et d'orgueil blessé.**

Buck bütün gece orada yattı, öfke ve incinmiş gururla doluydu.

**Il ne pouvait pas commencer à comprendre ce qui lui arrivait.**

Kendisine ne olduğunu bir türlü anlayamıyordu.

**Pourquoi ces hommes étranges le gardaient-ils dans cette petite caisse ?**

Bu garip adamlar onu neden bu küçük kafeste tutuyorlardı?

**Que voulaient-ils de lui et pourquoi cette cruelle captivité ?**

Ondan ne istiyorlardı ve bu zalim esaret nedendi?

**Il ressentait une pression sombre, un sentiment de catastrophe qui se rapprochait.**

Karanlık bir baskı hissediyordu; yaklaşan bir felaket duygusu.

**C'était une peur vague, mais elle pesait lourdement sur son esprit.**

Bu belirsiz bir korkuydu ama ruhuna ağır bir şekilde yerleşmişti.

**Il a sursauté à plusieurs reprises lorsque la porte du hangar a claqué.**

Birkaç kez kulübenin kapısı gıcırdadığında yerinden sıçradı.

**Il s'attendait à ce que le juge ou les garçons apparaissent et le sauvent.**

Hakimin ya da çocukların gelip kendisini kurtarmasını bekliyordu.

**Mais à chaque fois, seul le gros visage du tenancier de bar apparaissait à l'intérieur.**

Ama her seferinde içeriye yalnızca meyhanecinin şişman yüzü bakıyordu.

**Le visage de l'homme était éclairé par la faible lueur d'une bougie de suif.**

Adamın yüzü, don yağından yapılmış bir mumun soluk ışığıyla aydınlanıyordu.

**À chaque fois, l'aboiement joyeux de Buck se transformait en un grognement bas et colérique.**

Her seferinde Buck'ın neşeli havlaması, yerini alçak, öfkeli bir homurtuya bırakıyordu.

**Le tenancier du saloon l'a laissé seul pour la nuit dans la caisse**

Bar sahibi onu gece boyunca sandıkta yalnız bıraktı

**Mais quand il se réveilla le matin, d'autres hommes arrivèrent.**

Fakat sabah uyandığında daha fazla adamın geldiğini gördü.

**Quatre hommes sont venus et ont ramassé la caisse avec précaution, sans un mot.**

Dört adam gelip tek kelime etmeden dikkatlice sandığı aldılar.

**Buck comprit immédiatement dans quelle situation il se trouvait.**

Buck, içinde bulunduğu durumun farkına hemen vardı.

**Ils étaient d'autres bourreaux qu'il devait combattre et craindre.**

Bunlar onun savaşması ve korkması gereken başka işkencecilerdi.

**Ces hommes avaient l'air méchants, en haillons et très mal soignés.**

Bu adamlar kötü, perişan ve çok kötü bakımlı görünüyorlardı.

**Buck grogna et se jeta férocement sur eux à travers les barreaux.**

Buck hırladı ve parmaklıkların arasından onlara doğru sertçe atıldı.

**Ils se sont contentés de rire et de le frapper avec de longs bâtons en bois.**

Sadece gülüyorlardı ve uzun tahta sopalarla ona vuruyorlardı.

**Buck a mordu les bâtons, puis s'est rendu compte que c'était ce qu'ils aimaient.**

Buck çubukları ısırdı, sonra bunun hoşlarına gittiğini anladı.

**Il s'allongea donc tranquillement, maussade et brûlant d'une rage silencieuse.**

Bu yüzden sessizce yattı, surat asmıştı ve sessiz bir öfkeyle yanıyordu.

**Ils ont soulevé la caisse dans un chariot et sont partis avec lui.**

Sandığı bir arabaya kaldırıp onu alıp uzaklaştılar.

**La caisse, avec Buck enfermé à l'intérieur, changeait souvent de mains.**

İçinde Buck'ın kilitli olduğu sandık sık sık el değiştiriyordu.

**Les employés du bureau express ont pris les choses en main et l'ont traité brièvement.**

Ekspres büro memurları devreye girdi ve kısa bir süre onunla ilgilendiler.

**Puis un autre chariot transporta Buck à travers la ville bruyante.**

Sonra başka bir vagon Buck'ı gürültülü kasabanın içinden taşıdı.

**Un camion l'a emmené avec des cartons et des colis sur un ferry.**

Bir kamyon onu kutular ve paketlerle birlikte bir feribota bindirdi.

Après la traversée, le camion l'a déchargé dans un dépôt ferroviaire.

Geçişten sonra kamyon onu bir tren istasyonuna indirdi.

Finalement, Buck fut placé dans une voiture express en attente.

Sonunda Buck, bekleyen bir ekspres vagonuna yerleştirildi.

Pendant deux jours et deux nuits, les trains ont emporté la voiture express.

İki gün iki gece trenler ekspres vagonu çekip götürdü.

Buck n'a ni mangé ni bu pendant tout le douloureux voyage.

Buck, tüm bu acı dolu yolculuk boyunca ne bir şey yedi ne de içti.

Lorsque les messagers express ont essayé de l'approcher, il a grogné.

Kuryeler kendisine yaklaşmaya çalıştıklarında homurdanıyordu.

Ils ont réagi en se moquant de lui et en le taquinant cruellement.

Onlar da ona alay ederek ve acımasızca sataşarak karşılık verdiler.

Buck se jeta sur les barreaux, écumant et tremblant

Buck kendini parmaklıklara attı, köpürdü ve titredi

ils ont ri bruyamment et l'ont raillé comme des brutes de cour d'école.

yüksek sesle gülüyorlardı ve okul bahçesindeki zorbalar gibi onunla alay ediyorlardı.

Ils aboyaient comme de faux chiens et battaient des bras.

Sahte köpekler gibi havlıyorlar ve kollarını çırpıyorlardı.

Ils ont même chanté comme des coqs juste pour le contrarier davantage.

Hatta onu daha da üzmek için horoz gibi ötüyorlardı.

C'était un comportement stupide, et Buck savait que c'était ridicule.

Bu aptalca bir davranıştı ve Buck bunun saçma olduğunu biliyordu.

Mais cela n'a fait qu'approfondir son sentiment d'indignation et de honte.

Ama bu, onun öfkesini ve utancını daha da derinleştirdi.

**Il n'a pas été trop dérangé par la faim pendant le voyage.**

Yolculuk sırasında açlık onu pek rahatsız etmedi.

**Mais la soif provoquait une douleur aiguë et une souffrance insupportable.**

Fakat susuzluk, beraberinde şiddetli ağrıları ve dayanılmaz acıları getiriyordu.

**Sa gorge sèche et enflammée et sa langue brûlaient de chaleur.**

Kuru, iltihaplı boğazı ve dili sıcaklıkla yanıyordu.

**Cette douleur alimentait la fièvre qui montait dans son corps fier.**

Bu acı, gururlu bedeninin içinde yükselen ateşi besliyordu.

**Buck était reconnaissant pour une seule chose au cours de ce procès.**

Buck, bu dava boyunca tek bir şeye şükretti.

**La corde avait été retirée de son cou épais.**

Kalın boynundaki ip çözülmüştü.

**La corde avait donné à ces hommes un avantage injuste et cruel.**

İp o adamlara haksız ve zalim bir avantaj sağlamıştı.

**Maintenant, la corde avait disparu et Buck jura qu'elle ne reviendrait jamais.**

Artık ip gitmişti ve Buck onun asla geri dönmeyeceğine yemin etti.

**Il a décidé qu'aucune corde ne passerait plus jamais autour de son cou.**

Bir daha asla boynuna ip dolanmayacağına karar verdi.

**Pendant deux longs jours et deux longues nuits, il souffrit sans nourriture.**

İki uzun gün ve gece boyunca aç kaldı.

**Et pendant ces heures, il a développé une énorme rage en lui.**

Ve o saatler içinde içinde büyük bir öfke biriktirdi.

**Ses yeux sont devenus injectés de sang et sauvages à cause d'une colère constante.**

Gözleri sürekli öfkeden kan çanağına dönmüş, çılgına dönmüştü.

**Il n'était plus Buck, mais un démon aux mâchoires claquantes.**

Artık Buck değildi, çeneleri şakırdayan bir iblisti.

**Même le juge n'aurait pas reconnu cette créature folle.**

Hakim bile bu deli yaratığı tanıyamazdı.

**Les messagers express ont soupiré de soulagement lorsqu'ils ont atteint Seattle**

Ekspres kuryeler Seattle'a vardıklarında rahat bir nefes aldılar

**Quatre hommes ont soulevé la caisse et l'ont amenée dans une cour arrière.**

Dört adam sandığı kaldırıp arka bahçeye getirdiler.

**La cour était petite, entourée de murs hauts et solides.**

Avlu küçüktü, yüksek ve sağlam duvarlarla çevriliydi.

**Un grand homme sortit, vêtu d'un pull rouge affaissé.**

Üzerinde kırmızı, bol bir kazak gömleği olan iri yarı bir adam dışarı çıktı.

**Il a signé le carnet de livraison d'une écriture épaisse et audacieuse.**

Teslimat defterini kalın ve kalın bir el yazısıyla imzaladı.

**Buck sentit immédiatement que cet homme était son prochain bourreau.**

Buck, bu adamın kendisine bir sonraki işkenceci olacağını hemen anladı.

**Il se jeta violemment sur les barreaux, les yeux rouges de fureur.**

Öfkeden kızarmış gözlerle parmaklıklara doğru şiddetle atıldı.

**L'homme sourit simplement sombrement et alla chercher une hachette.**

Adam sadece karanlık bir şekilde gülümsedi ve baltayı almaya gitti.

**Il portait également une massue dans sa main droite épaisse et forte.**

Ayrıca kalın ve güçlü sağ elinde bir sopa vardı.

**« Tu vas le sortir maintenant ? » demanda le chauffeur, inquiet.**

"Onu şimdi mi dışarı çıkaracaksın?" diye sordu şoför endişeyle.

**« Bien sûr », dit l'homme en enfonçant la hachette dans la caisse comme levier.**

"Elbette," dedi adam, baltayı kaldıraç olarak kullanarak kasaya sokarken.

**Les quatre hommes se dispersèrent instantanément et sautèrent sur le mur de la cour.**

Dört adam anında dağılıp bahçe duvarına atladılar.

**Depuis leurs endroits sûrs, ils attendaient d'assister au spectacle.**

Yukarıdaki güvenli noktalarından manzarayı izlemeyi bekliyorlardı.

**Buck se jeta sur le bois éclaté, le mordant et le secouant violemment.**

Buck parçalanmış tahtaya doğru atıldı, ısırdı ve şiddetle salladı.

**Chaque fois que la hachette touchait la cage, Buck était là pour l'attaquer.**

(Her seferinde balta kafese çarptığında) Buck saldırmak için oradaydı.

**Il grogna et claqua des dents avec une rage folle, impatient d'être libéré.**

Özgür bırakılmak için can atarak hırladı ve vahşi bir öfkeyle bağırdı.

**L'homme dehors était calme et stable, concentré sur sa tâche.**

Dışarıdaki adam sakin ve kararlıydı, işine odaklanmıştı.

**« Bon, alors, espèce de diable aux yeux rouges », dit-il lorsque le trou fut grand.**

"O zaman, kırmızı gözlü şeytan," dedi delik genişlediğinde.

**Il laissa tomber la hachette et prit le gourdin dans sa main droite.**

Baltayı bırakıp sopayı sağ eline aldı.

**Buck ressemblait vraiment à un diable ; les yeux injectés de sang et flamboyants.**

Buck gerçekten de bir şeytana benziyordu; gözleri kan çanağı gibiydi ve alev alev yanıyordu.

**Son pelage se hérissait, de la mousse s'échappait de sa bouche, ses yeux brillaient.**

Tüyleri diken diken oldu, ağzından köpükler çıktı, gözleri parladı.

**Il rassembla ses muscles et se jeta directement sur le pull rouge.**

Kaslarını kasıp kırmızı kazağa doğru atıldı.

**Cent quarante livres de fureur s'abattèrent sur l'homme calme.**

Sakin adama 140 kiloluk bir öfke saldırdı.

**Juste avant que ses mâchoires ne se referment, un coup terrible le frappa.**

Çenesi kapanmadan hemen önce korkunç bir darbe yedi.

**Ses dents claquèrent l'une contre l'autre, rien d'autre que l'air**

Dişleri sadece havada birbirine çarptı

**une secousse de douleur résonna dans son corps**

acının sarsıntısı vücudunda yankılandı

**Il a fait un saut périlleux en plein vol et s'est écrasé sur le dos et sur le côté.**

Havada takla atarak sırt üstü ve yan tarafına düştü.

**Il n'avait jamais ressenti auparavant le coup d'un gourdin et ne pouvait pas le saisir.**

Daha önce hiç sopa darbesi hissetmemiş ve bunu kavrayamamıştı.

**Avec un grognement strident, mi-aboiement, mi-cri, il bondit à nouveau.**

Kısmen havlama, kısmen çığlık gibi tiz bir hırlamayla tekrar sıçradı.

**Un autre coup brutal le frappa et le projeta au sol.**

Bir başka vahşi darbe daha ona isabet etti ve yere savruldu.

**Cette fois, Buck comprit : c'était la lourde massue de l'homme.**

Buck bu sefer anladı: Adamın ağır sopasıydı bu.

**Mais la rage l'aveuglait, et il n'avait aucune idée de retraite.**

Fakat öfke onu kör etmişti ve geri çekilmeyi düşünmüyordu.

**Douze fois il s'est lancé et douze fois il est tombé.**

On iki kez kendini fırlattı ve on iki kez düştü.

**Le gourdin en bois le frappait à chaque fois avec une force impitoyable et écrasante.**

Tahta sopa her seferinde acımasız, ezici bir güçle ona çarpıyordu.

**Après un coup violent, il se releva en titubant, étourdi et lent.**

Şiddetli bir darbeden sonra sersemlemiş ve yavaş bir şekilde ayağa kalktı.

**Du sang coulait de sa bouche, de son nez et même de ses oreilles.**

Ağzından, burnundan, hatta kulaklarından kan akıyordu.

**Son pelage autrefois magnifique était maculé de mousse sanglante.**

Bir zamanlar güzel olan paltosu kanlı köpüklerle lekelenmişti.

**Alors l'homme s'est avancé et a donné un coup violent au nez.**

Sonra adam öne çıktı ve burnuna sert bir darbe indirdi.

**L'agonie était plus vive que tout ce que Buck avait jamais ressenti.**

Buck'ın daha önce hiç hissetmediği kadar şiddetli bir acı vardı.

**Avec un rugissement plus bête que chien, il bondit à nouveau pour attaquer.**

Bir köpekten çok bir canavarın kükremesini andıran bir sesle tekrar saldırıya geçti.

**Mais l'homme attrapa sa mâchoire inférieure et la tourna vers l'arrière.**

Fakat adam alt çenesini yakaladı ve geriye doğru büktü.

**Buck fit un saut périlleux et s'écrasa à nouveau violemment.**

Buck baş aşağı döndü ve tekrar sert bir şekilde yere çakıldı.

**Une dernière fois, Buck se précipita sur lui, maintenant à peine capable de se tenir debout.**

Buck son kez ona doğru koştu, artık ayakta durmakta zorlanıyordu.

**L'homme a frappé avec un timing expert, délivrant le coup final.**

Adam ustaca bir zamanlamayla vurarak son darbeyi indirdi.

Buck s'est effondré, inconscient et immobile.
Buck baygın ve hareketsiz bir şekilde yığılıp kaldı.
« Il n'est pas mauvais pour dresser les chiens, c'est ce que je dis », a crié un homme.
"Köpek terbiye etmede hiç de fena değil, ben öyle diyorum," diye bağırdı bir adam.
« Druther peut briser la volonté d'un chien n'importe quel jour de la semaine. »
"Druther, bir tazının iradesini haftanın her günü kırabilir."
« Et deux fois un dimanche ! » a ajouté le chauffeur.
"Ve Pazar günü iki kere!" diye ekledi şoför.
Il monta dans le chariot et fit claquer les rênes pour partir.
Vagona bindi ve dizginleri şaklatarak yola koyuldu.
Buck a lentement repris le contrôle de sa conscience
Buck yavaş yavaş bilincini yeniden kazandı
mais son corps était encore trop faible et brisé pour bouger.
ama vücudu hâlâ hareket edemeyecek kadar zayıf ve kırıktı.
Il resta allongé là où il était tombé, regardant l'homme au pull rouge.
Düştüğü yerde yatıp kırmızı kazaklı adamı izliyordu.
« Il répond au nom de Buck », dit l'homme en lisant à haute voix.
"Buck adını kullanıyor," dedi adam yüksek sesle okurken.
Il a cité la note envoyée avec la caisse de Buck et les détails.
Buck'ın sandığı ve detaylarıyla birlikte gönderilen nottan alıntı yaptı.
« Eh bien, Buck, mon garçon », continua l'homme d'un ton amical,
"Eh, Buck, oğlum," diye devam etti adam dostça bir ses tonuyla,
« Nous avons eu notre petite dispute, et maintenant c'est fini entre nous. »
"Küçük kavgamızı yaptık ve artık aramızda bitti."
« Tu as appris à connaître ta place, et j'ai appris à connaître la mienne », a-t-il ajouté.
"Sen haddini bildin, ben de haddimi bildim" diye ekledi.
« Sois sage, tout ira bien et la vie sera agréable. »

"İyi ol, her şey yoluna girecek, hayat keyifli olacak."

« Mais sois méchant, et je te botterai les fesses, compris ? »

"Ama kötü davranırsan seni pataklarım, anladın mı?"

**Tandis qu'il parlait, il tendit la main et tapota la tête douloureuse de Buck.**

Konuşurken elini uzatıp Buck'ın yaralı başını okşadı.

**Les cheveux de Buck se dressèrent au contact de l'homme, mais il ne résista pas.**

Buck'ın tüyleri adamın dokunuşuyla diken diken oldu ama direnmedi.

**L'homme lui apporta de l'eau, que Buck but à grandes gorgées.**

Adam ona su getirdi, Buck da onu büyük yudumlarla içti.

**Puis vint la viande crue, que Buck dévora morceau par morceau.**

Sonra Buck'ın parça parça mideye indirdiği çiğ et geldi.

**Il savait qu'il était battu, mais il savait aussi qu'il n'était pas brisé.**

Yenildiğini biliyordu ama kırılmadığını da biliyordu.

**Il n'avait aucune chance contre un homme armé d'une matraque.**

Sopalı bir adama karşı hiçbir şansı yoktu.

**Il avait appris la vérité et il n'a jamais oublié cette leçon.**

Gerçeği öğrenmişti ve bu dersi hiçbir zaman unutmadı.

**Cette arme était le début de la loi dans le nouveau monde de Buck.**

Bu silah Buck'ın yeni dünyasında hukukun başlangıcıydı.

**C'était le début d'un ordre dur et primitif qu'il ne pouvait nier.**

İnkar edemeyeceği sert, ilkel bir düzenin başlangıcıydı bu.

**Il accepta la vérité ; ses instincts sauvages étaient désormais éveillés.**

Gerçeği kabul etti; vahşi içgüdüleri artık uyanmıştı.

**Le monde était devenu plus dur, mais Buck l'a affronté avec courage.**

Dünya giderek daha acımasız bir hal almıştı ama Buck bununla cesurca yüzleşti.

**Il a affronté la vie avec une prudence, une ruse et une force tranquille nouvelles.**

Hayata yeni bir dikkatle, kurnazlıkla ve sessiz bir güçle yaklaştı.

**D'autres chiens sont arrivés, attachés dans des cordes ou des caisses comme Buck l'avait été.**

Buck'ınki gibi iplere veya kasalara bağlanmış daha fazla köpek geldi.

**Certains chiens sont venus calmement, d'autres ont fait rage et se sont battus comme des bêtes sauvages.**

Kimisi sakin sakin gelirken, kimisi de vahşi hayvanlar gibi öfkelenip kavga ediyordu.

**Ils furent tous soumis au règne de l'homme au pull rouge.**

Hepsi kırmızı kazaklı adamın yönetimi altına girdi.

**À chaque fois, Buck regardait et voyait la même leçon se dérouler.**

Buck her seferinde aynı dersin ortaya çıktığını gördü.

**L'homme avec la massue était la loi, un maître à obéir.**

Sopa tutan adam kanundu; itaat edilmesi gereken bir efendiydi.

**Il n'avait pas besoin d'être aimé, mais il fallait qu'on lui obéisse.**

Sevilmeye ihtiyacı yoktu ama itaat edilmeye ihtiyacı vardı.

**Buck ne s'est jamais montré flatteur ni n'a remué la queue comme le faisaient les chiens plus faibles.**

Buck asla zayıf köpekler gibi yaltaklanmıyor veya kuyruk sallamıyordu.

**Il a vu des chiens qui avaient été battus et qui continuaient à lécher la main de l'homme.**

Dövülmüş olmasına rağmen adamın elini yalayan köpekler gördü.

**Il a vu un chien qui refusait d'obéir ou de se soumettre du tout.**

Bir köpeğin itaat etmediğini, boyun eğmediğini gördü.

**Ce chien s'est battu jusqu'à ce qu'il soit tué dans la bataille pour le contrôle.**

O köpek kontrol mücadelesinde öldürülene kadar savaştı.

**Des étrangers venaient parfois voir l'homme au pull rouge.**
Bazen yabancılar kırmızı kazaklı adamı görmeye gelirlerdi.
**Ils parlaient sur un ton étrange, suppliant, marchandant et riant.**
Garip ses tonlarıyla konuşuyorlardı; yalvarıyor, pazarlık ediyor ve gülüyorlardı.
**Lors de l'échange d'argent, ils partaient avec un ou plusieurs chiens.**
Para alışverişi yapıldığında bir veya daha fazla köpekle ayrılırlardı.
**Buck se demandait où étaient passés ces chiens, car aucun n'était jamais revenu.**
Buck bu köpeklerin nereye gittiğini merak ediyordu, çünkü hiçbiri geri dönmüyordu.
**la peur de l'inconnu envahissait Buck chaque fois qu'un homme étrange venait**
Buck her seferinde yabancı bir adam geldiğinde bilinmeyenin korkusuyla dolar
**il était content à chaque fois qu'un autre chien était pris, plutôt que lui-même.**
Kendisi yerine başka bir köpeğin kaçırılmasına her seferinde seviniyordu.
**Mais finalement, le tour de Buck arriva avec l'arrivée d'un homme étrange.**
Ama sonunda Buck'ın sırası geldi ve garip bir adam geldi.
**Il était petit, nerveux, parlait un anglais approximatif et jurait.**
Küçük, zayıftı, bozuk İngilizceyle konuşuyor ve küfürler ediyordu.
**« Sacré-Dam ! » hurla-t-il en posant les yeux sur le corps de Buck.**
"Kutsal!" diye bağırdı Buck'ın vücudunu gördüğünde.
**« C'est un sacré chien tyrannique ! Hein ? Combien ? » demanda-t-il à voix haute.**
"Bu lanet olası bir zorba köpek! Ha? Ne kadar?" diye sordu yüksek sesle.
**« Trois cents, et c'est un cadeau à ce prix-là. »**

"Üç yüz ve o fiyata bir hediye,"

« Puisque c'est de l'argent du gouvernement, tu ne devrais pas te plaindre, Perrault. »

"Bu devletin parası olduğu için şikayet etmemelisin, Perrault."

Perrault sourit à l'idée de l'accord qu'il venait de conclure avec cet homme.

Perrault, adamla yaptığı anlaşmaya sırıttı.

Le prix des chiens a grimpé en flèche en raison de la demande soudaine.

Aniden oluşan talep nedeniyle köpeklerin fiyatları fırladı.

Trois cents dollars, ce n'était pas injuste pour une si belle bête.

Böyle güzel bir hayvan için üç yüz dolar hiç de haksız sayılmazdı.

Le gouvernement canadien ne perdrait rien dans cet accord

Kanada Hükümeti anlaşmada hiçbir şey kaybetmeyecek

Leurs dépêches officielles ne seraient pas non plus retardées en transit.

Resmi gönderilerinin ulaştırılmasında da herhangi bir gecikme yaşanmayacak.

Perrault connaissait bien les chiens et pouvait voir que Buck était quelque chose de rare.

Perrault köpekleri iyi tanıyordu ve Buck'ın nadir bir tür olduğunu görebiliyordu.

« Un sur dix dix mille », pensa-t-il en étudiant la silhouette de Buck.

Buck'ın yapısını incelerken, "On binde bir," diye düşündü.

Buck a vu l'argent changer de mains, mais n'a montré aucune surprise.

Buck paranın el değiştirdiğini gördü ama şaşırmadı.

Bientôt, lui et Curly, un gentil Terre-Neuve, furent emmenés.

Kısa süre sonra o ve Kıvırcık isimli nazik bir Newfoundland köpeği götürüldü.

Ils suivirent le petit homme depuis la cour du pull rouge.

Kırmızı kazaklının bahçesinden küçük adamı takip ettiler.

Ce fut la dernière fois que Buck vit l'homme avec la massue en bois.

Buck, tahta sopalı adamı son kez gördü.

Depuis le pont du Narval, il regardait Seattle disparaître au loin.

Narwhal'ın güvertesinden Seattle'ın uzaklaşıp gidişini izliyordu.

C'était aussi la dernière fois qu'il voyait le chaud Southland.

Ayrıca sıcak Güney'i son görüşüydü.

Perrault les emmena sous le pont et les laissa à François.

Perrault onları güverte altına aldı ve François'nın yanında bıraktı.

François était un géant au visage noir, aux mains rugueuses et calleuses.

François, sert ve nasırlı elleri olan kara yüzlü bir devdi.

Il était brun et basané; un métis franco-canadien.

Esmer ve esmerdi; melez bir Fransız-Kanadalıydı.

Pour Buck, ces hommes étaient d'un genre qu'il n'avait jamais vu auparavant.

Buck'a göre bu adamlar daha önce hiç görmediği türden adamlardı.

Il allait connaître beaucoup d'autres hommes de ce genre dans les jours qui suivirent.

İlerleyen günlerde daha birçok böyle adam tanıyacaktı.

Il ne s'est pas attaché à eux, mais il a appris à les respecter.

Onlara karşı sevgisi artmamıştı ama saygı duymaya başlamıştı.

Ils étaient justes et sages, et ne se laissaient pas facilement tromper par un chien.

Onlar adil ve akıllıydılar ve hiçbir köpek onları kolayca kandıramazdı.

Ils jugeaient les chiens avec calme et ne les punissaient que lorsqu'ils le méritaient.

Köpekleri sakin bir şekilde yargılıyorlar ve sadece hak ettiklerinde ceza veriyorlardı.

Sur le pont inférieur du Narwhal, Buck et Curly ont rencontré deux chiens.

Narwhal'ın alt güvertesinde Buck ve Kıvırcık iki köpekle karşılaştılar.

**L'un d'eux était un grand chien blanc venu du lointain et glacial Spitzberg.**

Bunlardan biri çok uzaklardaki buzlu Spitzbergen'den gelen büyük beyaz bir köpekti.

**Il avait autrefois navigué avec un baleinier et rejoint un groupe d'enquête.**

Bir zamanlar bir balina avcısıyla birlikte yelken açmış ve bir araştırma grubuna katılmıştı.

**Il était amical d'une manière sournoise, sournoise et rusée.**

Sinsi, dolambaçlı ve hileli bir şekilde dost canlısıydı.

**Lors de leur premier repas, il a volé un morceau de viande dans la poêle de Buck.**

İlk yemeklerinde Buck'ın tavasından bir parça et çaldı.

**Buck sauta pour le punir, mais le fouet de François frappa en premier.**

Buck onu cezalandırmak için atıldı ama François'nın kırbacı ondan önce vurdu.

**Le voleur blanc hurla et Buck récupéra l'os volé.**

Beyaz hırsız ciyakladı ve Buck çalınan kemiği geri aldı.

**Cette équité impressionna Buck, et François gagna son respect.**

Bu adalet duygusu Buck'ı etkiledi ve François onun saygısını kazandı.

**L'autre chien ne lui a pas adressé de salut et n'en a pas voulu en retour.**

Diğer köpek ne selam verdi ne de karşılığında selam istedi.

**Il ne volait pas de nourriture et ne reniflait pas les nouveaux arrivants avec intérêt.**

Ne yiyecek çaldı, ne de yeni gelenleri ilgiyle kokladı.

**Ce chien était sinistre et calme, sombre et lent.**

Bu köpek asık suratlı ve sessizdi, kasvetli ve yavaş hareket ediyordu.

**Il a averti Curly de rester à l'écart en la regardant simplement.**

Kıvırcık'ye sadece dik dik bakarak uzak durmasını uyardı.

Son message était clair : laissez-moi tranquille ou il y aura des problèmes.

Mesajı açıktı; beni rahat bırakın, yoksa başımıza dert açılır.

Il s'appelait Dave et il remarquait à peine son environnement.

Adı Dave'di ve etrafının pek farkında değildi.

Il dormait souvent, mangeait tranquillement et bâillait de temps en temps.

Sık sık uyurdu, sessizce yerdi ve ara sıra esnerdi.

Le navire ronronnait constamment avec le battement de l'hélice en dessous.

Geminin altındaki pervane sürekli uğulduyordu.

Les jours passèrent sans grand changement, mais le temps devint plus froid.

Günler pek bir değişiklik olmadan geçiyordu, ama hava daha da soğudu.

Buck pouvait le sentir dans ses os et remarqua que les autres le faisaient aussi.

Buck bunu kemiklerinde hissedebiliyordu ve diğerlerinin de aynı şeyi hissettiğini fark etti.

Puis un matin, l'hélice s'est arrêtée et tout est redevenu calme.

Sonra bir sabah pervane durdu ve her şey hareketsiz kaldı.

Une énergie parcourut le vaisseau ; quelque chose avait changé.

Gemide bir enerji yayıldı; bir şeyler değişmişti.

François est descendu, les a attachés en laisse et les a remontés.

François aşağı indi, tasmalarını bağladı ve yukarı çıkardı.

Buck sortit et trouva le sol doux, blanc et froid.

Buck dışarı çıktığında zeminin yumuşak, beyaz ve soğuk olduğunu gördü.

Il sursauta en arrière, alarmé, et renifla, totalement confus.

Alarmla geriye sıçradı ve tam bir şaşkınlıkla homurdandı.

Une étrange substance blanche tombait du ciel gris.

Gri gökyüzünden garip beyaz bir şey düşüyordu.

**Il se secoua, mais les flocons blancs continuaient à atterrir sur lui.**

Kendini silkeledi ama üzerine beyaz kar taneleri düşmeye devam etti.

**Il renifla soigneusement la substance blanche et lécha quelques morceaux glacés.**

Beyaz şeyi dikkatle kokladı ve birkaç buzlu parçayı yaladı.

**La poudre brûla comme du feu, puis disparut de sa langue.**

Barut ateş gibi yandı, sonra da dilinden hemen uçup gitti.

**Buck essaya à nouveau, intrigué par l'étrange froideur qui disparaissait.**

Buck, soğukluğun giderek kaybolması karşısında şaşkınlığını gizleyemeden tekrar denedi.

**Les hommes autour de lui rirent et Buck se sentit gêné.**

Çevresindeki adamlar gülüyordu ve Buck utanmıştı.

**Il ne savait pas pourquoi, mais il avait honte de sa réaction.**

Nedenini bilmiyordu ama tepkisinden utanıyordu.

**C'était sa première expérience avec la neige, et cela le dérouta.**

Karla ilk kez karşılaşıyordu ve kafası karışmıştı.

## La loi du club et des crocs
Sopa ve Diş Yasası

**Le premier jour de Buck sur la plage de Dyea ressemblait à un terrible cauchemar.**
Buck'ın Dyea plajındaki ilk günü korkunç bir kabus gibiydi.

**Chaque heure apportait de nouveaux chocs et des changements inattendus pour Buck.**
Buck için her geçen saat yeni şoklar ve beklenmedik değişimler getiriyordu.

**Il avait été arraché à la civilisation et jeté dans un chaos sauvage.**
Medeniyetten koparılıp vahşi bir kaosa atılmıştı.

**Ce n'était pas une vie ensoleillée et paresseuse, faite d'ennui et de repos.**
Bu, sıkıcı ve dinlenmeyle dolu, güneşli ve tembel bir hayat değildi.

**Il n'y avait pas de paix, pas de repos, et pas un instant sans danger.**
Ne huzur, ne dinlenme, ne de tehlikesiz bir an vardı.

**La confusion régnait sur tout et le danger était toujours proche.**
Her şey karmakarışıktı ve tehlike her an yakındı.

**Buck devait rester vigilant car ces hommes et ces chiens étaient différents.**
Buck tetikte olmak zorundaydı çünkü bu adamlar ve köpekler farklıydı.

**Ils n'étaient pas originaires des villes ; ils étaient sauvages et sans pitié.**
Bunlar şehirli değillerdi; vahşi ve acımasızdılar.

**Ces hommes et ces chiens ne connaissaient que la loi du gourdin et des crocs.**
Bu adamlar ve köpekler sadece sopa ve diş yasasını biliyorlardı.

**Buck n'avait jamais vu de chiens se battre comme ces huskies sauvages.**

Buck daha önce hiç bu vahşi Sibirya kurdu köpekleri gibi kavga eden köpekler görmemişti.

**Sa première expérience lui a appris une leçon qu'il n'oublierait jamais.**

İlk deneyimi ona asla unutamayacağı bir ders vermişti.

**Il a eu de la chance que ce ne soit pas lui, sinon il serait mort aussi.**

Şanslıydı ki o değildi, yoksa o da ölecekti.

**Curly était celui qui souffrait tandis que Buck regardait et apprenait.**

Acı çeken Kıvırcık olurken, Buck ise seyredip ders çıkarıyordu.

**Ils avaient installé leur campement près d'un magasin construit en rondins.**

Kütüklerden yapılmış bir dükkânın yakınına kamp kurmuşlardı.

**Curly a essayé d'être amical avec un grand husky ressemblant à un loup.**

Kıvırcık, kurt benzeri büyük bir Sibirya kurduyla dostça davranmaya çalıştı.

**Le husky était plus petit que Curly, mais avait l'air sauvage et méchant.**

Sibirya kurdu Kıvırcık'den daha küçüktü ama vahşi ve acımasız görünüyordu.

**Sans prévenir, il a sauté et lui a ouvert le visage.**

Hiçbir uyarıda bulunmadan atlayıp yüzünü yardı.

**Ses dents lui coupèrent l'œil jusqu'à sa mâchoire en un seul mouvement.**

Dişleri tek bir hareketle gözünden çenesine kadar indi.

**C'est ainsi que les loups se battaient : ils frappaient vite et sautaient loin.**

Kurtlar böyle dövüşürdü: Hızlı vurur ve zıplayarak uzaklaşırlardı.

**Mais il y avait plus à apprendre que de cette seule attaque.**

Ancak bu saldırıdan öğrenilecek çok daha fazla şey vardı.

**Des dizaines de huskies se sont précipités et ont formé un cercle silencieux.**

Onlarca Sibirya kurdu içeri daldı ve sessiz bir çember oluşturdu.

**Ils regardaient attentivement et se léchaient les lèvres avec faim.**

Dikkatle izliyorlardı ve açlıktan dudaklarını yalıyorlardı.

**Buck ne comprenait pas leur silence ni leurs regards avides.**

Buck onların sessizliğini ya da meraklı bakışlarını anlamıyordu.

**Curly s'est précipité pour attaquer le husky une deuxième fois.**

Kıvırcık ikinci kez husky'e saldırmak için koştu.

**Il a utilisé sa poitrine pour la renverser avec un mouvement puissant.**

Güçlü bir hareketle göğsünü kullanarak onu devirdi.

**Elle est tombée sur le côté et n'a pas pu se relever.**

Yan tarafına düştü ve bir daha ayağa kalkamadı.

**C'est ce que les autres attendaient depuis le début.**

İşte diğerlerinin uzun zamandır beklediği şey buydu.

**Les huskies ont sauté sur elle, hurlant et grognant avec frénésie.**

Sibirya kurdu köpekler çılgınca uluyup hırlayarak üzerine atladılar.

**Elle a crié alors qu'ils l'enterraient sous un tas de chiens.**

Köpeklerin altında gömülürken çığlık attı.

**L'attaque fut si rapide que Buck resta figé sur place sous le choc.**

Saldırı o kadar hızlıydı ki Buck şoktan olduğu yerde donup kaldı.

**Il vit Spitz tirer la langue d'une manière qui ressemblait à un rire.**

Spitz'in dilini kahkahaya benzer bir şekilde dışarı çıkardığını gördü.

**François a attrapé une hache et a couru droit vers le groupe de chiens.**

François bir balta kaptı ve doğruca köpek grubunun içine koştu.

**Trois autres hommes ont utilisé des gourdins pour aider à repousser les huskies.**

Üç kişi daha sopalarla Sibirya kurdunu uzaklaştırmaya çalıştı.

**En seulement deux minutes, le combat était terminé et les chiens avaient disparu.**

Sadece iki dakika içinde kavga sona erdi ve köpekler ortadan kayboldu.

**Curly gisait morte dans la neige rouge et piétinée, son corps déchiré.**

Kıvırcık, kırmızı, çiğnenmiş karda cansız yatıyordu, vücudu parçalanmıştı.

**Un homme à la peau sombre se tenait au-dessus d'elle, maudissant la scène brutale.**

Esmer tenli bir adam başında durmuş, bu vahşi sahneye küfürler yağdırıyordu.

**Le souvenir est resté avec Buck et a hanté ses rêves la nuit.**

Bu anı Buck'ın aklından hiç çıkmıyordu ve geceleri rüyalarına giriyordu.

**C'était comme ça ici : pas d'équité, pas de seconde chance.**

Burada yol buydu; adalet yoksa ikinci bir şans da yok.

**Une fois qu'un chien tombait, les autres le tuaient sans pitié.**

Bir köpek düştüğünde diğerleri onu acımasızca öldürürdü.

**Buck décida alors qu'il ne se permettrait jamais de tomber.**

Buck o zaman asla düşmeyeceğine karar verdi.

**Spitz tira à nouveau la langue et rit du sang.**

Spitz tekrar dilini çıkarıp kana güldü.

**À partir de ce moment-là, Buck détesta Spitz de tout son cœur.**

O andan itibaren Buck, Spitz'den bütün kalbiyle nefret etti.

**Avant que Buck ne puisse se remettre de la mort de Curly, quelque chose de nouveau s'est produit.**

Buck, Kıvırcık'nin ölümünün acısını atlatamadan önce yeni bir şey oldu.

**François s'est approché et a attaché quelque chose autour du corps de Buck.**

François gelip Buck'ın vücuduna bir şey bağladı.

**C'était un harnais comme ceux utilisés sur les chevaux du ranch.**

Çiftlikteki atlara takılanlara benzer bir koşum takımıydı.

**Comme Buck avait vu les chevaux travailler, il devait maintenant travailler aussi.**

Buck atların nasıl çalıştığını görmüşse, şimdi de kendisi aynı şekilde çalışmaya zorlanıyordu.

**Il a dû tirer François sur un traîneau dans la forêt voisine.**

François'yı kızakla yakındaki ormana çekmek zorundaydı.

**Il a ensuite dû ramener une lourde charge de bois de chauffage.**

Daha sonra ağır odunları geri çekmek zorunda kaldı.

**Buck était fier, donc cela lui faisait mal d'être traité comme un animal de travail.**

Buck gururluydu, bu yüzden kendisine bir iş hayvanı gibi davranılması onu üzüyordu.

**Mais il était sage et n'a pas essayé de lutter contre la nouvelle situation.**

Ama o akıllıydı ve yeni duruma karşı koymaya çalışmadı.

**Il a accepté sa nouvelle vie et a donné le meilleur de lui-même dans chaque tâche.**

Yeni hayatını kabullendi ve her görevi en iyi şekilde yerine getirdi.

**Tout ce qui concernait ce travail lui était étrange et inconnu.**

İşin her şeyi ona yabancı ve yabancı geliyordu.

**François était strict et exigeait l'obéissance sans délai.**

François çok katıydı ve gecikmeden itaat edilmesini istiyordu.

**Son fouet garantissait que chaque ordre soit exécuté immédiatement.**

Kırbacı her emrin aynı anda yerine getirilmesini sağlıyordu.

**Dave était le conducteur du traîneau, le chien le plus proche du traîneau derrière Buck.**

Dave, kızak sürücüsüydü ve Buck'ın arkasında kızağa en yakın olan köpekti.

**Dave mordait Buck sur les pattes arrière s'il faisait une erreur.**

Dave, Buck hata yaptığında onu arka bacaklarından ısırıyordu.

**Spitz était le chien de tête, compétent et expérimenté dans ce rôle.**

Spitz, rolünde yetenekli ve deneyimli olan baş köpekti.

**Spitz ne pouvait pas atteindre Buck facilement, mais il le corrigea quand même.**

Spitz, Buck'a kolayca ulaşamadı ama yine de onu düzeltti.

**Il grognait durement ou tirait le traîneau d'une manière qui enseignait à Buck.**

Sertçe hırlıyor ya da kızakları Buck'a ders verecek şekilde çekiyordu.

**Grâce à cette formation, Buck a appris plus vite que ce qu'ils avaient imaginé.**

Bu eğitim sayesinde Buck, herkesin beklediğinden daha hızlı öğrendi.

**Il a travaillé dur et a appris de François et des autres chiens.**

Çok çalıştı ve hem François'dan hem de diğer köpeklerden çok şey öğrendi.

**À leur retour, Buck connaissait déjà les commandes clés.**

Geri döndüklerinde Buck temel komutları çoktan öğrenmişti.

**Il a appris à s'arrêter au son « ho » de François.**

François'dan "ho" sesinde durmayı öğrendi.

**Il a appris quand il a dû tirer le traîneau et courir.**

Kızak çekmesi ve koşması gerektiğini öğrendi.

**Il a appris à tourner largement dans les virages du sentier sans difficulté.**

Patikanın virajlarında rahatça geniş dönmeyi öğrendi.

**Il a également appris à éviter Dave lorsque le traîneau descendait rapidement.**

Ayrıca kızak hızla aşağı doğru gittiğinde Dave'den kaçınmayı da öğrendi.

**« Ce sont de très bons chiens », dit fièrement François à Perrault.**

François gururla Perrault'a "Onlar çok iyi köpekler" dedi.

**« Ce Buck tire comme un dingue, je lui apprends vite fait. »**

"Bu Buck çok iyi çekiyor. Ona hemen öğretiyorum."

**Plus tard dans la journée, Perrault est revenu avec deux autres chiens husky.**

Aynı günün ilerleyen saatlerinde Perrault iki Sibirya kurduyla daha geri geldi.

**Ils s'appelaient Billee et Joe, et ils étaient frères.**

İsimleri Billee ve Joe'ydu ve kardeştiler.

**Ils venaient de la même mère, mais ne se ressemblaient pas du tout.**

Aynı anneden geliyorlardı ama birbirlerine hiç benzemiyorlardı.

**Billee était de nature douce et très amicale avec tout le monde.**

Billee çok tatlı huylu ve herkese karşı çok arkadaş canlısıydı.

**Joe était tout le contraire : calme, en colère et toujours en train de grogner.**

Joe ise tam tersiydi; sessiz, öfkeli ve sürekli hırlayan biriydi.

**Buck les a accueillis de manière amicale et s'est montré calme avec eux deux.**

Buck onları dostça karşıladı ve ikisine karşı da sakin davrandı.

**Dave ne leur prêta aucune attention et resta silencieux comme d'habitude.**

Dave onlara aldırış etmedi ve her zamanki gibi sessiz kaldı.

**Spitz a attaqué d'abord Billee, puis Joe, pour montrer sa domination.**

Spitz önce Billee'ye, sonra da Joe'ya saldırarak üstünlüğünü gösterdi.

**Billee remua la queue et essaya d'être amical avec Spitz.**

Billee kuyruğunu salladı ve Spitz'e dostça davranmaya çalıştı.

**Lorsque cela n'a pas fonctionné, il a essayé de s'enfuir à la place.**

Bu işe yaramayınca kaçmayı denedi.

**Il a pleuré tristement lorsque Spitz l'a mordu fort sur le côté.**

Spitz onu sertçe yan tarafından ısırdığında hüzünle ağladı.

**Mais Joe était très différent et refusait d'être intimidé.**

Ama Joe çok farklıydı ve zorbalığa boyun eğmedi.

**Chaque fois que Spitz s'approchait, Joe se retournait pour lui faire face rapidement.**

Spitz her yaklaştığında Joe hızla ona doğru dönüyordu.

**Sa fourrure se hérissa, ses lèvres se retroussèrent et ses dents claquèrent sauvagement.**

Tüyleri diken diken oldu, dudakları kıvrıldı ve dişleri çılgınca birbirine çarptı.

**Les yeux de Joe brillaient de peur et de rage, défiant Spitz de frapper.**

Joe'nun gözleri korku ve öfkeyle parlıyordu, Spitz'e saldırmaya cesaret ediyordu.

**Spitz abandonna le combat et se détourna, humilié et en colère.**

Spitz mücadeleyi bıraktı ve aşağılanmış ve öfkelenmiş bir şekilde arkasını döndü.

**Il a déversé sa frustration sur le pauvre Billee et l'a chassé.**

Sinirini zavallı Billee'den çıkardı ve onu kovaladı.

**Ce soir-là, Perrault ajouta un chien de plus à l'équipe.**

O akşam Perrault ekibe bir köpek daha ekledi.

**Ce chien était vieux, maigre et couvert de cicatrices de guerre.**

Bu köpek yaşlıydı, zayıftı ve savaş yaralarıyla kaplıydı.

**L'un de ses yeux manquait, mais l'autre brillait de puissance.**

Gözlerinden biri yoktu ama diğeri güçle parlıyordu.

**Le nom du nouveau chien était Solleks, ce qui signifiait « celui qui est en colère ».**

Yeni köpeğin adı Solleks'ti; bu da Öfkeli anlamına geliyordu.

**Comme Dave, Solleks ne demandait rien aux autres et ne donnait rien en retour.**

Dave gibi Solleks de başkalarından hiçbir şey istemedi ve karşılığında hiçbir şey vermedi.

**Lorsque Solleks entra lentement dans le camp, même Spitz resta à l'écart.**

Solleks yavaşça kampa doğru yürürken Spitz bile uzak duruyordu.

Il avait une étrange habitude que Buck a eu la malchance de découvrir.

Buck'ın şanssız bir şekilde keşfettiği garip bir alışkanlığı vardı.

Solleks détestait qu'on l'approche du côté où il était aveugle.

Solleks, kendisine kör olduğu taraftan yaklaşılmasından nefret ediyordu.

Buck ne le savait pas et a fait cette erreur par accident.

Buck bunu bilmiyordu ve bu hatayı kazara yaptı.

Solleks se retourna et frappa l'épaule de Buck profondément et rapidement.

Solleks arkasını dönüp Buck'ın omzunu sert ve derin bir şekilde kesti.

À partir de ce moment, Buck ne s'est plus jamais approché du côté aveugle de Solleks.

O andan sonra Buck, Solleks'in kör noktasına hiç yaklaşmadı.

Ils n'ont plus jamais eu de problèmes pendant le reste de leur temps ensemble.

Birlikte geçirdikleri süre boyunca bir daha asla sorun yaşamadılar.

Solleks voulait seulement être laissé seul, comme le calme Dave.

Solleks, tıpkı sessiz Dave gibi, sadece yalnız kalmak istiyordu.

Mais Buck apprendra plus tard qu'ils avaient chacun un autre objectif secret.

Ancak Buck daha sonra her birinin gizli bir amacının daha olduğunu öğrenecekti.

Cette nuit-là, Buck a dû faire face à un nouveau défi troublant : comment dormir.

O gece Buck yeni ve sıkıntılı bir sorunla karşı karşıyaydı: Nasıl uyuyacaktı?

La tente brillait chaleureusement à la lumière des bougies dans le champ enneigé.

Çadır, karlı tarlada mum ışığıyla sıcacık parlıyordu.

Buck entra, pensant qu'il pourrait se reposer là comme avant.

Buck, daha önce olduğu gibi burada dinlenebileceğini düşünerek içeri girdi.

**Mais Perrault et François lui criaient dessus et lui jetaient des casseroles.**

Fakat Perrault ve François ona bağırıp tava fırlatıyorlardı.

**Choqué et confus, Buck s'est enfui dans le froid glacial.**

Şok ve şaşkınlık içindeki Buck, dondurucu soğuğa doğru koştu.

**Un vent glacial piquait son épaule blessée et lui gelait les pattes.**

Acı bir rüzgâr yaralı omzunu acıttı ve patilerini dondurdu.

**Il s'est allongé dans la neige et a essayé de dormir à la belle étoile.**

Karların üzerine uzanıp açıkta uyumaya çalıştı.

**Mais le froid l'obligea bientôt à se relever, tremblant terriblement.**

Ancak soğuk onu kısa sürede tekrar ayağa kalkmaya zorladı, çok titriyordu.

**Il erra dans le camp, essayant de trouver un endroit plus chaud.**

Kampın içinde dolaşıp daha sıcak bir yer bulmaya çalışıyordu.

**Mais chaque coin était aussi froid que le précédent.**

Ama her köşe bir önceki kadar soğuktu.

**Parfois, des chiens sauvages sautaient sur lui dans l'obscurité.**

Bazen karanlığın içinden vahşi köpekler ona doğru atlıyordu.

**Buck hérissa sa fourrure, montra ses dents et grogna en signe d'avertissement.**

Buck tüylerini kabarttı, dişlerini gösterdi ve uyarı amaçlı hırladı.

**Il apprenait vite et les autres chiens reculaient rapidement.**

Hızla öğreniyordu ve diğer köpekler de hemen geri çekiliyordu.

**Il n'avait toujours pas d'endroit où dormir et ne savait pas quoi faire.**

Ama uyuyacak yeri yoktu, ne yapacağını da bilmiyordu.

**Finalement, une pensée lui vint : aller voir ses coéquipiers.**

En sonunda aklına bir fikir geldi: Takım arkadaşlarını kontrol etmek.

**Il est retourné dans leur région et a été surpris de les trouver partis.**

Onların bulunduğu yere döndüğünde onların gitmiş olduğunu görünce şaşırdı.

**Il chercha à nouveau dans le camp, mais ne parvint toujours pas à les trouver.**

Tekrar kampı aradı, ama yine bulamadı.

**Il savait qu'ils ne pouvaient pas être dans la tente, sinon il le serait aussi.**

Onların çadırda olamayacaklarını biliyordu, yoksa kendisi de orada olacaktı.

**Alors, où étaient passés tous les chiens dans ce camp gelé ?**

Peki bu donmuş kamptaki bütün köpekler nereye gitmişti?

**Buck, froid et misérable, tournait lentement autour de la tente.**

Buck, üşümüş ve perişan bir halde çadırın etrafında yavaşça daireler çiziyordu.

**Soudain, ses pattes avant s'enfoncèrent dans la neige molle et le surprit.**

Bir anda ön ayakları yumuşak karın içine gömüldü ve irkildi.

**Quelque chose se tortilla sous ses pieds et il sursauta en arrière, effrayé.**

Ayaklarının altında bir şey kıpırdandı ve korkuyla geriye sıçradı.

**Il grogna et grogna, ne sachant pas ce qui se cachait sous la neige.**

Karın altında ne olduğunu bilmeden hırladı, homurdandı.

**Puis il entendit un petit aboiement amical qui apaisa sa peur.**

Sonra korkusunu hafifleten dostça bir havlama duydu.

**Il renifla l'air et s'approcha pour voir ce qui était caché.**

Havayı kokladı ve neyin saklı olduğunu görmek için yaklaştı.

**Sous la neige, recroquevillée en boule chaude, se trouvait la petite Billee.**

Karların altında, sıcacık bir top gibi kıvrılmış küçük Billee vardı.

**Billee remua la queue et lécha le visage de Buck pour le saluer.**

Billee kuyruğunu salladı ve Buck'ın yüzünü yalayarak onu selamladı.

**Buck a vu comment Billee avait fabriqué un endroit pour dormir dans la neige.**

Buck, Billee'nin karda nasıl bir uyku yeri yaptığını gördü.

**Il avait creusé et utilisé sa propre chaleur pour rester au chaud.**

Isınmak için toprağı kazmış ve kendi ısısını kullanmıştı.

**Buck avait appris une autre leçon : c'est ainsi que les chiens dormaient.**

Buck bir ders daha almıştı: Köpekler bu şekilde uyuyordu.

**Il a choisi un endroit et a commencé à creuser son propre trou dans la neige.**

Bir yer seçip karda kendine bir çukur kazmaya başladı.

**Au début, il bougeait trop et gaspillait de l'énergie.**

İlk başlarda çok fazla hareket ediyordu ve enerjisini boşa harcıyordu.

**Mais bientôt son corps réchauffa l'espace et il se sentit en sécurité.**

Ama kısa süre sonra vücudu ortamı ısıttı ve kendini güvende hissetti.

**Il se recroquevilla étroitement et, peu de temps après, il s'endormit profondément.**

Sıkıca kıvrıldı ve çok geçmeden derin bir uykuya daldı.

**La journée avait été longue et dure, et Buck était épuisé.**

Gün uzun ve zor geçmişti, Buck bitkin düşmüştü.

**Il dormait profondément et confortablement, même si ses rêves étaient fous.**

Rüyaları çılgınca olsa da, derin ve rahat bir uyku çekiyordu.

**Il grognait et aboyait dans son sommeil, se tordant pendant qu'il rêvait.**

Uykusunda hırlıyor ve havlıyor, rüyasında kıvranıyordu.

**Buck ne s'est réveillé que lorsque le camp était déjà en train de prendre vie.**

Buck, kamp canlanana kadar uyanmadı.

**Au début, il ne savait pas où il était ni ce qui s'était passé.**

İlk başta nerede olduğunu ve ne olduğunu anlayamadı.

**La neige était tombée pendant la nuit et avait complètement enseveli son corps.**

Gece boyunca yağan kar, cesedini tamamen gömmüştü.

**La neige se pressait autour de lui, serrée de tous côtés.**

Kar her taraftan onu sıkıştırıyordu.

**Soudain, une vague de peur traversa tout le corps de Buck.**

Aniden Buck'ın tüm vücudunu bir korku dalgası sardı.

**C'était la peur d'être piégé, une peur venue d'instincts profonds.**

Bu, sıkışıp kalma korkusuydu, derin içgüdülerden gelen bir korku.

**Bien qu'il n'ait jamais vu de piège, la peur vivait en lui.**

Hiç tuzak görmemiş olmasına rağmen içinde korku yaşıyordu.

**C'était un chien apprivoisé, mais maintenant ses vieux instincts sauvages se réveillaient.**

Evcil bir köpekti ama artık eski vahşi içgüdüleri uyanıyordu.

**Les muscles de Buck se tendirent et sa fourrure se dressa sur tout son dos.**

Buck'ın kasları gerildi ve sırtındaki tüm tüyler diken diken oldu.

**Il grogna férocement et bondit droit dans la neige.**

Şiddetle hırladı ve doğruca karın üzerine fırladı.

**La neige volait dans toutes les directions alors qu'il faisait irruption dans la lumière du jour.**

Gün ışığına çıktığında her yöne karlar uçuşuyordu.

**Avant même d'atterrir, Buck vit le camp s'étendre devant lui.**

Buck, henüz karaya ayak basmadan önce kampın önünde uzandığını gördü.

**Il se souvenait de tout ce qui s'était passé la veille, d'un seul coup.**

Bir anda önceki günden her şeyi hatırladı.

**Il se souvenait d'avoir flâné avec Manuel et d'avoir fini à cet endroit.**

Manuel'le birlikte yürüyüşlerini ve bu yere geldiklerini hatırladı.

**Il se souvenait avoir creusé le trou et s'être endormi dans le froid.**

Çukuru kazdığını ve soğukta uyuyakaldığını hatırladı.

**Maintenant, il était réveillé et le monde sauvage qui l'entourait était clair.**

Artık uyanmıştı ve etrafındaki vahşi dünya net bir şekilde görülebiliyordu.

**Un cri de François salua l'apparition soudaine de Buck.**

François, Buck'ın aniden ortaya çıkışını sevinçle karşıladı.

**« Qu'est-ce que j'ai dit ? » cria le conducteur du chien à Perrault.**

"Ne dedim?" diye bağırdı köpek sürücüsü Perrault'a yüksek sesle.

**« Ce Buck apprend vraiment très vite », a ajouté François.**

François, "Bu Buck kesinlikle her şeyi çok çabuk öğreniyor," diye ekledi.

**Perrault hocha gravement la tête, visiblement satisfait du résultat.**

Perrault ciddi bir tavırla başını salladı, sonuçtan açıkça memnundu.

**En tant que courrier pour le gouvernement canadien, il transportait des dépêches.**

Kanada Hükümeti'nin kuryesi olarak haber taşıyordu.

**Il était impatient de trouver les meilleurs chiens pour son importante mission.**

Önemli görevi için en iyi köpekleri bulma konusunda istekliydi.

**Il se sentait particulièrement heureux maintenant que Buck faisait partie de l'équipe.**

Buck'ın da ekibin bir parçası olmasından dolayı artık kendini daha da mutlu hissediyordu.

**Trois autres huskies ont été ajoutés à l'équipe en une heure.**

Bir saat içerisinde takıma üç tane daha husky eklendi.

**Cela porte le nombre total de chiens dans l'équipe à neuf.**

Böylece takımdaki toplam köpek sayısı dokuza çıktı.

**En quinze minutes, tous les chiens étaient dans leurs harnais.**

On beş dakika içinde bütün köpeklerin tasmaları takılmıştı.

**L'équipe de traîneaux remontait le sentier en direction du canyon de Dyea.**

Kızak takımı patikada Dyea Kanyonu'na doğru ilerliyordu.

**Buck était heureux de partir, même si le travail à venir était difficile.**

Buck, önünde zorlu bir iş olmasına rağmen, ayrıldığı için mutluydu.

**Il s'est rendu compte qu'il ne détestait pas particulièrement le travail ou le froid.**

Çalışmaktan veya soğuktan özellikle nefret etmediğini gördü.

**Il a été surpris par l'empressement qui a rempli toute l'équipe.**

Tüm ekibi dolduran coşkuyu görünce şaşırdı.

**Encore plus surprenant fut le changement qui s'était produit chez Dave et Solleks.**

Daha da şaşırtıcı olanı Dave ve Solleks'te meydana gelen değişimdi.

**Ces deux chiens étaient complètement différents lorsqu'ils étaient attelés.**

Bu iki köpek koşumlandığında tamamen farklıydı.

**Leur passivité et leur manque d'intérêt avaient complètement disparu.**

Pasiflikleri ve umursamazlıkları tamamen ortadan kalkmıştı.

**Ils étaient alertes et actifs, et désireux de bien faire leur travail.**

Uyanık ve aktiftiler, işlerini iyi yapmaya istekliydiler.

**Ils s'irritaient violemment à tout ce qui pouvait provoquer un retard ou une confusion.**

Gecikmeye veya karışıklığa sebep olan her şeyden şiddetle rahatsız oluyorlardı.

**Le travail acharné sur les rênes était le centre de tout leur être.**

Dizginlerdeki sıkı çalışma, tüm varlıklarının merkeziydi.

**Tirer un traîneau semblait être la seule chose qu'ils appréciaient vraiment.**

Kızak çekmek gerçekten keyif aldıkları tek şey gibi görünüyordu.

**Dave était à l'arrière du groupe, le plus proche du traîneau lui-même.**

Dave grubun en arkasında, kızaklara en yakın olan kişiydi.

**Buck a été placé devant Dave, et Solleks a dépassé Buck.**

Buck, Dave'in önüne yerleştirildi ve Solleks, Buck'ın önüne geçti.

**Le reste des chiens était aligné devant eux en file indienne.**

Diğer köpekler tek sıra halinde ön tarafa dizilmişlerdi.

**La position de tête à l'avant était occupée par Spitz.**

Öndeki liderliği Spitz doldurdu.

**Buck avait été placé entre Dave et Solleks pour l'instruction.**

Buck, eğitim için Dave ile Solleks'in arasına yerleştirilmişti.

**Il apprenait vite et ils étaient des professeurs fermes et compétents.**

O çabuk öğrenen biriydi, onlar ise kararlı ve yetenekli öğretmenlerdi.

**Ils n'ont jamais permis à Buck de rester longtemps dans l'erreur.**

Buck'ın uzun süre hata içinde kalmasına asla izin vermediler.

**Ils ont enseigné leurs leçons avec des dents acérées quand c'était nécessaire.**

Gerektiğinde keskin dişlerle derslerini veriyorlardı.

**Dave était juste et faisait preuve d'une sagesse calme et sérieuse.**

Dave adil biriydi ve sessiz, ciddi bir bilgelik sergiliyordu.

**Il n'a jamais mordu Buck sans une bonne raison de le faire.**

O, hiçbir zaman geçerli bir sebebi olmadan Buck'ı ısırmazdı.

**Mais il n'a jamais manqué de mordre lorsque Buck avait besoin d'être corrigé.**

Ama Buck'ın düzeltilmeye ihtiyacı olduğunda her zaman ısrarcıydı.

**Le fouet de François était toujours prêt et soutenait leur autorité.**

François'nın kırbacı her zaman hazırdı ve onların otoritesini destekliyordu.

**Buck a vite compris qu'il valait mieux obéir que riposter.**

Buck kısa sürede karşılık vermektense itaat etmenin daha iyi olduğunu anladı.

**Un jour, lors d'un court repos, Buck s'est emmêlé dans les rênes.**

Bir gün, kısa bir dinlenme sırasında Buck dizginlere takıldı.

**Il a retardé le départ et a perturbé le mouvement de l'équipe.**

Başlangıcı geciktirdi ve takımın hareketini karıştırdı.

**Dave et Solleks se sont jetés sur lui et lui ont donné une raclée.**

Dave ve Solleks ona saldırdılar ve onu sert bir şekilde dövdüler.

**L'enchevêtrement n'a fait qu'empirer, mais Buck a bien appris sa leçon.**

Karmaşa daha da büyüdü ama Buck dersini iyi almıştı.

**Dès lors, il garda les rênes tendues et travailla avec soin.**

O günden sonra dizginleri sıkı tuttu ve dikkatli çalıştı.

**Avant la fin de la journée, Buck avait maîtrisé une grande partie de sa tâche.**

Gün bitmeden Buck görevinin çoğunu başarmıştı.

**Ses coéquipiers ont presque arrêté de le corriger ou de le mordre.**

Takım arkadaşları neredeyse onu düzeltmeyi veya ısırmayı bırakmışlardı.

**Le fouet de François claquait de moins en moins souvent dans l'air.**

François'nın kırbacının havadaki şakırtısı giderek azaldı.

**Perrault a même soulevé les pieds de Buck et a soigneusement examiné chaque patte.**

Perrault, Buck'ın ayaklarını kaldırıp her bir patisini dikkatle inceledi.

**Cela avait été une journée de course difficile, longue et épuisante pour eux tous.**

Hepsi için zorlu, uzun ve yorucu bir gün olmuştu.

**Ils remontèrent le Cañon, traversèrent Sheep Camp et passèrent devant les Scales.**

Kanyon'dan yukarı doğru yol aldılar, Koyun Kampı'ndan geçtiler ve Teraziler'i geçtiler.

**Ils ont traversé la limite des forêts, puis des glaciers et des congères de plusieurs mètres de profondeur.**

Orman sınırını geçtiler, sonra da metrelerce derinlikteki buzulları ve kar yığınlarını geçtiler.

**Ils ont escaladé la grande et froide chaîne de montagnes Chilkoot Divide.**

Büyük, soğuk ve ürkütücü Chilkoot Bölgesi'ne tırmandılar.

**Cette haute crête se dressait entre l'eau salée et l'intérieur gelé.**

O yüksek sırt, tuzlu su ile donmuş iç kısım arasında duruyordu.

**Les montagnes protégeaient le Nord triste et solitaire avec de la glace et des montées abruptes.**

Dağlar, hüzünlü ve yalnız Kuzey'i buzlarla ve dik yokuşlarla koruyordu.

**Ils ont parcouru à bon rythme une longue chaîne de lacs en aval de la ligne de partage des eaux.**

Su ayrımının altında uzanan uzun göller zincirinde iyi vakit geçirdiler.

**Ces lacs remplissaient les anciens cratères de volcans éteints.**

Bu göller sönmüş yanardağların eski kraterlerini dolduruyordu.

**Tard dans la nuit, ils atteignirent un grand camp au bord du lac Bennett.**

Aynı gece geç saatlerde Bennett Gölü kıyısındaki büyük bir kampa ulaştılar.

**Des milliers de chercheurs d'or étaient là, construisant des bateaux pour le printemps.**

Binlerce altın arayıcısı oradaydı, bahar için tekneler inşa ediyorlardı.

**La glace allait bientôt se briser et ils devaient être prêts.**

Buzlar yakında çözülecekti ve buna hazır olmaları gerekiyordu.

**Buck creusa son trou dans la neige et tomba dans un profond sommeil.**
Buck karda bir çukur kazdı ve derin bir uykuya daldı.

**Il dormait comme un ouvrier, épuisé par une dure journée de travail.**
Zorlu bir günün yorgunluğuyla, işçi gibi uyuyordu.

**Mais trop tôt dans l'obscurité, il fut tiré de son sommeil.**
Fakat karanlığın çok erken saatlerinde uykudan uyandırıldı.

**Il fut à nouveau attelé avec ses compagnons et attaché au traîneau.**
Tekrar arkadaşlarıyla birlikte koşum takımına bağlandı ve kızaklara bağlandı.

**Ce jour-là, ils ont parcouru quarante milles, car la neige était bien battue.**
O gün kırk mil yol yaptılar, çünkü kar iyice çiğnenmişti.

**Le lendemain, et pendant plusieurs jours après, la neige était molle.**
Ertesi gün ve ondan sonraki günler boyunca kar yumuşaktı.

**Ils ont dû faire le chemin eux-mêmes, en travaillant plus dur et en avançant plus lentement.**
Daha çok çalışarak ve daha yavaş hareket ederek yolu kendileri çizmek zorundaydılar.

**Habituellement, Perrault marchait devant l'équipe avec des raquettes palmées.**
Perrault genellikle perdeli kar ayakkabılarıyla takımın önünde yürürdü.

**Ses pas ont compacté la neige, facilitant ainsi le déplacement du traîneau.**
Adımları karı sıkıştırıyor, kızak hareketini kolaylaştırıyordu.

**François, qui dirigeait depuis le mât, prenait parfois le relais.**
Dümeni dümen direğinden yöneten François, bazen dümeni devralıyordu.

**Mais il était rare que François prenne les devants**
Ancak François'nın öne geçmesi nadirdi

**parce que Perrault était pressé de livrer les lettres et les colis.**
Çünkü Perrault mektupları ve paketleri ulaştırmak için acele ediyordu.

**Perrault était fier de sa connaissance de la neige, et surtout de la glace.**
Perrault kar ve özellikle buz hakkındaki bilgisiyle gurur duyuyordu.

**Cette connaissance était essentielle, car la glace d'automne était dangereusement mince.**
Bu bilgi çok önemliydi çünkü sonbahar buzları tehlikeli derecede inceydi.

**Là où l'eau coulait rapidement sous la surface, il n'y avait pas du tout de glace.**
Suyun yüzeyin altında hızla aktığı yerlerde hiç buz yoktu.

**Jour après jour, la même routine se répétait sans fin.**
Gün geçtikçe aynı rutin bitmek bilmeden tekrarlanıyordu.

**Buck travaillait sans relâche sur les rênes, de l'aube jusqu'à la nuit.**
Buck, şafak vakti akşama kadar dizginleri elinde durmadan çalıştırdı.

**Ils quittèrent le camp dans l'obscurité, bien avant le lever du soleil.**
Güneş doğmadan çok önce, karanlıkta kamptan ayrıldılar.

**Au moment où le jour se leva, ils avaient déjà parcouru de nombreux kilomètres.**
Gün ışıdığında, kilometrelerce yol geride kalmıştı.

**Ils ont installé leur campement après la tombée de la nuit, mangeant du poisson et creusant dans la neige.**
Karanlık çöktükten sonra kamp kurup balık yiyorlar ve karın içine gömülüyorlar.

**Buck avait toujours faim et n'était jamais vraiment satisfait de sa ration.**
Buck her zaman açtı ve aldığı erzaktan asla tam anlamıyla memnun kalmıyordu.

**Il recevait une livre et demie de saumon séché chaque jour.**
Her gün bir buçuk kilo kurutulmuş somon alıyordu.

**Mais la nourriture semblait disparaître en lui, laissant la faim derrière elle.**
Ama içindeki yiyecek sanki yok olmuş, geride açlık kalmıştı.

Il souffrait constamment de la faim et rêvait de plus de nourriture.

Sürekli açlık sancıları çekiyordu ve daha fazla yemek hayal ediyordu.

**Les autres chiens n'ont pris qu'une livre, mais ils sont restés forts.**

Diğer köpeklere sadece yarım kilo yiyecek verildi, ama onlar güçlü kaldılar.

**Ils étaient plus petits et étaient nés dans le mode de vie du Nord.**

Daha küçüklerdi ve kuzey yaşamına doğmuşlardı.

**Il perdit rapidement la méticulosité qui avait marqué son ancienne vie.**

Eski yaşamına damgasını vuran titizliği hızla yitirdi.

**Il avait été un mangeur délicat, mais maintenant ce n'était plus possible.**

Eskiden çok nazik bir yiyiciydi ama artık bu mümkün değildi.

**Ses camarades ont terminé premiers et lui ont volé sa ration inachevée.**

Arkadaşları ondan önce bitirip, onun yarım kalan tayınını çaldılar.

**Une fois qu'ils ont commencé, il n'y avait aucun moyen de défendre sa nourriture contre eux.**

Bir kere başlayınca, yiyeceğini onlara karşı savunmanın bir yolu kalmadı.

**Pendant qu'il combattait deux ou trois chiens, les autres volaient le reste.**

O iki üç köpeği kovalarken diğerleri geri kalanını çaldılar.

**Pour résoudre ce problème, il a commencé à manger aussi vite que les autres.**

Bunu düzeltmek için, diğerleri ne kadar hızlı yiyorsa o da o kadar hızlı yemeye başladı.

**La faim le poussait tellement qu'il prenait même de la nourriture qui n'était pas la sienne.**

Açlık onu öylesine bunaltmıştı ki, kendisine ait olmayan yiyecekleri bile yiyordu.

**Il observait les autres et apprenait rapidement de leurs actions.**

Başkalarını izliyor ve onların davranışlarından hemen ders çıkarıyordu.

**Il a vu Pike, un nouveau chien, voler une tranche de bacon à Perrault.**

Yeni köpeği Pike'ın Perrault'dan bir dilim pastırma çaldığını gördü.

**Pike avait attendu que Perrault ait le dos tourné pour voler le bacon.**

Pike pastırmayı çalmak için Perrault'un sırtını dönmesini beklemişti.

**Le lendemain, Buck a copié Pike et a volé tout le morceau.**

Ertesi gün Buck, Pike'ın taklidini yaptı ve tüm parçayı çaldı.

**Un grand tumulte s'ensuivit, mais Buck ne fut pas suspecté.**

Büyük bir kargaşa yaşandı ama Buck'tan şüphelenilmedi.

**Dub, un chien maladroit qui se faisait toujours prendre, a été puni à la place.**

Her zaman yakalanan beceriksiz köpek Dub ise cezalandırıldı.

**Ce premier vol a fait de Buck un chien apte à survivre dans le Nord.**

İlk hırsızlığı Buck'ın Kuzey'de hayatta kalabilecek bir köpek olduğunu kanıtladı.

**Il a montré qu'il pouvait s'adapter à de nouvelles conditions et apprendre rapidement.**

Yeni koşullara uyum sağlayabildiğini ve çabuk öğrenebildiğini gösterdi.

**Sans une telle adaptabilité, il serait mort rapidement et gravement.**

Bu uyum yeteneği olmasaydı, çok hızlı ve kötü bir şekilde ölürdü.

**Cela a également marqué l'effondrement de sa nature morale et de ses valeurs passées.**

Aynı zamanda onun ahlaki yapısının ve geçmiş değerlerinin de çöküşüne işaret ediyordu.

**Dans le Southland, il avait vécu sous la loi de l'amour et de la bonté.**

Güney'de sevgi ve nezaketin kanunları altında yaşamıştı.

**Là, il était logique de respecter la propriété et les sentiments des autres chiens.**

Bu noktada, mülkiyete ve diğer köpeklerin duygularına saygı göstermek mantıklıydı.

**Mais le Northland suivait la loi du club et la loi du croc.**

Ama Kuzeyliler sopalı dövüş yasasını ve diş yasasını izliyordu.

**Quiconque respectait les anciennes valeurs ici était stupide et échouerait.**

Burada eski değerlere saygı gösteren aptaldır ve başarısızlığa uğrayacaktır.

**Buck n'a pas réfléchi à tout cela dans son esprit.**

Buck bütün bunları kafasında tartıp çözemiyordu.

**Il était en forme et s'est donc adapté sans avoir besoin de réfléchir.**

Formda olduğu için düşünmeden uyum sağladı.

**De toute sa vie, il n'avait jamais fui un combat.**

Hayatı boyunca hiçbir kavgadan kaçmamıştı.

**Mais la massue en bois de l'homme au pull rouge a changé cette règle.**

Ama kırmızı kazaklı adamın tahta sopası bu kuralı değiştirdi.

**Il suivait désormais un code plus profond et plus ancien, inscrit dans son être.**

Artık varlığının derinliklerine yazılmış, daha eski bir kodu izliyordu.

**Il ne volait pas par plaisir, mais par faim.**

Zevkten değil, açlık acısından çalıyordu.

**Il n'a jamais volé ouvertement, mais il a volé avec ruse et prudence.**

Hiçbir zaman açıkça soygun yapmazdı, ama kurnazca ve dikkatlice çalardı.

**Il a agi par respect pour la massue en bois et par peur du croc.**

Tahta sopaya duyduğu saygıdan, dişe duyduğu korkudan dolayı böyle davranmıştı.

En bref, il a fait ce qui était plus facile et plus sûr que de ne pas le faire.

Kısacası, yapmamaktan daha kolay ve güvenli olanı yaptı.

Son développement – ou peut-être son retour à ses anciens instincts – fut rapide.

Gelişimi -ya da belki eski içgüdülerine dönüşü- hızlıydı.

Ses muscles se durcirent jusqu'à devenir aussi forts que du fer.

Kasları demir gibi sertleşti.

Il ne se souciait plus de la douleur, à moins qu'elle ne soit grave.

Artık acı umurunda değildi, ciddi olmadığı sürece.

Il est devenu efficace à l'intérieur comme à l'extérieur, ne gaspillant rien du tout.

İçeride ve dışarıda verimli oldu, hiçbir şeyi israf etmedi.

Il pouvait manger des choses viles, pourries ou difficiles à digérer.

Kötü, çürümüş veya hazmı zor olan şeyleri yiyebilirdi.

Quoi qu'il mange, son estomac utilisait jusqu'au dernier morceau de valeur.

Ne yerse midesi onun son zerresini kullanıyordu.

Son sang transportait les nutriments loin dans son corps puissant.

Kanı, besinleri güçlü bedeninin her yanına taşıyordu.

Cela a créé des tissus solides qui lui ont donné une endurance incroyable.

Bu, ona inanılmaz bir dayanıklılık kazandıran güçlü dokular oluşturdu.

Sa vue et son odorat sont devenus beaucoup plus sensibles qu'avant.

Görme ve koku alma duyusu eskisinden çok daha hassas hale gelmişti.

Son ouïe est devenue si fine qu'il pouvait détecter des sons faibles pendant son sommeil.

İşitme duyusu o kadar keskinleşmişti ki, uykusunda hafif sesleri bile duyabiliyordu.

Il savait dans ses rêves si les sons signifiaient sécurité ou danger.

Rüyalarında seslerin güvenlik mi yoksa tehlike mi anlamına geldiğini biliyordu.

Il a appris à mordre la glace entre ses orteils avec ses dents.

Ayak parmaklarının arasındaki buzu dişleriyle ısırmayı öğrendi.

Si un point d'eau gelait, il brisait la glace avec ses jambes.

Bir su birikintisi donarsa, bacaklarıyla buzu kırardı.

Il se cabra et frappa violemment la glace avec ses membres antérieurs raides.

Ayağa kalktı ve sert ön ayaklarıyla buza sertçe vurdu.

Sa capacité la plus frappante était de prédire les changements de vent pendant la nuit.

En dikkat çekici yeteneği ise gece boyunca rüzgar değişimlerini tahmin etmesiydi.

Même lorsque l'air était calme, il choisissait des endroits abrités du vent.

Hava sakin olduğunda bile rüzgârdan korunaklı yerleri seçiyordu.

Partout où il creusait son nid, le vent du lendemain le passait à côté de lui.

Yuvasını nereye kazdıysa, ertesi günün rüzgârı yanından geçip gidiyordu.

Il finissait toujours par se blottir et se protéger, sous le vent.

O her zaman rüzgarın rüzgâraltı tarafında, güvende ve korunaklı bir yerde olurdu.

Buck n'a pas seulement appris par l'expérience : son instinct est également revenu.

Buck sadece deneyimle öğrenmedi; içgüdüleri de geri geldi.

Les habitudes des générations domestiquées ont commencé à disparaître.

Evcilleştirilmiş nesillerin alışkanlıkları azalmaya başladı.

De manière vague, il se souvenait des temps anciens de sa race.

Belli belirsiz de olsa, kendi soyunun kadim zamanlarını hatırlıyordu.

Il repensa à l'époque où les chiens sauvages couraient en meute dans les forêts.

Vahşi köpeklerin sürüler halinde ormanlarda koştuğu zamanları düşündü.

Ils avaient poursuivi et tué leur proie en la poursuivant.

Avlarını kovalarken yakalayıp öldürmüşlerdi.

Il était facile pour Buck d'apprendre à se battre avec force et rapidité.

Buck için dişle ve hızla dövüşmeyi öğrenmek kolaydı.

Il utilisait des coupures, des entailles et des coups rapides, tout comme ses ancêtres.

Tıpkı ataları gibi kesme, eğik çizgi çekme ve hızlı fotoğraf çekme tekniklerini kullanıyordu.

Ces ancêtres se sont réveillés en lui et ont réveillé sa nature sauvage.

İçindeki atalar harekete geçti ve vahşi doğasını uyandırdı.

Leurs anciennes compétences lui avaient été transmises par le sang.

Eski becerileri ona kan bağıyla geçmişti.

Leurs tours étaient désormais à lui, sans besoin de pratique ni d'effort.

Artık onların hileleri onundu, pratik yapmaya veya çaba göstermeye gerek yoktu.

Lors des nuits calmes et froides, Buck levait le nez et hurlait.

Sessiz ve soğuk gecelerde Buck burnunu kaldırıp uluyordu.

Il hurla longuement et profondément, comme le faisaient les loups autrefois.

Uzun ve derin bir şekilde uluyordu, tıpkı kurtların uzun zaman önce yaptığı gibi.

À travers lui, ses ancêtres morts pointaient leur nez et hurlaient.

Onun aracılığıyla ölmüş ataları burunlarını uzatıp uluyorlardı.

Ils ont hurlé à travers les siècles avec sa voix et sa forme.

Yüzyıllar boyunca onun sesi ve şekliyle ULUdular.

Ses cadences étaient les leurs, de vieux cris qui parlaient de chagrin et de froid.

Onun ahenkleri onlarındı, kederi ve soğuğu anlatan eski çığlıklar.

**Ils chantaient l'obscurité, la faim et le sens de l'hiver.**

Karanlığın, açlığın ve kışın anlamının şarkılarını söylediler.

**Buck a prouvé que la vie est façonnée par des forces qui nous dépassent.**

Buck, hayatın kişinin kendi dışındaki güçler tarafından nasıl şekillendirildiğini kanıtladı.

**L'ancienne chanson s'éleva à travers Buck et s'empara de son âme.**

kadim şarkı Buck'ın içinden yükselip ruhunu ele geçirdi.

**Il s'est retrouvé parce que les hommes avaient trouvé de l'or dans le Nord.**

Kuzey'de altın bulan adamlar sayesinde kendini buldu.

**Et il s'est retrouvé parce que Manuel, l'aide du jardinier, avait besoin d'argent.**

Ve kendini buldu çünkü bahçıvanın yardımcısı Manuel'in paraya ihtiyacı vardı.

## La Bête Primordiale Dominante
### Hakim İlkel Canavar

**La bête primordiale dominante était aussi forte que jamais en Buck.**

Buck'ın içindeki egemen ilkel canavar her zamanki gibi güçlüydü.

**Mais la bête primordiale dominante sommeillait en lui.**

Ama egemen ilkel canavar onun içinde uykuda kalmıştı.

**La vie sur le sentier était dure, mais elle renforçait la bête qui sommeillait en Buck.**

Patika hayatı zordu ama Buck'ın içindeki canavarı güçlendirdi.

**Secrètement, la bête devenait de plus en plus forte chaque jour.**

Gizlice canavar her geçen gün daha da güçleniyordu.

**Mais cette croissance intérieure est restée cachée au monde extérieur.**

Ama o içsel büyüme dış dünyadan gizli kaldı.

**Une force primordiale, calme et tranquille, se construisait à l'intérieur de Buck.**

Buck'ın içinde sessiz ve sakin bir ilkel güç oluşuyordu.

**Une nouvelle ruse a donné à Buck l'équilibre, le calme, le contrôle et l'équilibre.**

Yeni kurnazlık Buck'a denge, sakinlik ve kontrol kazandırdı.

**Buck s'est concentré sur son adaptation, sans jamais se sentir complètement détendu.**

Buck, uyum sağlamaya çok odaklandı, ancak hiçbir zaman tam anlamıyla rahatlayamadığını hissetti.

**Il évitait les conflits, ne déclenchait jamais de bagarres et ne cherchait jamais les ennuis.**

Çatışmadan uzak durdu, asla kavga çıkarmadı, sorun yaratmaya çalışmadı.

**Une réflexion lente et constante façonnait chaque mouvement de Buck.**

Buck'ın her hareketini yavaş, istikrarlı bir düşüncelilik şekillendiriyordu.

**Il évitait les choix irréfléchis et les décisions soudaines et imprudentes.**

Aceleci tercihlerden ve ani, pervasız kararlardan kaçındı.

**Bien que Buck détestait profondément Spitz, il ne lui montrait aucune agressivité.**

Buck, Spitz'den çok nefret etmesine rağmen ona karşı hiçbir saldırganlık göstermedi.

**Buck n'a jamais provoqué Spitz et a gardé ses actions contenues.**

Buck, Spitz'i hiçbir zaman kışkırtmadı ve hareketlerini sınırladı.

**Spitz, de son côté, sentait le danger grandissant chez Buck.**

Spitz ise Buck'taki giderek artan tehlikeyi seziyordu.

**Il considérait Buck comme une menace et un sérieux défi à son pouvoir.**

Buck'ı bir tehdit ve iktidarına karşı ciddi bir meydan okuma olarak görüyordu.

**Il profitait de chaque occasion pour grogner et montrer ses dents acérées.**

Her fırsatta hırlayıp sivri dişlerini gösteriyordu.

**Il essayait de déclencher le combat mortel qui devait avoir lieu.**

Gelecek olan ölümcül mücadeleyi başlatmaya çalışıyordu.

**Au début du voyage, une bagarre a failli éclater entre eux.**

Yolculuğun başlarında aralarında neredeyse kavga çıkacaktı.

**Mais un accident inattendu a empêché le combat d'avoir lieu.**

Ancak beklenmeyen bir kaza mücadeleyi engelledi.

**Ce soir-là, ils installèrent leur campement sur le lac Le Barge, extrêmement froid.**

O akşam, dondurucu soğuktaki Le Barge Gölü'nün kıyısına kamp kurdular.

**La neige tombait fort et le vent soufflait comme un couteau.**

Kar çok şiddetli yağıyordu, rüzgar bıçak gibi kesiyordu.

**La nuit était venue trop vite et l'obscurité les entourait.**

Gece çok çabuk çökmüştü ve etraflarını karanlık sarmıştı.

**Ils n'auraient pas pu choisir un pire endroit pour se reposer.**

Dinlenmek için bundan daha kötü bir yer seçemezlerdi.

**Les chiens cherchaient désespérément un endroit où se coucher.**

Köpekler çaresizce yatacak yer arıyorlardı.

**Un haut mur de roche s'élevait abruptement derrière le petit groupe.**

Küçük grubun arkasında dik bir kaya duvarı yükseliyordu.

**La tente avait été laissée à Dyea pour alléger la charge.**

Çadır yükün hafiflemesi için Dyea'da bırakılmıştı.

**Ils n'avaient pas d'autre choix que d'allumer le feu sur la glace elle-même.**

Ateşi buzun üzerinde yakmaktan başka çareleri yoktu.

**Ils étendent leurs robes de nuit directement sur le lac gelé.**

Uyku tulumlarını doğrudan donmuş gölün üzerine serdiler.

**Quelques bâtons de bois flotté leur ont donné un peu de feu.**

Birkaç dal parçası onlara biraz ateş verdi.

**Mais le feu s'est allumé sur la glace et a fondu à travers elle.**

Ama ateş buzun üzerine yakılmıştı ve buzun içinden geçerek eridi.

**Finalement, ils mangeaient leur dîner dans l'obscurité.**

Sonunda akşam yemeklerini karanlıkta yiyorlardı.

**Buck s'est recroquevillé près du rocher, à l'abri du vent froid.**

Buck, soğuk rüzgardan korunmak için kayanın yanına kıvrıldı.

**L'endroit était si chaud et sûr que Buck détestait déménager.**

Orası o kadar sıcak ve güvenliydi ki Buck oradan ayrılmak istemiyordu.

**Mais François avait réchauffé le poisson et distribuait les rations.**

Ama François balığı ısıtmıştı ve erzak dağıtıyordu.

**Buck finit de manger rapidement et retourna dans son lit.**

Buck yemeğini çabucak bitirip yatağına döndü.

**Mais Spitz était maintenant allongé là où Buck avait fait son lit.**

Ama Spitz şimdi Buck'ın yatağını yaptığı yerde yatıyordu.

**Un grognement sourd avertit Buck que Spitz refusait de bouger.**

Alçak bir hırlama, Buck'ı Spitz'in hareket etmeyi reddettiği konusunda uyardı.

**Jusqu'à présent, Buck avait évité ce combat avec Spitz.**

Buck, şimdiye kadar Spitz'le olan bu kavgadan kaçınmıştı.

**Mais au plus profond de Buck, la bête s'est finalement libérée.**

Ama Buck'ın içinde canavar sonunda serbest kaldı.

**Le vol de son lieu de couchage était trop difficile à tolérer.**

Yattığı yerin çalınması tahammül edilemeyecek kadar büyük bir şeydi.

**Buck se lança sur Spitz, plein de colère et de rage.**

Buck öfke ve hiddetle Spitz'e doğru atıldı.

**Jusqu'à présent, Spitz pensait que Buck n'était qu'un gros chien.**

Spitz, o zamana kadar Buck'ın sadece büyük bir köpek olduğunu düşünüyordu.

**Il ne pensait pas que Buck avait survécu grâce à son esprit.**

Buck'ın ruhu sayesinde hayatta kalabildiğini düşünmüyordu.

**Il s'attendait à la peur et à la lâcheté, pas à la fureur et à la vengeance.**

Öfke ve intikam değil, korku ve korkaklık bekliyordu.

**François regarda les deux chiens sortir du nid en ruine.**

François, iki köpeğin de harap yuvadan fırladığını görünce bakakaldı.

**Il comprit immédiatement ce qui avait déclenché cette lutte sauvage.**

Vahşi mücadelenin nereden başladığını hemen anladı.

**« Aa-ah ! » s'écria François en soutien au chien brun.**

"Aa-ah!" diye bağırdı François kahverengi köpeğe destek olmak için.

**« Frappez-le ! Par Dieu, punissez ce voleur sournois ! »**

"Dayak atın şuna! Vallahi o sinsi hırsızı cezalandırın!"

**Spitz a montré une volonté égale et une impatience folle de se battre.**

Spitz de aynı derecede hazır olma ve vahşi bir savaşma isteği gösterdi.

Il cria de rage tout en tournant rapidement en rond, cherchant une ouverture.

Hızla daireler çizerek bir açıklık ararken öfkeyle haykırdı.

Buck a montré la même soif de combat et la même prudence.

Buck aynı savaş açlığını ve aynı temkinliliği gösteriyordu.

Il a également encerclé son adversaire, essayant de prendre le dessus dans la bataille.

O da rakibini çevreleyerek savaşta üstünlük sağlamaya çalışıyordu.

Puis quelque chose d'inattendu s'est produit et a tout changé.

Sonra beklenmedik bir şey oldu ve her şey değişti.

Ce moment a retardé l'éventuelle lutte pour le leadership.

İşte o an liderlik mücadelesinin ertelenmesine sebep oldu.

De nombreux kilomètres de piste et de lutte attendaient encore avant la fin.

Sonuna kadar daha kilometrelerce patika ve mücadele bizi bekliyordu.

Perrault cria un juron tandis qu'une massue frappait un os.

Sopanın kemiğe çarpmasıyla Perrault bir küfür savurdu.

Un cri aigu de douleur suivit, puis le chaos explosa tout autour.

Ardından keskin bir acı çığlığı duyuldu, ardından her tarafta kaos patlak verdi.

Des formes sombres se déplaçaient dans le camp ; des huskies sauvages, affamés et féroces.

Kampta karanlık şekiller hareket ediyordu; aç ve vahşi Sibirya kurtları.

Quatre ou cinq douzaines de huskies avaient reniflé le camp de loin.

Dört-beş düzine Sibirya kurdu uzaklardan kampın kokusunu almıştı.

Ils s'étaient glissés discrètement pendant que les deux chiens se battaient à proximité.

Yakınlarda iki köpek kavga ederken sessizce içeriye girmişlerdi.

**François et Perrault chargèrent en brandissant des massues sur les envahisseurs.**

François ve Perrault, işgalcilere sopalarla saldırdılar.

**Les huskies affamés ont montré les dents et ont riposté avec frénésie.**

Açlıktan ölmek üzere olan Sibirya kurtları dişlerini göstererek çılgınca mücadele ettiler.

**L'odeur de la viande et du pain les avait chassés de toute peur.**

Et ve ekmek kokusu onları tüm korkularından kurtarmıştı.

**Perrault battait un chien qui avait enfoui sa tête dans la boîte à nourriture.**

Perrault, kafasını yiyecek kutusuna gömen bir köpeği dövdü.

**Le coup a été violent et la boîte s'est retournée, la nourriture s'est répandue.**

Darbe sert oldu ve kutu devrilip içindeki yiyecekler döküldü.

**En quelques secondes, une vingtaine de bêtes sauvages déchirèrent le pain et la viande.**

Birkaç saniye içinde onlarca vahşi hayvan ekmeği ve eti parçalamaya başladı.

**Les clubs masculins ont porté coup sur coup, mais aucun chien ne s'est détourné.**

Erkeklerin sopaları ardı ardına darbeler indirdi, ancak hiçbir köpek geri dönmedi.

**Ils hurlaient de douleur, mais se battaient jusqu'à ce qu'il ne reste plus de nourriture.**

Acı içinde uluyorlardı, ama yiyecek kalmayana kadar savaşıyorlardı.

**Pendant ce temps, les chiens de traîneau avaient sauté de leurs lits enneigés.**

Bu arada kızak köpekleri karlı yataklarından atlamışlardı.

**Ils ont été immédiatement attaqués par les huskies vicieux et affamés.**

Anında vahşi ve aç Sibirya kurtlarının saldırısına uğradılar.

**Buck n'avait jamais vu de créatures aussi sauvages et affamées auparavant.**

Buck daha önce hiç bu kadar vahşi ve aç yaratıklar görmemişti.

**Leur peau pendait librement, cachant à peine leur squelette.**

Derileri sarkıyordu, iskeletlerini zar zor gizliyordu.

**Il y avait un feu dans leurs yeux, de faim et de folie**

Gözlerinde açlıktan ve delilikten bir ateş vardı

**Il n'y avait aucun moyen de les arrêter, aucune résistance à leur ruée sauvage.**

Onları durdurmanın, vahşi saldırılarına karşı koymanın bir yolu yoktu.

**Les chiens de traîneau furent repoussés, pressés contre la paroi de la falaise.**

Kızak köpekleri geriye doğru itilerek uçurum duvarına sıkıştırıldılar.

**Trois huskies ont attaqué Buck en même temps, déchirant sa chair.**

Üç Sibirya kurdu aynı anda Buck'a saldırdı ve etini parçaladı.

**Du sang coulait de sa tête et de ses épaules, là où il avait été coupé.**

Başından ve omuzlarından kesildiği yerden kanlar akıyordu.

**Le bruit remplissait le camp : grognements, cris et cris de douleur.**

Gürültü kampı doldurdu; hırlamalar, ciyaklamalar ve acı dolu çığlıklar.

**Billee pleurait fort, comme d'habitude, prise dans la mêlée et la panique.**

Billee her zamanki gibi, kavga ve paniğe kapılarak yüksek sesle ağladı.

**Dave et Solleks se tenaient côte à côte, saignant mais provocants.**

Dave ve Solleks yan yana duruyorlardı, kanıyorlardı ama meydan okuyorlardı.

**Joe s'est battu comme un démon, mordant tout ce qui s'approchait.**

Joe şeytan gibi dövüşüyor, yaklaşan her şeyi ısırıyordu.

**Il a écrasé la jambe d'un husky d'un claquement brutal de ses mâchoires.**

Çenesinin tek bir vahşice şaklamasıyla bir Sibirya kurdunun bacağını ezdi.

**Pike a sauté sur le husky blessé et lui a brisé le cou instantanément.**

Pike yaralı köpeğin üzerine atladı ve boynunu anında kırdı.

**Buck a attrapé un husky par la gorge et lui a déchiré la veine.**

Buck, bir Sibirya kurdunun boğazını yakaladı ve damarını parçaladı.

**Le sang gicla et le goût chaud poussa Buck dans une frénésie.**

Kan fışkırdı ve sıcak tat Buck'ı çılgına çevirdi.

**Il s'est jeté sur un autre agresseur sans hésitation.**

Hiç tereddüt etmeden diğer saldırgana doğru atıldı.

**Au même moment, des dents acérées s'enfoncèrent dans la gorge de Buck.**

Aynı anda keskin dişler Buck'ın boğazına saplandı.

**Spitz avait frappé de côté, attaquant sans avertissement.**

Spitz, uyarıda bulunmadan yan taraftan saldırmıştı.

**Perrault et François avaient vaincu les chiens en volant la nourriture.**

Perrault ve François, yiyecekleri çalan köpekleri yenmişlerdi.

**Ils se sont alors précipités pour aider leurs chiens à repousser les attaquants.**

Şimdi saldırganlara karşı koymak için köpeklerine yardıma koştular.

**Les chiens affamés se retirèrent tandis que les hommes brandissaient leurs gourdins.**

Adamlar sopalarını sallayınca aç köpekler geri çekildi.

**Buck s'est libéré de l'attaque, mais l'évasion a été brève.**

Buck saldırıdan kurtuldu ancak kaçışı kısa sürdü.

**Les hommes ont couru pour sauver leurs chiens, et les huskies ont de nouveau afflué.**

Adamlar köpeklerini kurtarmak için koşuştururken, Sibirya kurdu tekrar üşüştü.

**Billee, effrayé et courageux, sauta dans la meute de chiens.**

Billee korkudan cesaret bularak köpek sürüsünün içine atladı.

**Mais il s'est alors enfui sur la glace, saisi de terreur et de panique.**

Ama sonra büyük bir korku ve panik içinde buzun üzerinden kaçmaya başladı.

**Pike et Dub suivaient de près, courant pour sauver leur vie.**

Pike ve Dub da canlarını kurtarmak için hemen arkalarından koştular.

**Le reste de l'équipe s'est séparé et dispersé, les suivant.**

Takımın geri kalanı da dağılıp onları takip etti.

**Buck rassembla ses forces pour courir, mais vit alors un éclair.**

Buck koşmak için gücünü topladı ama sonra bir ışık gördü.

**Spitz s'est jeté sur le côté de Buck, essayant de le faire tomber au sol.**

Spitz, Buck'ın yanına atılarak onu yere sermeye çalıştı.

**Sous cette foule de huskies, Buck n'aurait eu aucune échappatoire.**

Buck'ın o Sibirya kurdu sürüsü altında kaçması mümkün değildi.

**Mais Buck est resté ferme et s'est préparé au coup de Spitz.**

Ama Buck, Spitz'in darbesine karşı dik durdu ve kendini hazırladı.

**Puis il s'est retourné et a couru sur la glace avec l'équipe en fuite.**

Daha sonra dönüp kaçan takımla birlikte buzun üzerine koştu.

**Plus tard, les neuf chiens de traîneau se sont rassemblés à l'abri des bois.**

Daha sonra dokuz kızak köpeği ormanın sığınağında toplandılar.

**Personne ne les poursuivait plus, mais ils étaient battus et blessés.**

Artık onları kovalayan yoktu ama darp edilmişlerdi, yaralanmışlardı.

**Chaque chien avait des blessures ; quatre ou cinq coupures profondes sur chaque corps.**

Her köpeğin yaraları vardı; her birinin vücudunda dört veya beş derin kesik vardı.

**Dub avait une patte arrière blessée et avait du mal à marcher maintenant.**

Dub'ın arka bacağında bir sakatlık vardı ve artık yürümekte zorlanıyordu.

**Dolly, le nouveau chien de Dyea, avait la gorge tranchée.**

Dyea'nın en yeni köpeği Dolly'nin boğazı kesilmişti.

**Joe avait perdu un œil et l'oreille de Billee était coupée en morceaux**

Joe bir gözünü kaybetmişti ve Billee'nin kulağı parçalanmıştı

**Tous les chiens ont crié de douleur et de défaite toute la nuit.**

Bütün köpekler gece boyunca acı ve yenilgiyle ağladılar.

**À l'aube, ils retournèrent au camp, endoloris et brisés.**

Şafak vakti yaralı ve bitkin bir halde kampa geri döndüler.

**Les huskies avaient disparu, mais le mal était fait.**

Sibirya kurdu köpekleri kaybolmuştu ama asıl zarar verilmişti.

**Perrault et François étaient de mauvaise humeur à cause de la ruine.**

Perrault ve François harabenin başında sinirli sinirli duruyorlardı.

**La moitié de la nourriture avait disparu, volée par les voleurs affamés.**

Aç hırsızlar yiyeceklerin yarısını kapmışlardı.

**Les huskies avaient déchiré les fixations et la toile du traîneau.**

Kızak köpekleri kızak bağlarını ve brandaları parçalamıştı.

**Tout ce qui avait une odeur de nourriture avait été complètement dévoré.**

Yemek kokusu olan her şey tamamen yenmişti.

**Ils ont mangé une paire de bottes de voyage en peau d'élan de Perrault.**

Perrault'un geyik derisinden yapılmış seyahat çizmelerinden bir çiftini yediler.

Ils ont mâché des reis en cuir et ruiné des sangles au point de les rendre inutilisables.

Deri reisleri çiğnediler ve kayışları kullanılamaz hale getirdiler.

François cessa de fixer le fouet déchiré pour vérifier les chiens.

François kopan kirpiğe bakmayı bırakıp köpekleri kontrol etti.

« Ah, mes amis », dit-il d'une voix basse et pleine d'inquiétude.

"Ah, dostlarım," dedi, sesi alçak ve endişe doluydu.

« Peut-être que toutes ces morsures vous transformeront en bêtes folles. »

"Belki de bütün bu ısırıklar sizi çılgın canavarlara dönüştürecek."

« Peut-être que ce sont tous des chiens enragés, sacredam ! Qu'en penses-tu, Perrault ? »

"Belki de hepsi deli köpekler, sacredam! Sen ne düşünüyorsun, Perrault?"

Perrault secoua la tête, les yeux sombres d'inquiétude et de peur.

Perrault başını iki yana salladı, gözleri endişe ve korkuyla kararmıştı.

Il y avait encore quatre cents milles entre eux et Dawson.

Onlarla Dawson arasında hâlâ dört yüz mil mesafe vardı.

La folie canine pourrait désormais détruire toute chance de survie.

Artık köpek çılgınlığı hayatta kalma şansını yok edebilir.

Ils ont passé deux heures à jurer et à essayer de réparer le matériel.

İki saat küfür edip teçhizatı tamir etmeye çalıştılar.

L'équipe blessée a finalement quitté le camp, brisée et vaincue.

Yaralı tim sonunda dağılmış ve yenik bir halde kamptan ayrıldı.

C'était le sentier le plus difficile jusqu'à présent, et chaque pas était douloureux.

Bu şimdiye kadarki en zor parkurdu ve her adımı acı vericiydi.

**La rivière Thirty Mile n'était pas gelée et coulait à flots.**

Otuz Mil Nehri donmamıştı ve çılgınca akıyordu.

**Ce n'est que dans les endroits calmes et les tourbillons que la glace parvenait à tenir.**

Buz, yalnızca sakin noktalarda ve girdaplı yerlerde tutunmayı başardı.

**Six jours de dur labeur se sont écoulés jusqu'à ce que les trente milles soient parcourus.**

Otuz mil tamamlanana kadar altı gün boyunca zorlu bir çalışma yapıldı.

**Chaque kilomètre parcouru sur le sentier apportait du danger et une menace de mort.**

Yolun her bir mili tehlike ve ölüm tehdidi taşıyordu.

**Les hommes et les chiens risquaient leur vie à chaque pas douloureux.**

Adamlar ve köpekler her acı dolu adımda hayatlarını tehlikeye atıyorlardı.

**Perrault a franchi des ponts de glace minces à une douzaine de reprises.**

Perrault ince buz köprülerini bir düzineden fazla kez aştı.

**Il portait une perche et la laissait tomber sur le trou que son corps avait fait.**

Bir sırık alıp vücudunun açtığı deliğin üzerine düşürdü.

**Plus d'une fois, ce poteau a sauvé Perrault de la noyade.**

O direk Perrault'u birçok kez boğulmaktan kurtardı.

**La vague de froid persistait, l'air était à cinquante degrés en dessous de zéro.**

Soğuk hava etkisini sürdürüyordu, hava sıfırın altında elli dereceydi.

**Chaque fois qu'il tombait, Perrault devait allumer un feu pour survivre.**

Perrault her düştüğünde hayatta kalmak için ateş yakmak zorunda kalıyordu.

**Les vêtements mouillés gelaient rapidement, alors il les séchait près d'une source de chaleur intense.**

Islak elbiseler çabuk donuyordu, bu yüzden onları yakıcı
sıcağın yanında kurutuyordu.

**Aucune peur n'a jamais touché Perrault, et cela a fait de lui
un courrier.**

Perrault'un hiçbir zaman korkusu olmadı ve bu onu bir kurye
yaptı.

**Il a été choisi pour le danger, et il l'a affronté avec une
résolution tranquille.**

Tehlike için seçilmişti ve o, bu tehlikeyi sessiz bir kararlılıkla
karşıladı.

**Il s'avança face au vent, son visage ratatiné et gelé.**

Rüzgâra doğru ilerledi, buruşmuş yüzü donmuştu.

**De l'aube naissante à la tombée de la nuit, Perrault les mena
en avant.**

Perrault, şafak vakti karanlık çökene kadar onları ileriye
doğru götürdü.

**Il marchait sur une étroite bordure de glace qui se fissurait à
chaque pas.**

Her adımda çatlayan dar buz kütlesinin üzerinde yürüyordu.

**Ils n'osaient pas s'arrêter : chaque pause risquait de
provoquer un effondrement mortel.**

Durmaya cesaret edemiyorlardı; her duraklama ölümcül bir
çöküşe yol açma tehlikesi taşıyordu.

**Un jour, le traîneau s'est brisé, entraînant Dave et Buck à
l'intérieur.**

Bir keresinde kızak kırılarak Dave ve Buck'ı içeri çekti.

**Au moment où ils ont été libérés, tous deux étaient presque
gelés.**

Serbest bırakıldıklarında ikisi de neredeyse donmuştu.

**Les hommes ont rapidement allumé un feu pour garder
Buck et Dave en vie.**

Adamlar Buck ve Dave'i hayatta tutmak için hemen ateş
yaktılar.

**Les chiens étaient recouverts de glace du nez à la queue,
raides comme du bois sculpté.**

Köpekler burunlarından kuyruklarına kadar buzla kaplıydı,
oyulmuş tahta kadar serttiler.

**Les hommes les faisaient courir en rond près du feu pour décongeler leurs corps.**

Adamlar, vücutlarının erimesini sağlamak için onları ateşin etrafında daireler çizerek koşturuyorlardı.

**Ils se sont approchés si près des flammes que leur fourrure a été brûlée.**

Alevlere o kadar yaklaştılar ki, tüyleri yandı.

**Spitz a ensuite brisé la glace, entraînant l'équipe derrière lui.**

Spitz daha sonra buzları kırarak arkasındaki takımı da içeri çekti.

**La cassure s'est étendue jusqu'à l'endroit où Buck tirait.**

Kopuş Buck'ın çektiği yere kadar uzanıyordu.

**Buck se pencha en arrière, ses pattes glissant et tremblant sur le bord.**

Buck sertçe geriye yaslandı, pençeleri kenarda kayıyor ve titriyordu.

**Dave a également tendu vers l'arrière, juste derrière Buck sur la ligne.**

Dave de Buck'ın hemen arkasında çizgide geriye doğru zorlandı.

**François tirait sur le traîneau, ses muscles craquant sous l'effort.**

François kızakla çekişirken kasları çabadan çatırdıyordu.

**Une autre fois, la glace du bord s'est fissurée devant et derrière le traîneau.**

Başka bir sefer de kızak önünde ve arkasında buzlar çatladı.

**Ils n'avaient d'autre issue que d'escalader une paroi rocheuse gelée.**

Donmuş bir uçurum duvarına tırmanmaktan başka çıkış yolları yoktu.

**Perrault a réussi à escalader le mur, mais un miracle l'a maintenu en vie.**

Perrault bir şekilde duvarı tırmanmayı başardı; bir mucize onu hayatta tuttu.

**François resta en bas, priant pour avoir le même genre de chance.**

François aşağıda kaldı ve aynı şansın kendisi için de geçerli olması için dua etti.

**Ils ont attaché chaque sangle, chaque amarrage et chaque traçage en une seule longue corde.**

Her kayışı, bağı ve izi tek bir uzun ipe bağladılar.

**Les hommes ont hissé chaque chien, un par un, jusqu'au sommet.**

Adamlar her köpeği teker teker yukarı doğru çektiler.

**François est monté en dernier, après le traîneau et toute la charge.**

François, kızak ve tüm yükün ardından en son tırmanan oldu.

**Commença alors une longue recherche d'un chemin pour descendre des falaises.**

Sonra uçurumlardan aşağı inecek bir yol bulmak için uzun bir arayış başladı.

**Ils sont finalement descendus en utilisant la même corde qu'ils avaient fabriquée.**

En sonunda yaptıkları ipi kullanarak aşağı indiler.

**La nuit tombait alors qu'ils retournaient au lit de la rivière, épuisés et endoloris.**

Yorgun ve bitkin bir halde nehir yatağına döndüklerinde gece olmuştu.

**La journée entière ne leur avait permis de gagner qu'un quart de mile.**

Sadece çeyrek mil yol kat etmek için tam bir gün harcamışlardı.

**Au moment où ils atteignirent le Hootalinqua, Buck était épuisé.**

Hootalinqua'ya vardıklarında Buck bitkin düşmüştü.

**Les autres chiens ont tout autant souffert des conditions du sentier.**

Diğer köpekler de parkur koşullarından en az onlar kadar etkilendi.

**Mais Perrault avait besoin de récupérer du temps et les poussait chaque jour.**

Ancak Perrault'un zamana ihtiyacı vardı ve onları her gün zorluyordu.

**Le premier jour, ils ont parcouru trente miles jusqu'à Big Salmon.**
İlk gün otuz mil uzaklıktaki Big Salmon'a doğru yola çıktılar.
**Le lendemain, ils parcoururent trente-cinq milles jusqu'à Little Salmon.**
Ertesi gün otuz beş mil yol kat ederek Little Salmon'a ulaştılar.
**Le troisième jour, ils ont parcouru quarante longs kilomètres gelés.**
Üçüncü gün kırk uzun, donmuş mil boyunca yol aldılar.
**À ce moment-là, ils approchaient de la colonie de Five Fingers.**
Artık Beş Parmak yerleşimine yaklaşıyorlardı.

**Les pieds de Buck étaient plus doux que les pieds durs des huskies indigènes.**
Buck'ın ayakları yerli Sibirya kurdunun sert ayaklarından daha yumuşaktı.
**Ses pattes étaient devenues plus fragiles au fil des générations civilisées.**
Pençeleri birçok medeni nesil boyunca yumuşamıştı.
**Il y a longtemps, ses ancêtres avaient été apprivoisés par des hommes de la rivière ou des chasseurs.**
Çok eskiden ataları nehir adamları veya avcılar tarafından evcilleştirilmişti.
**Chaque jour, Buck boitait de douleur, marchant sur des pattes à vif et douloureuses.**
Buck her gün acı içinde topallıyor, ağrıyan patileriyle yürüyordu.
**Au camp, Buck tomba comme une forme sans vie sur la neige.**
Kampta Buck cansız bir beden gibi karın üzerine yığıldı.
**Bien qu'affamé, Buck ne s'est pas levé pour manger son repas du soir.**
Buck açlıktan ölmek üzere olmasına rağmen akşam yemeğini yemeye kalkmadı.
**François apporta sa ration à Buck, en déposant du poisson près de son museau.**

François, Buck'a erzakını getirdi ve balığı onun ağzına koydu.

**Chaque nuit, le chauffeur frottait les pieds de Buck pendant une demi-heure.**

Şoför her gece Buck'ın ayaklarını yarım saat ovuyordu.

**François a même découpé ses propres mocassins pour en faire des chaussures pour chiens.**

François, köpek ayakkabıları yapmak için kendi mokasenlerini bile kesiyordu.

**Quatre chaussures chaudes ont apporté à Buck un grand et bienvenu soulagement.**

Dört sıcak ayakkabı Buck'a büyük ve hoş bir rahatlama sağladı.

**Un matin, François oublia ses chaussures et Buck refusa de se lever.**

Bir sabah François ayakkabılarını unutmuştu ve Buck kalkmayı reddetti.

**Buck était allongé sur le dos, les pieds en l'air, les agitant pitoyablement.**

Buck sırtüstü yatıyordu, ayakları havadaydı ve acınası bir şekilde onları sallıyordu.

**Même Perrault sourit à la vue de l'appel dramatique de Buck.**

Buck'ın bu dramatik yalvarışı karşısında Perrault bile sırıttı.

**Bientôt, les pieds de Buck devinrent durs et les chaussures purent être jetées.**

Kısa süre sonra Buck'ın ayakları sertleşti ve ayakkabılar atılmak zorunda kaldı.

**À Pelly, pendant le temps du harnais, Dolly laissait échapper un hurlement épouvantable.**

Pelly'de, koşum zamanı Dolly korkunç bir uluma sesi çıkardı.

**Le cri était long et rempli de folie, secouant chaque chien.**

Çığlık uzun ve çılgıncaydı, her köpeği sarsıyordu.

**Chaque chien se hérissait de peur sans en connaître la raison.**

Her köpek nedenini bilmeden korkudan kıpırdanıyordu.

**Dolly était devenue folle et s'était jetée directement sur Buck.**

Dolly çılgına dönmüştü ve kendini Buck'a doğru fırlattı.

**Buck n'avait jamais vu la folie, mais l'horreur remplissait son cœur.**

Buck deliliği hiç görmemişti ama yüreği dehşetle doluydu.

**Sans réfléchir, il se retourna et s'enfuit, complètement paniqué.**

Hiç düşünmeden dönüp panik içinde kaçtı.

**Dolly le poursuivit, les yeux fous, la salive s'échappant de ses mâchoires.**

Dolly onu kovalıyordu, gözleri çılgınca açılmıştı, çenesinden salyalar akıyordu.

**Elle est restée juste derrière Buck, sans jamais gagner ni reculer.**

Buck'ın hemen arkasında kaldı, ne ona yetişebildi ne de geriye düşebildi.

**Buck courut à travers les bois, le long de l'île, sur de la glace déchiquetée.**

Buck ormanın içinden, adanın aşağısına, engebeli buzların üzerinden koşarak geçti.

**Il traversa vers une île, puis une autre, revenant vers la rivière.**

Önce bir adaya, sonra bir başka adaya geçti ve nehre geri döndü.

**Dolly le poursuivait toujours, son grognement le suivant de près à chaque pas.**

Dolly hâlâ onu kovalıyordu, her adımda hırlaması hemen arkasından geliyordu.

**Buck pouvait entendre son souffle et sa rage, même s'il n'osait pas regarder en arrière.**

Buck onun nefesini ve öfkesini duyabiliyordu ama geriye bakmaya cesaret edemiyordu.

**François cria de loin, et Buck se tourna vers la voix.**

François uzaktan bağırdı ve Buck sese doğru döndü.

**Encore à bout de souffle, Buck courut, plaçant tout espoir en François.**

Hala nefes almaya çalışan Buck, tüm umudunu François'ya bağlayarak koşarak yanından geçti.

Le conducteur du chien leva une hache et attendit que Buck passe à toute vitesse.

Köpek sürücüsü baltasını kaldırdı ve Buck'ın uçarak geçmesini bekledi.

La hache s'abattit rapidement et frappa la tête de Dolly avec une force mortelle.

Balta hızla indi ve Dolly'nin kafasına ölümcül bir güçle çarptı.

Buck s'est effondré près du traîneau, essoufflé et incapable de bouger.

Buck kızak yakınında yere yığıldı, hırıltılı bir şekilde soluk alıp veriyordu ve hareket edemiyordu.

Ce moment a donné à Spitz l'occasion de frapper un ennemi épuisé.

İşte o an Spitz'e yorgun düşmüş rakibine saldırma şansı verdi.

Il a mordu Buck à deux reprises, déchirant la chair jusqu'à l'os blanc.

Buck'ı iki kez ısırdı, eti beyaz kemiğe kadar parçaladı.

Le fouet de François claqua, frappant Spitz avec toute sa force et sa fureur.

François'nın kırbacı şakladı ve Spitz'e tüm gücüyle, öfkeyle çarptı.

Buck regarda avec joie Spitz recevoir sa raclée la plus dure jusqu'à présent.

Buck, Spitz'in bugüne kadar gördüğü en sert dayağı sevinçle izledi.

« C'est un diable, ce Spitz », murmura sombrement Perrault pour lui-même.

"Şu Spitz bir şeytan," diye mırıldandı Perrault kendi kendine.

« Un jour prochain, ce maudit chien tuera Buck, je le jure. »

"Yakında o lanet köpek Buck'ı öldürecek, yemin ederim."

« Ce Buck a deux démons en lui », répondit François en hochant la tête.

"Bu Buck'ın içinde iki şeytan var," diye cevapladı François başını sallayarak.

« Quand je regarde Buck, je sais que quelque chose de féroce l'attend. »

"Buck'ı izlediğimde, içinde vahşi bir şeyin beklediğini biliyorum."

« Un jour, il deviendra fou comme le feu et mettra Spitz en pièces. »

"Bir gün ateş gibi öfkelenecek ve Spitz'i parçalara ayıracak."

« Il va mâcher ce chien et le recracher sur la neige gelée. »

"O köpeği çiğneyip donmuş karın üzerine tükürecek."

« Bien sûr que non, je le sais au plus profond de moi. »

"Her şeyden önce bunu içimde hissediyorum."

À partir de ce moment-là, les deux chiens étaient engagés dans une guerre.

O andan itibaren iki köpek arasında bir savaş başladı.

Spitz a dirigé l'équipe et a conservé le pouvoir, mais Buck a contesté cela.

Spitz takımın başındaydı ve iktidarı elinde tutuyordu, ancak Buck buna meydan okudu.

Spitz a vu son rang menacé par cet étrange étranger du Sud.

Spitz, rütbesinin bu tuhaf Güneyli yabancı tarafından tehdit edildiğini gördü.

Buck ne ressemblait à aucun autre chien du sud que Spitz avait connu auparavant.

Buck, Spitz'in daha önce tanıdığı güneyli köpeklerin hiçbirine benzemiyordu.

La plupart d'entre eux ont échoué, trop faibles pour survivre au froid et à la faim.

Çoğu başarısız oldu; soğuk ve açlığa dayanamayacak kadar zayıftılar.

Ils sont morts rapidement à cause du travail, du gel et de la lenteur de la famine.

Çalışmanın, donun ve kıtlığın yavaş yavaş getirdiği acıların altında hızla öldüler.

Buck se démarquait : plus fort, plus intelligent et plus sauvage chaque jour.

Buck diğerlerinden farklıydı; her geçen gün daha güçlü, daha akıllı ve daha vahşi oluyordu.

Il a prospéré dans les difficultés, grandissant jusqu'à égaler les huskies du Nord.

Zorluklara göğüs gererek kuzeydeki Sibirya kurtlarıyla boy ölçüşecek kadar büyüdü.

**Buck avait de la force, une habileté sauvage et un instinct patient et mortel.**

Buck'ın gücü, vahşi becerisi ve sabırlı, ölümcül bir içgüdüsü vardı.

**L'homme avec la massue avait fait perdre à Buck toute témérité.**

Sopalı adam Buck'ın pervasızlığını döverek gidermişti.

**La fureur aveugle avait disparu, remplacée par une ruse silencieuse et un contrôle.**

Kör öfke gitmiş, yerini sessiz kurnazlık ve kontrol almıştı.

**Il attendait, calme et primitif, guettant le bon moment.**

Sakin ve ilkel bir şekilde bekledi, doğru anı bekledi.

**Leur lutte pour le commandement est devenue inévitable et claire.**

Komuta mücadeleleri kaçınılmaz ve açık hale gelmişti.

**Buck désirait être un leader parce que son esprit l'exigeait.**

Buck liderliği istiyordu çünkü ruhu bunu gerektiriyordu.

**Il était poussé par l'étrange fierté née du sentier et du harnais.**

O, iz ve koşumdan doğan tuhaf bir gururla hareket ediyordu.

**Cette fierté a poussé les chiens à tirer jusqu'à ce qu'ils s'effondrent sur la neige.**

O gurur, köpekleri karda yığılıncaya kadar çekiştiriyordu.

**L'orgueil les a poussés à donner toute la force qu'ils avaient.**

Gurur onları, ellerindeki bütün gücü vermeye yöneltti.

**L'orgueil peut attirer un chien de traîneau jusqu'à la mort.**

Kibir, kızak köpeğini ölüme kadar sürükleyebilir.

**La perte du harnais a laissé les chiens brisés et sans but.**

Tasmayı kaybetmek köpekleri kırgın ve amaçsız bıraktı.

**Le cœur d'un chien de traîneau peut être brisé par la honte lorsqu'il prend sa retraite.**

Bir kızak köpeğinin yüreği emekliye ayrıldığında utançtan kırılabilir.

**Dave vivait avec cette fierté alors qu'il tirait le traîneau par derrière.**

Dave kızakları arkadan çekerken bu gururla yaşıyordu.

**Solleks, lui aussi, a tout donné avec une force et une loyauté redoutables.**

Solleks de tüm gücüyle ve sadakatiyle elinden geleni yaptı.

**Chaque matin, l'orgueil les faisait passer de l'amertume à la détermination.**

Her sabah gurur onları öfkeden kararlılığa dönüştürüyordu.

**Ils ont poussé toute la journée, puis sont restés silencieux à la fin du camp.**

Bütün gün itişip kakıştılar, sonra kampın sonuna vardıklarında sessizliğe gömüldüler.

**Cette fierté a donné à Spitz la force de battre les tire-au-flanc.**

Bu gurur Spitz'e, tembellik edenleri hizaya getirme gücünü verdi.

**Spitz craignait Buck parce que Buck portait cette même fierté profonde.**

Spitz, Buck'tan korkuyordu çünkü Buck da aynı derin gururu taşıyordu.

**L'orgueil de Buck s'est alors retourné contre Spitz, et il ne s'est pas arrêté.**

Buck'ın gururu artık Spitz'e karşı kabarıyordu ve o durmadı.

**Buck a défié le pouvoir de Spitz et l'a empêché de punir les chiens.**

Buck, Spitz'in gücüne meydan okudu ve onun köpekleri cezalandırmasını engelledi.

**Lorsque les autres échouaient, Buck s'interposait entre eux et leur chef.**

Diğerleri başarısız olduğunda Buck, onlarla liderlerinin arasına girdi.

**Il l'a fait intentionnellement, en rendant son défi ouvert et clair.**

Bunu kasıtlı olarak yaptı, meydan okumasını açık ve net bir şekilde dile getirdi.

**Une nuit, une forte neige a recouvert le monde d'un profond silence.**

Bir gece, yoğun bir kar yağışı dünyayı derin bir sessizliğe boğdu.

**Le lendemain matin, Pike, paresseux comme toujours, ne se leva pas pour aller travailler.**

Ertesi sabah Pike her zamanki gibi tembeldi ve işe gitmek için kalkmadı.

**Il est resté caché dans son nid sous une épaisse couche de neige.**

Kalın bir kar tabakasının altındaki yuvasında saklı duruyordu.

**François a appelé et cherché, mais n'a pas pu trouver le chien.**

François seslenip aradı ama köpeği bulamadı.

**Spitz devint furieux et se précipita à travers le camp couvert de neige.**

Spitz öfkelendi ve karla kaplı kampa doğru ilerledi.

**Il grogna et renifla, creusant frénétiquement avec des yeux flamboyants.**

Hırladı, kokladı, parlayan gözleriyle çılgınca kazdı.

**Sa rage était si féroce que Pike tremblait sous la neige de peur.**

Öfkesi o kadar şiddetliydi ki Pike korkudan kar altında titriyordu.

**Lorsque Pike fut finalement retrouvé, Spitz se précipita pour punir le chien qui se cachait.**

Pike sonunda bulunduğunda, Spitz saklanan köpeği cezalandırmak için harekete geçti.

**Mais Buck s'est précipité entre eux avec une fureur égale à celle de Spitz.**

Ama Buck, Spitz'inkine eşit bir öfkeyle aralarına atıldı.

**L'attaque fut si soudaine et intelligente que Spitz tomba.**

Saldırı o kadar ani ve akıllıcaydı ki Spitz'in ayakları yerden kesildi.

**Pike, qui tremblait, puisa du courage dans ce défi.**

Titreyen Pike, bu meydan okumadan cesaret aldı.

**Il sauta sur le Spitz tombé, suivant l'exemple audacieux de Buck.**

Buck'ın cesur örneğini izleyerek yere düşen Spitz'in üzerine atladı.

**Buck, n'étant plus tenu par l'équité, a rejoint la grève contre Spitz.**

Artık adalet duygusuyla bağlı olmayan Buck, Spitz'e yapılan greve katıldı.

**François, amusé mais ferme dans sa discipline, balançait son lourd fouet.**

François, eğlenerek ama disiplinli bir şekilde ağır kırbacını savurdu.

**Il frappa Buck de toutes ses forces pour mettre fin au combat.**

Kavgayı ayırmak için Buck'a tüm gücüyle vurdu.

**Buck a refusé de bouger et est resté au sommet du chef tombé.**

Buck hareket etmeyi reddetti ve düşen liderin tepesinde kaldı.

**François a ensuite utilisé le manche du fouet, frappant Buck durement.**

François daha sonra kırbacın sapını kullanarak Buck'a sert bir darbe indirdi.

**Titubant sous le coup, Buck recula sous l'assaut.**

Darbenin etkisiyle sendeleyen Buck, saldırının etkisiyle geriye düştü.

**François frappait encore et encore tandis que Spitz punissait Pike.**

François defalarca vururken Spitz, Pike'ı cezalandırıyordu.

**Les jours passèrent et Dawson City se rapprocha de plus en plus.**

Günler geçiyordu ve Dawson City giderek yaklaşıyordu.

**Buck n'arrêtait pas d'intervenir, se glissant entre le Spitz et les autres chiens.**

Buck, Spitz ile diğer köpeklerin arasına girerek sürekli müdahale ediyordu.

**Il choisissait bien ses moments, attendant toujours que François parte.**

Anları iyi seçiyordu, François'nın gitmesini bekliyordu hep.

La rébellion silencieuse de Buck s'est propagée et le désordre a pris racine dans l'équipe.

Buck'ın sessiz isyanı yayıldı ve ekipte düzensizlik kök saldı.

Dave et Solleks sont restés fidèles, mais d'autres sont devenus indisciplinés.

Dave ve Solleks sadık kaldılar, ancak diğerleri asileştiler.

L'équipe est devenue de plus en plus agitée, querelleuse et hors de propos.

Takım giderek kötüleşiyordu; huzursuz, kavgacı ve çizgiyi aşan bir hale gelmişti.

Plus rien ne fonctionnait correctement et les bagarres devenaient courantes.

Artık hiçbir şey yolunda gitmiyordu ve kavgalar yaygınlaşmıştı.

Buck est resté au cœur des troubles, provoquant toujours des troubles.

Buck, her zaman huzursuzluk yaratarak sorunların merkezinde yer aldı.

François restait vigilant, effrayé par le combat entre Buck et Spitz.

François, Buck ile Spitz arasındaki kavgadan korkarak tetikte bekliyordu.

Chaque nuit, des bagarres le réveillaient, craignant que le commencement n'arrive enfin.

Her gece çıkan arbedeler onu uyandırıyordu, başlangıcın nihayet geldiğinden korkuyordu.

Il sauta de sa robe, prêt à mettre fin au combat.

Cüppesini çıkarıp kavgayı ayırmaya hazırlandı.

Mais le moment n'arriva jamais et ils atteignirent finalement Dawson.

Ama o an hiç gelmedi ve sonunda Dawson'a ulaştılar.

L'équipe est entrée dans la ville un après-midi sombre, tendu et calme.

Ekip, kasvetli bir öğleden sonra, gergin ve sessiz bir şekilde kasabaya girdi.

La grande bataille pour le leadership était encore en suspens dans l'air glacial.

Liderlik için verilen büyük mücadele hâlâ buz gibi havada asılı duruyordu.

**Dawson était rempli d'hommes et de chiens de traîneau, tous occupés à travailler.**

Dawson, hepsi işleriyle meşgul adamlar ve kızak köpekleriyle doluydu.

**Buck regardait les chiens tirer des charges du matin au soir.**

Buck, köpeklerin sabahın erken saatlerinden akşama kadar yük çekmesini izliyordu.

**Ils transportaient des bûches et du bois de chauffage et acheminaient des fournitures vers les mines.**

Odun ve odun taşıdılar, madenlere malzeme taşıdılar.

**Là où les chevaux travaillaient autrefois dans le Southland, les chiens travaillent désormais.**

Bir zamanlar Güney'de atların çalıştığı yerde, artık köpekler çalışıyordu.

**Buck a vu quelques chiens du Sud, mais la plupart étaient des huskies ressemblant à des loups.**

Buck, Güney'den gelen bazı köpekler gördü, ama çoğu kurt benzeri Sibirya kurduydu.

**La nuit, comme une horloge, les chiens élevaient la voix pour chanter.**

Geceleri, her zamanki gibi, köpekler şarkı söyleyerek seslerini yükseltiyorlardı.

**À neuf heures, à minuit et à nouveau à trois heures, les chants ont commencé.**

Saat dokuzda, gece yarısı, sonra yine üçte şarkı söylemeye başladık.

**Buck aimait se joindre à leur chant étrange, au son sauvage et ancien.**

Buck, onların ürkütücü, vahşi ve kadim seslere sahip tezahüratlarına katılmayı çok seviyordu.

**Les aurores boréales flamboyaient, les étoiles dansaient et la neige recouvrait le pays.**

Aurora parlıyor, yıldızlar dans ediyor ve kar her yeri kaplıyordu.

**Le chant des chiens s'éleva comme un cri contre le silence et le froid glacial.**

Köpeklerin şarkısı, sessizliğe ve dondurucu soğuğa karşı bir haykırış gibi yükseldi.

**Mais leur hurlement contenait de la tristesse, et non du défi, dans chaque longue note.**

Ama ulumaları her uzun notada meydan okuma değil, üzüntü taşıyordu.

**Chaque cri plaintif était plein de supplications, le fardeau de la vie elle-même.**

Her feryat, yalvarışla doluydu; hayatın yükünün ta kendisiydi.

**Cette chanson était vieille, plus vieille que les villes et plus vieille que les incendies.**

O şarkı eskiydi, kasabalardan ve yangınlardan daha eskiydi

**Cette chanson était encore plus ancienne que les voix des hommes.**

O şarkı insan seslerinden bile daha eskiydi.

**C'était une chanson du monde des jeunes, quand toutes les chansons étaient tristes.**

Gençlik dünyasından, bütün şarkılar hüzünlüyken söylenen bir şarkıydı.

**La chanson portait la tristesse d'innombrables générations de chiens.**

Şarkı, nesiller boyu köpeklerin acısını taşıyordu.

**Buck ressentait profondément la mélodie, gémissant de douleur enracinée dans les âges.**

Buck melodiyi derinden hissetti, asırlardır süregelen acıyla inledi.

**Il sanglotait d'un chagrin aussi vieux que le sang sauvage dans ses veines.**

Damarlarındaki vahşi kan kadar eski bir kederle hıçkırarak ağlıyordu.

**Le froid, l'obscurité et le mystère ont touché l'âme de Buck.**

Soğuk, karanlık ve gizem Buck'ın ruhuna dokundu.

**Cette chanson prouvait à quel point Buck était revenu à ses origines.**

Bu şarkı Buck'ın ne kadar köklerine döndüğünü kanıtlıyordu.
**À travers la neige et les hurlements, il avait trouvé le début de sa propre vie.**
Karlar ve ulumalar arasında kendi hayatının başlangıcını bulmuştu.

**Sept jours après leur arrivée à Dawson, ils repartent.**
Dawson'a vardıktan yedi gün sonra tekrar yola koyuldular.
**L'équipe est descendue de la caserne jusqu'au sentier du Yukon.**
Takım Kışla'dan Yukon Yolu'na doğru indi.
**Ils ont commencé le voyage de retour vers Dyea et Salt Water.**
Dyea ve Tuzlu Su'ya doğru dönüş yolculuğuna başladılar.
**Perrault portait des dépêches encore plus urgentes qu'auparavant.**
Perrault, eskisinden daha da acil haberler taşıyordu.
**Il était également saisi par la fierté du sentier et avait pour objectif d'établir un record.**
O da iz sürme gururuna kapılmıştı ve rekor kırmayı hedefliyordu.
**Cette fois, plusieurs avantages étaient du côté de Perrault.**
Bu kez Perrault'un lehine birçok avantaj vardı.
**Les chiens s'étaient reposés pendant une semaine entière et avaient repris des forces.**
Köpekler bir hafta boyunca dinlenip güçlerini yeniden kazanmışlardı.
**Le sentier qu'ils avaient ouvert était maintenant damé par d'autres.**
Onların açtığı yol şimdi başkaları tarafından sıkıştırılmıştı.
**À certains endroits, la police avait stocké de la nourriture pour les chiens et les hommes.**
Polisler bazı yerlerde hem köpekler hem de adamlar için yiyecek depolamıştı.
**Perrault voyageait léger, se déplaçait rapidement et n'avait pas grand-chose pour l'alourdir.**

Perrault hafif ve hızlı seyahat ediyordu, onu aşağı çekecek çok az şey vardı.

**Ils ont atteint Sixty-Mile, une course de cinquante milles, dès la première nuit.**

İlk gecede elli mil koşu olan Altmış Mil'e ulaştılar.

**Le deuxième jour, ils se sont précipités sur le Yukon en direction de Pelly.**

İkinci gün Yukon Nehri'nden yukarı doğru Pelly'ye doğru yola koyuldular.

**Mais ces beaux progrès ont été accompagnés de beaucoup de difficultés pour François.**

Fakat bu güzel ilerleme François için büyük bir sıkıntıyı da beraberinde getirdi.

**La rébellion silencieuse de Buck avait brisé la discipline de l'équipe.**

Buck'ın sessiz isyanı takımın disiplinini paramparça etmişti.

**Ils ne se rassemblaient plus comme une seule bête dans les rênes.**

Artık tek bir hayvan gibi dizginleri ellerinde tutmuyorlardı.

**Buck avait conduit d'autres personnes à la défiance par son exemple audacieux.**

Buck, cesur örneğiyle başkalarını da meydan okumaya yöneltmişti.

**L'ordre de Spitz n'a plus été accueilli avec crainte ou respect.**

Spitz'in emri artık korkuyla ya da saygıyla karşılanmıyordu.

**Les autres ont perdu leur respect pour lui et ont osé résister à son règne.**

Diğerleri ona olan korkularını yitirdiler ve onun yönetimine karşı koymaya cesaret ettiler.

**Une nuit, Pike a volé la moitié d'un poisson et l'a mangé sous les yeux de Buck.**

Bir gece Pike yarım bir balık çaldı ve Buck'ın gözü önünde yedi.

**Une autre nuit, Dub et Joe se sont battus contre Spitz et sont restés impunis.**

Başka bir gece, Dub ve Joe, Spitz'le dövüştüler ve cezasız kaldılar.

**Même Billee gémissait moins doucement et montrait une nouvelle vivacité.**

Billee bile daha az tatlı bir şekilde sızlanmaya başladı ve yeni bir keskinlik gösterdi.

**Buck grognait sur Spitz à chaque fois qu'ils se croisaient.**

Buck, Spitz'le yolları her kesiştiğinde ona hırlıyordu.

**L'attitude de Buck devint audacieuse et menaçante, presque comme celle d'un tyran.**

Buck'ın tavrı neredeyse bir zorba gibi cüretkar ve tehditkar bir hal aldı.

**Il marchait devant Spitz avec une démarche assurée, pleine de menace moqueuse.**

Spitz'in önünde alaycı bir tehditle dolu bir tavırla yürüyordu.

**Cet effondrement de l'ordre s'est également propagé parmi les chiens de traîneau.**

Düzenin bozulması kızak köpeklerine de sıçradı.

**Ils se battaient et se disputaient plus que jamais, remplissant le camp de bruit.**

Her zamankinden daha fazla kavga edip tartışıyorlardı, kampı gürültüyle dolduruyorlardı.

**La vie au camp se transformait chaque nuit en un chaos sauvage et hurlant.**

Kamp hayatı her gece vahşi, uluyan bir kaosa dönüşüyordu.

**Seuls Dave et Solleks sont restés stables et concentrés.**

Sadece Dave ve Solleks istikrarlı ve odaklanmış kalmayı başardı.

**Mais même eux sont devenus colériques à cause des bagarres incessantes.**

Ama onlar bile sürekli kavgalardan dolayı sinirlenmeye başladılar.

**François jurait dans des langues étranges et piétinait de frustration.**

François garip dillerde küfürler savuruyor ve öfkeyle ayaklarını yere vuruyordu.

**Il s'arrachait les cheveux et criait tandis que la neige volait sous ses pieds.**

Ayaklarının altında karlar uçuşurken saçlarını yoluyor ve
bağırıyordu.

**Son fouet claqua sur le groupe, mais parvint à peine à les
maintenir en ligne.**

Kırbacı sürünün üzerinden şakladı ama onları hizaya
sokmaya yetmedi.

**Chaque fois qu'il tournait le dos, les combats reprenaient.**

Ne zaman sırtını dönse, kavga yeniden başlıyordu.

**François a utilisé le fouet pour Spitz, tandis que Buck a
dirigé les rebelles.**

François kırbaç darbesini Spitz'e karşı kullanırken, Buck
isyancıları yönetiyordu.

**Chacun connaissait le rôle de l'autre, mais Buck évitait tout
blâme.**

Her ikisi de diğerinin rolünü biliyordu ama Buck herhangi bir
suçlamadan kaçındı.

**François n'a jamais surpris Buck en train de provoquer une
bagarre ou de se dérober à son travail.**

François, Buck'ın hiçbir zaman kavga çıkardığını veya işinden
kaytardığını görmedi.

**Buck travaillait dur sous le harnais – le travail lui faisait
désormais vibrer l'esprit.**

Buck koşumlarda çok çalışıyordu; bu emek artık ruhunu
heyecanlandırıyordu.

**Mais il trouvait encore plus de joie à provoquer des bagarres
et du chaos dans le camp.**

Ama kampta kavga ve kaos çıkarmaktan daha çok zevk
alıyordu.


**Un soir, à l'embouchure du Tahkeena, Dub fit sursauter un
lapin.**

Bir akşam, Tahkeena'nın ağzında Dub bir tavşanı ürküttü.

**Il a raté la prise et le lièvre d'Amérique s'est enfui.**

Avı kaçırınca kar ayakkabılı tavşan kaçtı.

**En quelques secondes, toute l'équipe de traîneau s'est lancée
à sa poursuite en poussant des cris sauvages.**

Birkaç saniye içinde tüm kızak ekibi çığlıklar atarak kızın peşine düştü.

**À proximité, un camp de la police du Nord-Ouest abritait une cinquantaine de chiens huskys.**

Yakınlardaki bir Kuzeybatı Polis kampında elli tane Sibirya kurdu köpeği bulunuyordu.

**Ils se sont joints à la chasse, descendant ensemble la rivière gelée.**

Birlikte ava katıldılar, donmuş nehrin aşağısına doğru ilerlediler.

**Le lapin a quitté la rivière et s'est enfui dans le lit d'un ruisseau gelé.**

Tavşan nehri bırakıp donmuş dere yatağına doğru kaçtı.

**Le lapin sautait légèrement sur la neige tandis que les chiens peinaient à se frayer un chemin.**

Tavşan karın üzerinde hafifçe zıplarken, köpekler zorlukla ilerliyordu.

**Buck menait l'énorme meute de soixante chiens dans chaque virage sinueux.**

Buck, altmış köpekten oluşan devasa sürüyü her virajda yönlendiriyordu.

**Il avança, bas et impatient, mais ne put gagner du terrain.**

Alçak ve istekli bir şekilde ileri doğru atıldı, ancak ilerleme kaydedemedi.

**Son corps brillait sous la lune pâle à chaque saut puissant.**

Her güçlü sıçrayışta, bedeni soluk ayın altında parlıyordu.

**Devant, le lapin se déplaçait comme un fantôme, silencieux et trop rapide pour être attrapé.**

Önündeki tavşan bir hayalet gibi sessizce ve yakalanamayacak kadar hızlı hareket ediyordu.

**Tous ces vieux instincts – la faim, le frisson – envahirent Buck.**

Tüm o eski içgüdüler - açlık, heyecan - Buck'ın içinde hücum etti.

**Les humains ressentent parfois cet instinct et sont poussés à chasser avec une arme à feu et des balles.**

İnsanlar zaman zaman bu içgüdüyü hisseder, silahla, mermiyle avlanmaya yönelir.

**Mais Buck ressentait ce sentiment à un niveau plus profond et plus personnel.**

Ama Buck bu duyguyu daha derin ve daha kişisel bir düzeyde hissediyordu.

**Ils ne pouvaient pas ressentir la nature sauvage dans leur sang comme Buck pouvait la ressentir.**

Buck'ın hissettiği vahşiliği kanlarında hissedemiyorlar.

**Il chassait la viande vivante, prêt à tuer avec ses dents et à goûter le sang.**

Canlı etin peşindeydi, dişleriyle öldürmeye ve kan tadına bakmaya hazırdı.

**Son corps se tendait de joie, voulant se baigner dans la vie rouge et chaude.**

Vücudu sevinçle geriliyor, sıcak kırmızı bir yaşamda yıkanmak istiyordu.

**Une joie étrange marque le point le plus élevé que la vie puisse atteindre.**

Hayatın ulaşabileceği en yüksek noktayı garip bir sevinç belirler.

**La sensation d'un pic où les vivants oublient même qu'ils sont en vie.**

Yaşayanların, yaşadıklarını bile unuttukları bir zirve hissi.

**Cette joie profonde touche l'artiste perdu dans une inspiration fulgurante.**

Bu derin sevinç, alev alev ilhama gömülmüş sanatçıyı etkiler.

**Cette joie saisit le soldat qui se bat avec acharnement et n'épargne aucun ennemi.**

Bu sevinç, çılgınca savaşan ve hiçbir düşmanı esirgemeyen askeri yakalar.

**Cette joie s'empara alors de Buck alors qu'il menait la meute dans une faim primitive.**

Bu sevinç, ilkel açlıkta sürünün başında yer alan Buck'ı da ele geçirmişti.

**Il hurla avec le cri ancien du loup, ravi par la chasse vivante.**

Yaşayan kovalamacanın heyecanıyla, eski kurt çığlığıyla uluyordu.

**Buck a puisé dans la partie la plus ancienne de lui-même, perdue dans la nature.**

Buck, vahşi doğada kaybolmuş olan kendi en eski yanına ulaştı.

**Il a puisé au plus profond de lui-même, au-delà de la mémoire, dans le temps brut et ancien.**

Derinlere, geçmiş hafızaya, ham, kadim zamana ulaştı.

**Une vague de vie pure a traversé chaque muscle et chaque tendon.**

Saf bir yaşam dalgası her kas ve tendondan yayılıyordu.

**Chaque saut criait qu'il vivait, qu'il traversait la mort.**

Her sıçrayış onun yaşadığını, ölümden geçtiğini haykırıyordu.

**Son corps s'élevait joyeusement au-dessus d'une terre calme et froide qui ne bougeait jamais.**

Vücudu hiç kıpırdamayan, soğuk ve hareketsiz toprağın üzerinde neşeyle yükseldi.

**Spitz est resté froid et rusé, même dans ses moments les plus fous.**

Spitz en çılgın anlarında bile soğukkanlı ve kurnazdı.

**Il quitta le sentier et traversa un terrain où le ruisseau formait une large courbe.**

Patikadan ayrılıp derenin genişçe kıvrıldığı araziye doğru ilerledi.

**Buck, inconscient de cela, resta sur le chemin sinueux du lapin.**

Buck, bunun farkında olmadan tavşanın dolambaçlı yolunda ilerlemeye devam etti.

**Puis, alors que Buck tournait un virage, le lapin fantomatique était devant lui.**

Sonra Buck bir virajı döndüğünde hayalet tavşan tam karşısındaydı.

**Il vit une deuxième silhouette sauter de la berge devant la proie.**

Avın önünde kıyıdan sıçrayan ikinci bir figür gördü.

La silhouette était celle d'un Spitz, atterrissant juste sur le chemin du lapin en fuite.

Bu figür Spitz'di ve kaçan tavşanın tam yoluna düştü.

Le lapin ne pouvait pas se retourner et a rencontré les mâchoires de Spitz en plein vol.

Tavşan dönemedi ve havada Spitz'in çenesiyle karşılaştı.

La colonne vertébrale du lapin se brisa avec un cri aussi aigu que le cri d'un humain mourant.

Tavşanın omurgası, ölmekte olan bir insanın çığlığı kadar keskin bir çığlıkla kırıldı.

À ce bruit – la chute de la vie à la mort – la meute hurla fort.

O sesle, yani hayattan ölüme düşüşle, sürü yüksek sesle uludu.

Un chœur sauvage s'éleva derrière Buck, plein de joie sombre.

Buck'ın arkasından karanlık bir zevkle dolu vahşi bir koro yükseldi.

Buck n'a émis aucun cri, aucun son, et a chargé directement Spitz.

Buck hiçbir çığlık atmadı, hiçbir ses çıkarmadı ve doğruca Spitz'e doğru koştu.

Il a visé la gorge, mais a touché l'épaule à la place.

Boğazını hedef aldı ama omzuna isabet etti.

Ils dégringolèrent dans la neige molle, leurs corps bloqués dans le combat.

Yumuşak karda yuvarlanıyorlardı; bedenleri mücadele halindeydi.

Spitz se releva rapidement, comme s'il n'avait jamais été renversé.

Spitz sanki hiç yere düşmemiş gibi hızla ayağa fırladı.

Il a entaillé l'épaule de Buck, puis s'est éloigné du combat.

Buck'ın omzunu kesti, sonra da kavga alanından atlayıp uzaklaştı.

À deux reprises, ses dents claquèrent comme des pièges en acier, ses lèvres se retroussèrent et devinrent féroces.

Dişleri iki kez çelik kapanlar gibi kırıldı, dudakları kıvrıldı ve vahşileşti.

Il recula lentement, cherchant un sol ferme sous ses pieds.

Yavaşça geri çekildi, ayaklarının altında sağlam bir zemin arıyordu.

**Buck a compris le moment instantanément et pleinement.**

Buck o anı anında ve tam olarak anladı.

**Le moment était venu ; le combat allait être un combat à mort.**

Zamanı gelmişti; dövüş ölümüne olacaktı.

**Les deux chiens tournaient en rond, grognant, les oreilles plates, les yeux plissés.**

İki köpek hırlayarak, kulaklarını dikleştirerek, gözlerini kısarak daireler çiziyorlardı.

**Chaque chien attendait que l'autre montre une faiblesse ou fasse un faux pas.**

Her köpek diğerinin zayıflık göstermesini veya yanlış adım atmasını bekliyordu.

**Pour Buck, la scène semblait étrangement connue et profondément ancrée dans ses souvenirs.**

Buck için bu sahne ürkütücü bir şekilde tanıdık ve derinden hatırlanıyordu.

**Les bois blancs, la terre froide, la bataille au clair de lune.**

Beyaz ormanlar, soğuk toprak, ay ışığında savaş.

**Un silence pesant emplissait le pays, profond et contre nature.**

Ülkeyi derin ve doğaya aykırı ağır bir sessizlik kapladı.

**Aucun vent ne soufflait, aucune feuille ne bougeait, aucun bruit ne brisait le silence.**

Hiçbir rüzgar esmedi, hiçbir yaprak kımıldamadı, hiçbir ses sessizliği bozmadı.

**Le souffle des chiens s'élevait comme de la fumée dans l'air glacial et calme.**

Köpeklerin nefesleri donmuş, sessiz havada duman gibi yükseliyordu.

**Le lapin a été depuis longtemps oublié par la meute de bêtes sauvages.**

Tavşan, vahşi hayvan sürüsü tarafından çoktan unutulmuştu.

Ces loups à moitié apprivoisés se tenaient maintenant immobiles dans un large cercle.

Yarı evcilleşmiş bu kurtlar şimdi geniş bir daire şeklinde hareketsiz duruyorlardı.

Ils étaient silencieux, seuls leurs yeux brillants révélaient leur faim.

Sessizdiler, sadece parlayan gözleri açlıklarını ele veriyordu.

Leur souffle s'éleva, regardant le combat final commencer.

Nefesleri yukarıya doğru yükseldi, son dövüşün başlamasını izlediler.

Pour Buck, cette bataille était ancienne et attendue, pas du tout étrange.

Buck'a göre bu savaş eski ve beklenen bir şeydi, hiç de garip değildi.

C'était comme un souvenir de quelque chose qui devait arriver depuis toujours.

Her zaman olması gereken bir şeyin hatırası gibiydi.

Le Spitz était un chien de combat entraîné, affiné par d'innombrables bagarres sauvages.

Spitz, sayısız vahşi kavgayla geliştirilmiş, eğitimli bir dövüş köpeğiydi.

Du Spitzberg au Canada, il a vaincu de nombreux ennemis.

Spitzbergen'den Kanada'ya kadar birçok düşmanı alt etmişti.

Il était rempli de fureur, mais n'a jamais cédé au contrôle de la rage.

Çok öfkeliydi ama öfkesini asla kontrol altına alamıyordu.

Sa passion était vive, mais toujours tempérée par un instinct dur.

Tutkusu keskindi ama her zaman sert içgüdülerle yumuşatılırdı.

Il n'a jamais attaqué jusqu'à ce que sa propre défense soit en place.

Kendi savunması hazır olana kadar asla saldırmadı.

Buck a essayé encore et encore d'atteindre le cou vulnérable de Spitz.

Buck, Spitz'in savunmasız boynuna ulaşmak için tekrar tekrar çabaladı.

**Mais chaque coup était accueilli par un coup des dents acérées de Spitz.**

Ama her vuruş, Spitz'in keskin dişlerinin bir darbesiyle karşılanıyordu.

**Leurs crocs se sont heurtés et les deux chiens ont saigné de leurs lèvres déchirées.**

Dişleri çarpıştı ve her iki köpeğin de yırtılan dudaklarından kan aktı.

**Peu importe comment Buck s'est lancé, il n'a pas pu briser la défense.**

Buck ne kadar atak yaparsa yapsın savunmayı aşamadı.

**Il devint de plus en plus furieux, se précipitant avec des explosions de puissance sauvages.**

Daha da öfkelendi, vahşi güç patlamalarıyla hücum etti.

**À maintes reprises, Buck frappait la gorge blanche du Spitz.**

Buck, Spitz'in beyaz boğazına defalarca saldırdı.

**À chaque fois, Spitz esquivait et riposta avec une morsure tranchante.**

Spitz her seferinde kaçıp kurtuluyor ve keskin bir ısırıkla karşılık veriyordu.

**Buck changea alors de tactique, se précipitant à nouveau comme pour atteindre la gorge.**

Sonra Buck taktik değiştirdi, sanki tekrar boğazına doğru saldırıyormuş gibi.

**Mais il s'est retiré au milieu de l'attaque, se tournant pour frapper sur le côté.**

Ancak atak sırasında geri çekildi ve yan taraftan vurmaya başladı.

**Il a lancé son épaule sur Spitz, dans le but de le faire tomber.**

Omzunu Spitz'e doğru fırlattı, onu yere sermeyi amaçlıyordu.

**À chaque fois qu'il essayait, Spitz esquivait et ripostait avec une frappe.**

Spitz her seferinde kaçmayı başarıyor ve vuruşuyla karşılık veriyordu.

**L'épaule de Buck était à vif alors que Spitz s'écartait après chaque coup.**

Spitz her vuruştan sonra sıçrayarak uzaklaşırken Buck'ın omzu ağrımaya başladı.

**Spitz n'avait pas été touché, tandis que Buck saignait de nombreuses blessures.**

Spitz'e dokunulmamıştı, Buck ise birçok yarasından kanıyordu.

**La respiration de Buck était rapide et lourde, son corps était couvert de sang.**

Buck'ın nefesi hızlı ve ağırdı, vücudu kanla kaplıydı.

**Le combat devenait plus brutal à chaque morsure et à chaque charge.**

Her ısırık ve saldırıyla kavga daha da vahşileşiyordu.

**Autour d'eux, soixante chiens silencieux attendaient le premier à tomber.**

Etraflarında altmış tane sessiz köpek ilk düşen köpeği bekliyordu.

**Si un chien tombait, la meute allait mettre fin au combat.**

Eğer bir köpek düşerse sürünün tamamı dövüşü bitirecekti.

**Spitz vit Buck faiblir et commença à attaquer.**

Spitz, Buck'ın zayıfladığını fark etti ve saldırıya geçmeye başladı.

**Il a maintenu Buck en déséquilibre, le forçant à lutter pour garder pied.**

Buck'ın dengesini bozdu ve onu ayakta durmak için mücadele etmeye zorladı.

**Un jour, Buck trébucha et tomba, et tous les chiens se relevèrent.**

Bir gün Buck tökezleyip düştü ve bütün köpekler ayağa kalktı.

**Mais Buck s'est redressé au milieu de sa chute, et tout le monde s'est affalé.**

Ancak Buck düşüşün ortasında doğruldu ve herkes tekrar yere yığıldı.

**Buck avait quelque chose de rare : une imagination née d'un instinct profond.**

Buck'ın nadir bir yeteneği vardı: Derin içgüdülerden doğan hayal gücü.

**Il combattait par instinct naturel, mais aussi par ruse.**

Doğal dürtüleriyle savaşıyordu ama aynı zamanda
kurnazlıkla da savaşıyordu.

**Il chargea à nouveau comme s'il répétait son tour d'attaque à
l'épaule.**

Omuz saldırısı numarasını tekrarlıyormuş gibi tekrar saldırdı.

**Mais à la dernière seconde, il s'est laissé tomber et a balayé
Spitz.**

Ancak son saniyede alçaldı ve Spitz'in altından geçti.

**Ses dents se sont bloquées sur la patte avant gauche de Spitz
avec un claquement.**

Dişleri Spitz'in ön sol bacağına şak diye kenetlendi.

**Spitz était maintenant instable, son poids reposant sur
seulement trois pattes.**

Spitz artık dengesiz duruyordu, ağırlığını sadece üç bacağına
vermişti.

**Buck frappa à nouveau, essaya trois fois de le faire tomber.**

Buck tekrar saldırdı, onu yere sermek için üç kez denedi.

**À la quatrième tentative, il a utilisé le même mouvement
avec succès.**

Dördüncü denemede aynı hareketi başarıyla kullandı

**Cette fois, Buck a réussi à mordre la jambe droite du Spitz.**

Buck bu sefer Spitz'in sağ bacağını ısırmayı başardı.

**Spitz, bien que paralysé et souffrant, continuait à lutter pour
survivre.**

Spitz, sakat ve acı içinde olmasına rağmen hayatta kalma
mücadelesini sürdürüyordu.

**Il vit le cercle de huskies se resserrer, la langue tirée, les
yeux brillants.**

Sibirya kurdu çemberinin giderek daraldığını, dillerinin
dışarıda, gözlerinin parladığını gördü.

**Ils attendaient de le dévorer, comme ils l'avaient fait pour
les autres.**

Başkalarına yaptıkları gibi onu da yutmak için beklediler.

**Cette fois, il se tenait au centre, vaincu et condamné.**

Bu sefer ortada duruyordu; yenilmiş ve mahkûm.

**Le chien blanc n'avait désormais plus aucune possibilité de
s'échapper.**

Artık beyaz köpeğin kaçma şansı kalmamıştı.

**Buck n'a montré aucune pitié, car la pitié n'avait pas sa place dans la nature.**

Buck merhamet göstermedi, çünkü merhamet vahşi doğada bulunmazdı.

**Buck se déplaçait prudemment, se préparant à la charge finale.**

Buck son hücum için hazırlık yaparak dikkatlice hareket etti.

**Le cercle des huskies se referma ; il sentit leur souffle chaud.**

Sibirya kurdu çemberi giderek daralıyordu; onların sıcak nefeslerini hissediyordu.

**Ils s'accroupirent, prêts à bondir lorsque le moment viendrait.**

An geldiğinde atılmaya hazır bir şekilde çömeldiler.

**Spitz tremblait dans la neige, grognant et changeant de position.**

Spitz karda titredi, hırladı ve duruşunu değiştirdi.

**Ses yeux brillaient, ses lèvres se courbaient, ses dents brillaient dans une menace désespérée.**

Gözleri parlıyor, dudakları kıvrılıyor, dişleri umutsuz bir tehditle parlıyordu.

**Il tituba, essayant toujours de résister à la morsure froide de la mort.**

Ölümün soğuk ısırığını hâlâ hissetmemeye çalışarak sendeledi.

**Il avait déjà vu cela auparavant, mais toujours du côté des gagnants.**

Bunu daha önce de görmüştü ama hep kazanan taraftan.

**Il était désormais du côté des perdants, des vaincus, de la proie, de la mort.**

Artık kaybeden taraftaydı; yenilen taraftaydı; avdı; ölümdü.

**Buck tourna en rond pour porter le coup final, le cercle de chiens se rapprochant.**

Buck son darbeyi indirmek için daireler çizdi, köpek halkası gittikçe yaklaşıyordu.

**Il pouvait sentir leur souffle chaud, prêt à tuer.**

Sıcak nefeslerini hissedebiliyordu; öldürmeye hazırdılar.

Un silence s'installa ; tout était à sa place ; le temps s'était arrêté.

Bir sessizlik çöktü; her şey yerli yerindeydi; zaman durmuştu.

Même l'air froid entre eux se figea un dernier instant.

Aralarındaki soğuk hava bile son bir an için dondu.

Seul Spitz bougea, essayant de retenir sa fin amère.

Sadece Spitz, acı sonunu atlatmaya çalışarak kıpırdadı.

Le cercle des chiens se refermait autour de lui, comme l'était son destin.

Köpeklerin çemberi, kaderi gibi, onu da sıkıştırıyordu.

Il était désespéré maintenant, sachant ce qui allait se passer.

Artık ne olacağını bildiği için çaresizdi.

Buck bondit, épaule contre épaule une dernière fois.

Buck atıldı, omuz omuza son kez buluştu.

Les chiens se sont précipités en avant, couvrant Spitz dans l'obscurité neigeuse.

Köpekler ileri atıldılar ve karlı karanlıkta Spitz'i korudular.

Buck regardait, debout, le vainqueur dans un monde sauvage.

Buck, vahşi bir dünyanın galibi olarak dimdik ayakta izliyordu.

La bête primordiale dominante avait fait sa proie, et c'était bien.

Egemen ilkel canavar öldürücü darbeyi indirmişti ve bu iyiydi.

# Celui qui a gagné la maîtrise
## Üstünlüğe Kazanan O

« Hein ? Qu'est-ce que j'ai dit ? Je dis vrai quand je dis que Buck est un démon. »

"Eh? Ne dedim? Buck'ın bir şeytan olduğunu söylediğimde doğruyu söylüyorum."

François a dit cela le lendemain matin après avoir constaté la disparition de Spitz.

François, Spitz'in kaybolduğunu öğrendiği ertesi sabah bu sözleri söyledi.

Buck se tenait là, couvert de blessures dues au combat acharné.

Buck, vahşi dövüşten kalan yaralarla orada duruyordu.

François tira Buck près du feu et lui montra les blessures.

François, Buck'ı ateşin yanına çekti ve yaraları işaret etti.

« Ce Spitz s'est battu comme le Devik », dit Perrault en observant les profondes entailles.

"Bu Spitz, Devik gibi dövüşüyordu," dedi Perrault, derin yaralara bakarak.

« Et ce Buck s'est battu comme deux diables », répondit aussitôt François.

"Ve Buck iki şeytan gibi dövüşüyordu," diye hemen cevap verdi François.

« Maintenant, nous allons faire du bon temps ; plus de Spitz, plus de problèmes. »

"Artık iyi vakit geçireceğiz; Spitz yok, sorun yok."

Perrault préparait le matériel et chargeait le traîneau avec soin.

Perrault malzemeleri topluyor ve kızakları dikkatle yüklüyordu.

François a attelé les chiens en prévision de la course du jour.

François, günlük koşuya hazırlanmak için köpekleri koşumlara taktı.

Buck a trotté directement vers la position de tête autrefois détenue par Spitz.

Buck, Spitz'in elinde tuttuğu lider pozisyonuna doğru koştu.

**Mais François, sans s'en apercevoir, conduisit Solleks vers l'avant.**

Fakat François, bunun farkında olmadan Solleks'i öne doğru götürdü.

**Aux yeux de François, Solleks était désormais le meilleur chien de tête.**

François'nın yargısına göre Solleks artık en iyi lider köpekti.

**Buck se jeta sur Solleks avec fureur et le repoussa en signe de protestation.**

Buck öfkeyle Solleks'e doğru atıldı ve onu protesto etmek için geri püskürttü.

**Il se tenait là où Spitz s'était autrefois tenu, revendiquant la position de leader.**

Spitz'in bir zamanlar durduğu yerde durarak liderliği ele geçirdi.

**« Hein ? Hein ? » s'écria François en se frappant les cuisses d'un air amusé.**

"Eh? Eh?" diye haykırdı François, eğlenerek uyluklarına vurarak.

**« Regardez Buck, il a tué Spitz, et maintenant il veut prendre le poste ! »**

"Buck'a bak, Spitz'i öldürdü, şimdi de işi almak istiyor!"

**« Va-t'en, Chook ! » cria-t-il, essayant de chasser Buck.**

"Defol git, Chook!" diye bağırdı, Buck'ı uzaklaştırmaya çalışarak.

**Mais Buck refusa de bouger et resta ferme dans la neige.**

Ama Buck hareket etmeyi reddetti ve karda dimdik ayakta durdu.

**François attrapa Buck par la peau du cou et le tira sur le côté.**

François, Buck'ı ensesinden yakalayıp bir kenara çekti.

**Buck grogna bas et menaçant mais n'attaqua pas.**

Buck alçak sesle ve tehditkar bir şekilde hırladı ama saldırmadı.

**François a remis Solleks en tête, tentant de régler le différend**

François, Solleks'i tekrar öne geçirerek anlaşmazlığı çözmeye çalıştı

Le vieux chien avait peur de Buck et ne voulait pas rester.

Yaşlı köpek Buck'tan korkuyordu ve kalmak istemiyordu.

Quand François lui tourna le dos, Buck chassa à nouveau Solleks.

François arkasını döndüğünde Buck, Solleks'i tekrar dışarı attı.

Solleks n'a pas résisté et s'est discrètement écarté une fois de plus.

Solleks direnmedi ve bir kez daha sessizce kenara çekildi.

François s'est mis en colère et a crié : « Par Dieu, je te répare ! »

François öfkelendi ve bağırdı: "Aman Tanrım, seni düzelteceğim!"

Il s'approcha de Buck en tenant une lourde massue à la main.

Elinde ağır bir sopayla Buck'a doğru yaklaştı.

Buck se souvenait bien de l'homme au pull rouge.

Buck, kırmızı kazaklı adamı çok iyi hatırlıyordu.

Il recula lentement, observant François, mais grognant profondément.

Yavaşça geri çekildi, François'yı izliyordu ama derinden hırlıyordu.

Il ne s'est pas précipité en arrière, même lorsque Solleks s'est levé à sa place.

Solleks onun yerine geçtiğinde bile geri dönmek için acele etmedi.

Buck tourna en rond juste hors de portée, grognant de fureur et de protestation.

Buck öfke ve itirazla hırlayarak, erişilemeyecek kadar uzakta daireler çizdi.

Il gardait les yeux fixés sur le club, prêt à esquiver si François lançait.

François atarsa kaçmak için gözünü sopadan ayırmadı.

Il était devenu sage et prudent quant aux manières des hommes armés.

Silahlı adamların yollarına karşı daha akıllı ve dikkatli olmuştu.

François abandonna et rappela Buck à son ancienne place.

François pes etti ve Buck'ı tekrar eski yerine çağırdı.

**Mais Buck recula prudemment, refusant d'obéir à l'ordre.**

Ancak Buck, emre itaat etmeyi reddederek ihtiyatla geri çekildi.

**François le suivit, mais Buck ne recula que de quelques pas supplémentaires.**

François onu takip etti, ancak Buck sadece birkaç adım geri çekildi.

**Après un certain temps, François jeta l'arme par frustration.**

Bir süre sonra François öfkeyle silahı yere attı.

**Il pensait que Buck craignait d'être battu et qu'il allait venir tranquillement.**

Buck'ın dayaktan korktuğunu ve sessizce geleceğini düşündü.

**Mais Buck n'évitait pas la punition : il se battait pour son rang.**

Ama Buck cezadan kaçmıyordu; rütbe için mücadele ediyordu.

**Il avait gagné la place de chien de tête grâce à un combat à mort.**

Ölümüne bir mücadeleyle lider köpek konumunu kazanmıştı

**il n'allait pas se contenter de moins que d'être le leader.**

Lider olmaktan başka hiçbir şeye razı olmayacaktı.

**Perrault a participé à la poursuite pour aider à attraper le Buck rebelle.**

Perrault, asi Buck'ı yakalamak için kovalamacaya katıldı.

**Ensemble, ils l'ont fait courir dans le camp pendant près d'une heure.**

İkisi birlikte onu yaklaşık bir saat boyunca kampın içinde koşturdular.

**Ils lui lancèrent des coups de massue, mais Buck les esquiva habilement.**

Ona sopalar fırlattılar ama Buck her birini ustalıkla savuşturdu.

**Ils l'ont maudit, lui, ses ancêtres, ses descendants et chaque cheveu de sa personne.**

Ona, atalarına, soyuna ve üzerindeki her bir saç teline lanet ettiler.

**Mais Buck se contenta de gronder en retour et resta hors de leur portée.**

Ama Buck sadece hırladı ve onların erişemeyeceği bir mesafede durdu.

**Il n'a jamais essayé de s'enfuir mais a délibérément tourné autour du camp.**

Kaçmaya hiç çalışmadı, aksine kampın etrafında bilerek tur attı.

**Il a clairement fait savoir qu'il obéirait une fois qu'ils lui auraient donné ce qu'il voulait.**

İstediğini verdiklerinde itaat edeceğini açıkça belli etti.

**François s'est finalement assis et s'est gratté la tête avec frustration.**

François sonunda oturdu ve hayal kırıklığıyla başını kaşıdı.

**Perrault consulta sa montre, jura et marmonna à propos du temps perdu.**

Perrault saatine baktı, küfürler savurdu ve zaman kaybından yakındı.

**Une heure s'était déjà écoulée alors qu'ils auraient dû être sur la piste.**

Yola çıkmaları gereken saatten bir saat geçmişti.

**François haussa les épaules d'un air penaud en direction du coursier, qui soupira de défaite.**

François, yenilgiyi kabul ederek iç çeken kuryeye utangaç bir tavırla omuz silkti.

**François se dirigea alors vers Solleks et appela Buck une fois de plus.**

Sonra François Solleks'in yanına yürüdü ve bir kez daha Buck'a seslendi.

**Buck rit comme rit un chien, mais garda une distance prudente.**

Buck bir köpeğin gülüşü gibi güldü, ama dikkatli bir mesafeyi korudu.

**François retira le harnais de Solleks et le remit à sa place.**

François, Solleks'in koşum takımını çıkarıp onu yerine geri koydu.

**L'équipe de traîneau était entièrement harnachée, avec seulement une place libre.**

Kızak takımı tam donanımlıydı, sadece bir yer boştu.

**La position de tête est restée vide, clairement destinée à Buck seul.**

Liderlik pozisyonu boş kaldı, açıkça sadece Buck'a ayrılmıştı.

**François appela à nouveau, et à nouveau Buck rit et tint bon.**

François tekrar seslendi, Buck yine güldü ve direndi.

**« Jetez le club », ordonna Perrault sans hésitation.**

"Sopayı atın," diye emretti Perrault tereddüt etmeden.

**François obéit et Buck trotta immédiatement en avant, fièrement.**

François itaat etti ve Buck hemen gururla öne doğru koştu.

**Il rit triomphalement et prit la tête.**

Zafer kazanmışçasına gülerek öne geçti.

**François a sécurisé ses traces et le traîneau a été détaché.**

François izlerini sabitledi ve kızak çözüldü.

**Les deux hommes couraient côte à côte tandis que l'équipe s'engageait sur le sentier de la rivière.**

Takım nehir parkurunda yarışırken her iki adam da yan yana koşuyordu.

**François avait une haute opinion des « deux diables » de Buck,**

François, Buck'ın "iki şeytanı"nı çok beğenmişti

**mais il s'est vite rendu compte qu'il avait en fait sous-estimé le chien.**

ancak kısa süre sonra köpeği aslında hafife aldığını fark etti.

**Buck a rapidement pris le leadership et a fait preuve d'excellence.**

Buck kısa sürede liderliği üstlendi ve mükemmel bir performans sergiledi.

**En termes de jugement, de réflexion rapide et d'action, Buck a surpassé Spitz.**

Yargılama, hızlı düşünme ve hızlı hareket etme konusunda Buck, Spitz'i geride bıraktı.

**François n'avait jamais vu un chien égal à celui que Buck présentait maintenant.**
François, Buck'ın şimdi sergilediği gibi bir köpek daha önce hiç görmemişti.
**Mais Buck excellait vraiment dans l'art de faire respecter l'ordre et d'imposer le respect.**
Ama Buck düzeni sağlama ve saygı uyandırma konusunda gerçekten de mükemmeldi.
**Dave et Solleks ont accepté le changement sans inquiétude ni protestation.**
Dave ve Solleks bu değişikliği kaygı duymadan veya itiraz etmeden kabul ettiler.
**Ils se concentraient uniquement sur le travail et tiraient fort sur les rênes.**
Onlar sadece çalışmaya ve dizginleri sıkı sıkı çekmeye odaklandılar.
**Peu leur importait de savoir qui menait, tant que le traîneau continuait d'avancer.**
Kızak hareket ettiği sürece kimin önde olduğu umurlarında değildi.
**Billee, la joyeuse, aurait pu diriger pour autant qu'ils s'en soucient.**
Neşeli olan Billee, umurlarında olsa liderlik edebilirdi.
**Ce qui comptait pour eux, c'était la paix et l'ordre dans les rangs.**
Onlar için önemli olan saflarda huzur ve düzenin sağlanmasıydı.

**Le reste de l'équipe était devenu indiscipliné pendant le déclin de Spitz.**
Spitz'in çöküşü sırasında takımın geri kalanı asileşmişti.
**Ils furent choqués lorsque Buck les ramena immédiatement à l'ordre.**
Buck hemen onları düzene soktuğunda şok oldular.
**Pike avait toujours été paresseux et traînait les pieds derrière Buck.**
Pike her zaman tembeldi ve Buck'ın peşinden sürükleniyordu.

Mais maintenant, il a été sévèrement discipliné par la nouvelle direction.

Ama şimdi yeni liderlik tarafından sert bir şekilde disiplin altına alınıyordu.

Et il a rapidement appris à faire sa part dans l'équipe.

Ve kısa sürede takımda üzerine düşen görevi yerine getirmeyi öğrendi.

À la fin de la journée, Pike avait travaillé plus dur que jamais.

Günün sonunda Pike her zamankinden daha çok çalışıyordu.

Cette nuit-là, au camp, Joe, le chien aigri, fut finalement maîtrisé.

O gece kampta, asabi köpek Joe nihayet sakinleştirildi.

Spitz n'avait pas réussi à le discipliner, mais Buck n'avait pas échoué.

Spitz onu disiplin altına almayı başaramamıştı ama Buck başarısız olmamıştı.

Grâce à son poids plus important, Buck a vaincu Joe en quelques secondes.

Buck, daha fazla ağırlığını kullanarak Joe'yu saniyeler içinde alt etti.

Il a mordu et battu Joe jusqu'à ce qu'il gémisse et cesse de résister.

Joe'yu ısırdı ve dövdü, ta ki inleyip direnmeyi bırakana kadar.

Toute l'équipe s'est améliorée à partir de ce moment-là.

O andan itibaren bütün takım gelişmeye başladı.

Les chiens ont retrouvé leur ancienne unité et leur discipline.

Köpekler eski birlik ve disiplinlerine kavuştular.

À Rink Rapids, deux nouveaux huskies indigènes, Teek et Koona, nous ont rejoint.

Rink Rapids'te Teek ve Koona adında iki yeni yerli Sibirya kurdu aramıza katıldı.

La rapidité avec laquelle Buck les dressa étonna même François.

Buck'ın onları bu kadar hızlı eğitmesi François'yı bile şaşırtmıştı.

« Il n'y a jamais eu de chien comme ce Buck ! » s'écria-t-il avec stupéfaction.

"Buck gibi bir köpek hiç olmadı!" diye hayretle haykırdı.

« Non, jamais ! Il vaut mille dollars, bon sang ! »

"Hayır, asla! Tanrı aşkına, o bin dolar değerinde!"

« Hein ? Qu'en dis-tu, Perrault ? » demanda-t-il avec fierté.

"Eh? Ne diyorsun, Perrault?" diye sordu gururla.

Perrault hocha la tête en signe d'accord et vérifia ses notes.

Perrault onaylarcasına başını salladı ve notlarını kontrol etti.

Nous sommes déjà en avance sur le calendrier et gagnons chaque jour davantage.

Zaten programın önündeyiz ve her geçen gün daha fazlasını kazanıyoruz.

Le sentier était dur et lisse, sans neige fraîche.

Yol sert ve pürüzsüzdü, taze kar yoktu.

Le froid était constant, oscillant autour de cinquante degrés en dessous de zéro.

Soğuk hava sürekli olarak eksi elli civarında seyrediyordu.

Les hommes montaient et couraient à tour de rôle pour se réchauffer et gagner du temps.

Erkekler ısınmak ve zaman kazanmak için sırayla ata binip koşuyorlardı.

Les chiens couraient vite avec peu d'arrêts, poussant toujours vers l'avant.

Köpekler çok az durarak, sürekli ileri doğru iterek hızlı koşuyorlardı.

La rivière Thirty Mile était en grande partie gelée et facile à traverser.

Otuz Mil Nehri büyük ölçüde donmuş olduğundan üzerinden geçmek kolaydı.

Ils sont sortis en un jour, ce qui leur avait pris dix jours pour venir.

On gün süren geliş işini bir günde tamamladılar.

Ils ont parcouru une distance de soixante milles du lac Le Barge jusqu'à White Horse.

Le Barge Gölü'nden White Horse'a kadar altmış millik bir koşu yaptılar.

**À travers les lacs Marsh, Tagish et Bennett, ils se déplaçaient incroyablement vite.**

Marsh, Tagish ve Bennett Gölleri'nden inanılmaz hızlı hareket ettiler.

**L'homme qui courait était tiré derrière le traîneau par une corde.**

Koşan adam bir ip yardımıyla kızak arkasından çekiliyordu.

**La dernière nuit de la deuxième semaine, ils sont arrivés à destination.**

İkinci haftanın son gecesi varış noktalarına ulaştılar.

**Ils avaient atteint ensemble le sommet du col White.**

Birlikte Beyaz Geçit'in tepesine ulaşmışlardı.

**Ils sont descendus au niveau de la mer avec les lumières de Skaguay en dessous d'eux.**

Altlarında Skaguay'ın ışıklarının olduğu deniz seviyesine indiler.

**Il s'agissait d'une course record à travers des kilomètres de nature froide et sauvage.**

Mil uzunluğundaki soğuk vahşi doğada rekor kıran bir koşu olmuştu.

**Pendant quatorze jours d'affilée, ils ont parcouru en moyenne quarante miles.**

On dört gün boyunca, ortalama olarak güçlü bir şekilde kırk mil yol kat ettiler.

**À Skaguay, Perrault et François transportaient des marchandises à travers la ville.**

Skaguay'da Perrault ve François, yükleri şehirden taşıyorlardı.

**Ils ont été acclamés et ont reçu de nombreuses boissons de la part d'une foule admirative.**

Hayran kitlesinin coşkusu karşısında alkışlandılar ve kendilerine bol bol içki ikram edildi.

**Les chasseurs de chiens et les ouvriers se sont rassemblés autour du célèbre attelage de chiens.**

Ünlü köpek takımının etrafında köpek avcıları ve işçiler toplandı.

**Puis les hors-la-loi de l'Ouest arrivèrent en ville et subirent une violente défaite.**

Daha sonra batılı haydutlar şehre geldiler ve şiddetli bir yenilgiyle karşılaştılar.

**Les gens ont vite oublié l'équipe et se sont concentrés sur un nouveau drame.**

İnsanlar kısa sürede takımı unuttular ve yeni dramalara odaklandılar.

**Puis sont arrivées les nouvelles commandes qui ont tout changé d'un coup.**

Sonra her şeyi bir anda değiştiren yeni emirler geldi.

**François appela Buck à lui et le serra dans ses bras avec une fierté larmoyante.**

François, Buck'ı yanına çağırdı ve gözyaşlarıyla gururla ona sarıldı.

**Ce moment fut la dernière fois que Buck revit François.**

Buck, François'yı bir daha asla bu kadar iyi görmedi.

**Comme beaucoup d'hommes avant eux, François et Perrault étaient tous deux partis.**

Daha önceki birçok erkek gibi, François ve Perrault da gitmişti.

**Un métis écossais a pris en charge Buck et ses coéquipiers de chiens de traîneau.**

Buck ve kızak köpeği takım arkadaşlarının sorumluluğunu bir İskoç melezi üstlendi.

**Avec une douzaine d'autres équipes de chiens, ils sont retournés par le sentier jusqu'à Dawson.**

Bir düzine kadar diğer köpek takımıyla birlikte patika boyunca Dawson'a geri döndüler.

**Ce n'était plus une course rapide, juste un travail pénible avec une lourde charge chaque jour.**

Artık hızlı bir koşu yoktu; sadece her gün ağır bir yük ile ağır bir emek gerekiyordu.

**C'était le train postal qui apportait des nouvelles aux chercheurs d'or près du pôle.**

Bu, Kutup yakınlarındaki altın avcılarına haber getiren posta treniydi.

**Buck n'aimait pas le travail mais le supportait bien, étant fier de ses efforts.**

Buck bu işten hoşlanmıyordu ama çabasının gururunu yaşayarak buna katlanıyordu.

**Comme Dave et Solleks, Buck a fait preuve de dévouement dans chaque tâche quotidienne.**

Dave ve Solleks gibi Buck da günlük işlerin hepsine özveriyle bağlılık gösteriyordu.

**Il s'est assuré que chacun de ses coéquipiers fasse sa part du travail.**

Takım arkadaşlarının her birinin üzerlerine düşeni yaptığından emin oldu.

**La vie sur les sentiers est devenue ennuyeuse, répétée avec la précision d'une machine.**

Patika hayatı sıkıcılaştı, bir makine hassasiyetiyle tekrarlandı.

**Chaque jour était le même, un matin se fondant dans le suivant.**

Her gün aynıydı, bir sabah diğerine karışıyordu.

**À la même heure, les cuisiniers se levèrent pour allumer des feux et préparer la nourriture.**

Aynı saatte aşçılar kalkıp ateşi yakıp yemek hazırlamaya başladılar.

**Après le petit-déjeuner, certains quittèrent le camp tandis que d'autres attelèrent les chiens.**

Kahvaltının ardından bazıları kamptan ayrılırken, bazıları da köpeklerini koşturdu.

**Ils ont pris la route avant que le faible avertissement de l'aube ne touche le ciel.**

Şafağın ilk ışıkları gökyüzüne ulaşmadan önce yola koyuldular.

**La nuit, ils s'arrêtaient pour camper, chaque homme ayant une tâche précise.**

Geceleyin kamp kurmak için dururlardı, her adamın belli bir görevi vardı.

**Certains ont monté les tentes, d'autres ont coupé du bois de chauffage et ramassé des branches de pin.**

Kimisi çadırlarını kurdu, kimisi odun kesti, çam dalları topladı.

De l'eau ou de la glace étaient ramenées aux cuisiniers pour le repas du soir.

Akşam yemeği için aşçılara su veya buz götürülürdü.

Les chiens ont été nourris et c'était le meilleur moment de la journée pour eux.

Köpeklere yemek verildi ve bu onlar için günün en güzel kısmıydı.

Après avoir mangé du poisson, les chiens se sont détendus et se sont allongés près du feu.

Balıklarını yedikten sonra köpekler dinlenip ateşin başında dinlendiler.

Il y avait une centaine d'autres chiens dans le convoi avec lesquels se mêler.

Konvoyda kaynaşabileceği yüz tane daha köpek vardı.

Beaucoup de ces chiens étaient féroces et prompts à se battre sans prévenir.

Bu köpeklerin çoğu vahşiydi ve uyarı vermeden kavga etmeye hazırdı.

Mais après trois victoires, Buck a maîtrisé même les combattants les plus féroces.

Ancak üç galibiyetten sonra Buck, en sert dövüşçüleri bile alt etmeyi başardı.

Maintenant, quand Buck grogna et montra ses dents, ils s'écartèrent.

Buck hırlayıp dişlerini gösterdiğinde ise kenara çekildiler.

Mais le plus beau dans tout ça, c'est que Buck aimait s'allonger près du feu de camp vacillant.

Belki de en çok, Buck'ın titrek kamp ateşinin yanında yatmayı sevmesi hoşuma gidiyordu.

Il s'accroupit, les pattes arrière repliées et les pattes avant tendues vers l'avant.

Arka ayaklarını kıvırıp ön ayaklarını öne doğru uzatarak çömeldi.

Sa tête était levée tandis qu'il cligna doucement des yeux devant les flammes rougeoyantes.

Başını kaldırıp parlayan alevlere doğru yumuşakça gözlerini kırpıştırdı.

**Parfois, il se souvenait de la grande maison du juge Miller à Santa Clara.**

Bazen Yargıç Miller'ın Santa Clara'daki büyük evini hatırlıyordu.

**Il pensait à la piscine en ciment, à Ysabel et au carlin appelé Toots.**

Çimento havuzunu, Ysabel'i ve Toots adlı pug cinsi köpeği düşündü.

**Mais le plus souvent, il se souvenait du club de l'homme au pull rouge.**

Ama daha çok kırmızı kazaklı adamın sopasını hatırlıyordu.

**Il se souvenait de la mort de Curly et de sa bataille acharnée contre Spitz.**

Kıvırcık'nin ölümünü ve Spitz'le olan amansız mücadelesini hatırladı.

**Il se souvenait aussi des bons plats qu'il avait mangés ou dont il rêvait encore.**

Yediği veya hâlâ rüyasında gördüğü güzel yemekleri de hatırladı.

**Buck n'avait pas le mal du pays : la vallée chaude était lointaine et irréelle.**

Buck, memleketini özlemiyordu; sıcak vadi uzaktaydı ve gerçek dışıydı.

**Les souvenirs de Californie n'avaient plus vraiment d'influence sur lui.**

Kaliforniya'daki anılar artık onun üzerinde pek bir etki bırakmıyordu.

**Plus forts que la mémoire étaient les instincts profondément ancrés dans sa lignée.**

Hafızasından daha güçlü olan şey, kanının derinliklerindeki içgüdülerdi.

**Les habitudes autrefois perdues étaient revenues, ravivées par le sentier et la nature sauvage.**

Bir zamanlar kaybedilen alışkanlıklar, patika ve vahşi doğa tarafından yeniden canlandırılarak geri dönmüştü.

**Tandis que Buck regardait la lumière du feu, cela devenait parfois autre chose.**

Buck ateşin ışığını izlerken, bazen bu ışık başka bir şeye dönüşüyordu.

**Il vit à la lueur du feu un autre feu, plus vieux et plus profond que celui-ci.**

Ateşin ışığında, şimdikinden daha eski ve daha derin bir ateş gördü.

**À côté de cet autre feu se tenait accroupi un homme qui ne ressemblait pas au cuisinier métis.**

Diğer ateşin yanında melez aşçıya benzemeyen bir adam çömelmişti.

**Cette figurine avait des jambes courtes, de longs bras et des muscles durs et noués.**

Bu figürün kısa bacakları, uzun kolları ve sert, düğümlü kasları vardı.

**Ses cheveux étaient longs et emmêlés, tombant en arrière à partir des yeux.**

Saçları uzun ve keçeleşmişti, gözlerinden geriye doğru uzuyordu.

**Il émit des sons étranges et regarda l'obscurité avec peur.**

Garip sesler çıkarıyor, korkuyla karanlığa bakıyordu.

**Il tenait une massue en pierre basse, fermement serrée dans sa longue main rugueuse.**

Uzun, sert elinde sıkıca tuttuğu taş bir sopayı alçakta tutuyordu.

**L'homme portait peu de vêtements ; juste une peau carbonisée qui pendait dans son dos.**

Adamın üzerinde pek az şey vardı; sırtından aşağı doğru sarkan kömürleşmiş bir deri.

**Son corps était couvert de poils épais sur les bras, la poitrine et les cuisses.**

Vücudu, kolları, göğsü ve uylukları boyunca sık kıllarla kaplıydı.

**Certaines parties des cheveux étaient emmêlées en plaques de fourrure rugueuse.**

Saçların bazı kısımları sert kürk parçaları halinde birbirine karışmıştı.

**Il ne se tenait pas droit mais penché en avant des hanches jusqu'aux genoux.**

Ayakta dik durmuyordu, kalçadan dizlere kadar öne doğru eğilmişti.

**Ses pas étaient élastiques et félins, comme s'il était toujours prêt à bondir.**

Adımları sanki her an sıçramaya hazırmış gibi yaylı ve kedi gibiydi.

**Il y avait une vive vigilance, comme s'il vivait dans une peur constante.**

Sürekli bir korku içinde yaşıyormuş gibi keskin bir teyakkuz hali vardı.

**Cet homme ancien semblait s'attendre au danger, que le danger soit perçu ou non.**

Bu kadim insan, tehlike görülse de görülmese de tehlikeyi önceden seziyor gibiydi.

**Parfois, l'homme poilu dormait près du feu, la tête entre les jambes.**

Bazen tüylü adam ateşin başında başını bacaklarının arasına sokup uyurdu.

**Ses coudes reposaient sur ses genoux, ses mains jointes au-dessus de sa tête.**

Dirseklerini dizlerine dayamış, ellerini başının üstünde kavuşturmuştu.

**Comme un chien, il utilisait ses bras velus pour se débarrasser de la pluie qui tombait.**

Bir köpek gibi, tüylü kollarını kullanarak yağan yağmuru döküyordu.

**Au-delà de la lumière du feu, Buck vit deux charbons jumeaux briller dans l'obscurité.**

Buck, ateş ışığının ötesinde karanlıkta parlayan iki kömür gördü.

**Toujours deux par deux, ils étaient les yeux des bêtes de proie traquantes.**

Her zaman ikişer ikişer, yırtıcı hayvanların peşindeki gözleriydiler.

**Il entendit des corps s'écraser à travers les broussailles et des bruits se faire entendre dans la nuit.**

Çalılıklarda ezilen cesetlerin sesini ve gecenin karanlığında çıkan sesleri duydu.

**Allongé sur la rive du Yukon, clignant des yeux, Buck rêvait près du feu.**

Yukon kıyısında yatan Buck, gözlerini kırpıştırarak ateşin başında hayal kuruyordu.

**Les images et les sons de ce monde sauvage lui faisaient dresser les cheveux sur la tête.**

O vahşi dünyanın görüntüleri ve sesleri tüylerini diken diken ediyordu.

**La fourrure s'élevait le long de son dos, de ses épaules et de son cou.**

Tüyler sırtından omuzlarına, boynuna kadar uzanıyordu.

**Il gémissait doucement ou émettait un grognement sourd au plus profond de sa poitrine.**

Hafifçe inliyordu ya da göğsünün derinliklerinden gelen alçak bir homurtu çıkarıyordu.

**Alors le cuisinier métis cria : « Hé, toi Buck, réveille-toi ! »**

Sonra melez aşçı bağırdı: "Hey, Buck, uyan!"

**Le monde des rêves a disparu et la vraie vie est revenue aux yeux de Buck.**

Rüya dünyası kaybolmuş, gerçek hayat Buck'ın gözlerine geri dönmüştü.

**Il allait se lever, s'étirer et bâiller, comme s'il venait de se réveiller d'une sieste.**

Sanki uykudan uyanmış gibi kalkıp gerinecek, esneyecekti.

**Le voyage était difficile, avec le traîneau postal qui traînait derrière eux.**

Posta kızaklarının arkalarında sürüklenmesiyle yolculuk zordu.

**Les lourdes charges et le travail pénible épuisaient les chiens à chaque longue journée.**

Ağır yükler ve zorlu çalışma, köpekleri her uzun günde yıpratıyordu.

**Ils arrivèrent à Dawson maigres, fatigués et ayant besoin de plus d'une semaine de repos.**

Dawson'a zayıf, yorgun ve bir haftalık dinlenmeye ihtiyaç duyarak ulaştılar.

**Mais seulement deux jours plus tard, ils repartaient sur le Yukon.**

Ancak sadece iki gün sonra tekrar Yukon'a doğru yola koyuldular.

**Ils étaient chargés de lettres supplémentaires destinées au monde extérieur.**

İçlerinde dış dünyaya gönderilmek üzere hazırlanmış daha çok mektup vardı.

**Les chiens étaient épuisés et les hommes se plaignaient constamment.**

Köpekler bitkin düşmüştü ve adamlar sürekli şikâyet ediyorlardı.

**La neige tombait tous les jours, ramollissant le sentier et ralentissant les traîneaux.**

Her gün yağan kar, patikayı yumuşatıyor ve kızakların hızını düşürüyordu.

**Cela a rendu la traction plus difficile et a entraîné plus de traînée sur les patins.**

Bu durum koşucuların daha zor çekilmesine ve daha fazla sürtünmeye neden oldu.

**Malgré cela, les pilotes étaient justes et se souciaient de leurs équipes.**

Buna rağmen sürücüler adil davrandılar ve takımlarına değer verdiler.

**Chaque nuit, les chiens étaient nourris avant que les hommes ne puissent manger.**

Her gece, adamlar yemek yemeden önce köpeklere yemek veriliyordu.

**Aucun homme ne dormait avant de vérifier les pattes de son propre chien.**

Hiçbir adam kendi köpeğinin ayaklarını kontrol etmeden uyumazdı.

**Cependant, les chiens s'affaiblissaient à mesure que les kilomètres s'écoulaient sur leur corps.**

Ancak köpekler, kat ettikleri kilometreler vücutlarını yıprattıkça giderek zayıfladılar.

**Ils avaient parcouru mille huit cents kilomètres pendant l'hiver.**

Kış boyunca bin sekiz yüz mil yol kat etmişlerdi.

**Ils ont tiré des traîneaux sur chaque kilomètre de cette distance brutale.**

O acımasız mesafenin her milini kızaklarla kat ettiler.

**Même les chiens de traîneau les plus robustes ressentent de la tension après tant de kilomètres.**

En dayanıklı kızak köpekleri bile bu kadar kilometre kat ettikten sonra zorlanırlar.

**Buck a tenu bon, a permis à son équipe de travailler et a maintenu la discipline.**

Buck direndi, ekibini çalışır durumda tuttu ve disiplini korudu.

**Mais Buck était fatigué, tout comme les autres pendant le long voyage.**

Ama Buck, uzun yolculuktaki diğerleri gibi yorgundu.

**Billee gémissait et pleurait dans son sommeil chaque nuit sans faute.**

Billee her gece uykusunda sızlanıp ağlıyordu.

**Joe devint encore plus amer et Solleks resta froid et distant.**

Joe daha da öfkelendi, Solleks ise soğuk ve mesafeli davranmaya devam etti.

**Mais c'est Dave qui a le plus souffert de toute l'équipe.**

Ama tüm takım içinde en çok zarar gören Dave oldu.

**Quelque chose n'allait pas en lui, même si personne ne savait quoi.**

İçinde bir şeyler ters gidiyordu ama kimse ne olduğunu bilmiyordu.

**Il est devenu de plus en plus maussade et s'en est pris aux autres avec une colère croissante.**

Daha da huysuzlaştı ve giderek artan bir öfkeyle başkalarına saldırmaya başladı.

**Chaque nuit, il se rendait directement à son nid, attendant d'être nourri.**

Her gece doğruca yuvasına gidiyor ve beslenmeyi bekliyordu.

**Une fois tombé, Dave ne s'est pas relevé avant le matin.**

Dave bir kere yere düştükten sonra sabaha kadar ayağa kalkmadı.

**Sur les rênes, des secousses ou des sursauts brusques le faisaient crier de douleur.**

Dizginlerde ani sarsıntılar veya sıçramalar onun acı içinde çığlık atmasına neden oluyordu.

**Son chauffeur a recherché la cause du sinistre, mais n'a constaté aucune blessure.**

Sürücüsü kazanın nedenini araştırdı ancak herhangi bir yaralanmaya rastlamadı.

**Tous les conducteurs ont commencé à regarder Dave et ont discuté de son cas.**

Tüm şoförler Dave'i izlemeye ve durumunu tartışmaya başladılar.

**Ils ont discuté pendant les repas et pendant leur dernière cigarette de la journée.**

Yemeklerde ve günün son sigara içmelerinde sohbet ettiler.

**Une nuit, ils ont tenu une réunion et ont amené Dave au feu.**

Bir gece toplantı yapıp Dave'i ateşin başına getirdiler.

**Ils pressèrent et sondèrent son corps, et il cria souvent.**

Vücuduna bastırıp yokluyorlardı, o da sık sık bağırıyordu.

**De toute évidence, quelque chose n'allait pas, même si aucun os ne semblait cassé.**

Kemiklerin hiçbiri kırılmamış gibi görünse de, bir şeylerin ters gittiği açıkça belliydi.

**Au moment où ils atteignirent Cassiar Bar, Dave était en train de tomber.**

Cassiar Bar'a vardıklarında Dave yere yığılıyordu.

**Le métis écossais a appelé à la fin et a retiré Dave de l'équipe.**

İskoç melezi yarışı durdurdu ve Dave'i takımdan çıkardı.

**Il a attaché Solleks à la place de Dave, le plus près de l'avant du traîneau.**

Solleks'i Dave'in yerine, kızakların ön tarafına en yakın yere bağladı.

**Il avait l'intention de laisser Dave se reposer et courir librement derrière le traîneau en mouvement.**

Dave'in dinlenmesini ve hareket eden kızak arkasında serbestçe koşmasını istiyordu.

**Mais même malade, Dave détestait être privé du travail qu'il avait occupé.**

Ama Dave hasta bile olsa, sahip olduğu işinden alınmasından nefret ediyordu.

**Il grogna et gémit tandis que les rênes étaient retirées de son corps.**

Dizginler vücudundan çekilirken hırladı ve sızlandı.

**Quand il vit Solleks à sa place, il pleura de douleur.**

Solleks'i kendi yerinde görünce yüreği parçalanarak ağladı.

**La fierté du travail sur les sentiers était profonde chez Dave, même à l'approche de la mort.**

Dave, ölüm yaklaşırken bile, patika çalışmalarının gururunu yaşıyordu.

**Alors que le traîneau se déplaçait, Dave pataugeait dans la neige molle près du sentier.**

Kızak hareket ettikçe Dave patikanın yakınındaki yumuşak karda tökezleyerek ilerliyordu.

**Il a attaqué Solleks, le mordant et le poussant du côté du traîneau.**

Solleks'e saldırdı, onu ısırdı ve kızak tarafından itti.

**Dave a essayé de sauter dans le harnais et de récupérer sa place de travail.**

Dave koşum takımına atlayıp çalışma yerini geri almaya çalıştı.

**Il hurlait, gémissait et pleurait, déchiré entre la douleur et la fierté du travail.**

Acıyla emeğinin gururu arasında kalmış bir halde, bağırıyor, sızlanıyor ve ağlıyordu.

**Le métis a utilisé son fouet pour essayer de chasser Dave de l'équipe.**

Melez, Dave'i takımdan uzaklaştırmak için kırbacını kullandı.

**Mais Dave ignora le coup de fouet, et l'homme ne put pas le frapper plus fort.**

Ama Dave kırbacı görmezden geldi ve adam ona daha sert vuramadı.

**Dave a refusé le chemin le plus facile derrière le traîneau, où la neige était tassée.**

Dave, kızak arkasındaki karın sıkıştırıldığı daha kolay yolu reddetti.

**Au lieu de cela, il se débattait dans la neige profonde à côté du sentier, dans la misère.**

Bunun yerine, patikanın kenarındaki derin karda sefalet içinde mücadele etti.

**Finalement, Dave s'est effondré, allongé dans la neige et hurlant de douleur.**

Sonunda Dave yere yığıldı, karda yattı ve acı içinde inledi.

**Il cria tandis que le long train de traîneaux le dépassait un par un.**

Uzun kızak kafilesi birer birer yanından geçerken haykırdı.

**Pourtant, avec ce qu'il lui restait de force, il se leva et trébucha après eux.**

Yine de kalan gücüyle ayağa kalktı ve onların peşinden sendeleyerek yürüdü.

**Il l'a rattrapé lorsque le train s'est arrêté à nouveau et a retrouvé son vieux traîneau.**

Tren tekrar durduğunda yetişip eski kızaklarını buldu.

**Il a dépassé les autres équipes et s'est retrouvé à nouveau aux côtés de Solleks.**

Diğer takımların arasından sıyrılıp tekrar Solleks'in yanına geldi.

**Alors que le conducteur s'arrêtait pour allumer sa pipe, Dave saisit sa dernière chance.**

Şoför piposunu yakmak için durduğunda Dave son şansını kullandı.

**Lorsque le chauffeur est revenu et a crié, l'équipe n'a pas avancé.**

Şoför geri dönüp bağırdığında ise takım ilerlemedi.

**Les chiens avaient tourné la tête, déconcertés par l'arrêt soudain.**

Köpekler, aniden durmanın verdiği şaşkınlıkla başlarını çevirmişlerdi.

**Le conducteur était également choqué : le traîneau n'avait pas avancé d'un pouce.**

Sürücü de şok olmuştu; kızak bir santim bile ilerlememişti.

**Il a appelé les autres pour qu'ils viennent voir ce qui s'était passé.**

Diğerlerine seslenerek gelip ne olduğunu görmelerini söyledi.

**Dave avait mâché les rênes de Solleks, les brisant toutes les deux.**

Dave, Solleks'in dizginlerini çiğnemiş, ikisini de parçalamıştı.

**Il se tenait maintenant devant le traîneau, de retour à sa position légitime.**

Şimdi kızak önünde, hak ettiği pozisyonda duruyordu.

**Dave leva les yeux vers le conducteur, le suppliant silencieusement de rester dans les traces.**

Dave şoföre baktı, sessizce iz bırakmaması için yalvardı.

**Le conducteur était perplexe, ne sachant pas quoi faire pour le chien en difficulté.**

Sürücü, çırpınan köpeği için ne yapacağını bilemeyerek şaşkına döndü.

**Les autres hommes parlaient de chiens qui étaient morts après avoir été emmenés dehors.**

Diğer adamlar dışarı çıkarılıp öldürülen köpeklerden bahsettiler.

**Ils ont parlé de chiens âgés ou blessés dont le cœur se brisait lorsqu'ils étaient abandonnés.**

Yaşlı veya yaralı köpeklerin geride bırakıldıklarında kalplerinin kırıldığını anlattılar.

**Ils ont convenu que c'était une preuve de miséricorde de laisser Dave mourir alors qu'il était encore dans son harnais.**

Dave'in hala koşum takımıyla ölmesine izin vermenin bir merhamet olduğunu kabul ettiler.

**Il était attaché au traîneau et Dave tirait avec fierté.**

Kızağa tekrar bağlandı ve Dave gururla çekti.

**Même s'il criait parfois, il travaillait comme si la douleur pouvait être ignorée.**

Bazen ağlasa da sanki acıyı görmezden gelebilirmiş gibi çalışıyordu.

**Plus d'une fois, il est tombé et a été traîné avant de se relever.**

Birkaç kez düştü ve tekrar ayağa kalkmadan önce sürüklendi.

**Un jour, le traîneau l'a écrasé et il a boité à partir de ce moment-là.**

Bir ara kızak üzerinden geçti ve o andan itibaren topallamaya başladı.

**Il travailla néanmoins jusqu'à ce qu'il atteigne le camp, puis s'allongea près du feu.**

Yine de kampa varıncaya kadar çalıştı, sonra da ateşin başında uzandı.

**Le matin, Dave était trop faible pour voyager ou même se tenir debout.**

Sabah olduğunda Dave, yola çıkamayacak ve hatta ayakta duramayacak kadar güçsüzdü.

**Au moment de l'attelage, il essaya d'atteindre son conducteur avec un effort tremblant.**

Koşum takımının takılması sırasında titrek bir çabayla sürücüsüne ulaşmaya çalıştı.

**Il se força à se relever, tituba et s'effondra sur le sol enneigé.**

Kendini zorlayarak ayağa kalktı, sendeledi ve karlı zemine yığıldı.

**À l'aide de ses pattes avant, il a traîné son corps vers la zone de harnais.**

Ön ayaklarını kullanarak vücudunu koşum alanına doğru sürükledi.

**Il s'avança, pouce par pouce, vers les chiens de travail.**

Kendini santim santim, çalışan köpeklere doğru çekti.

**Ses forces l'abandonnèrent, mais il continua d'avancer dans sa dernière poussée désespérée.**

Gücü tükendi, ama son çaresiz hamlesiyle hareket etmeye devam etti.

**Ses coéquipiers l'ont vu haleter dans la neige, impatients de les rejoindre.**

Takım arkadaşları onun karda soluk soluğa kaldığını ve hâlâ onlara katılmayı özlediğini gördüler.

**Ils l'entendirent hurler de tristesse alors qu'ils quittaient le camp.**

Kampı geride bırakırken onun üzüntüyle bağırdığını duydular.

**Alors que l'équipe disparaissait dans les arbres, le cri de Dave résonna derrière eux.**

Takım ağaçların arasında kaybolurken Dave'in çığlığı arkalarında yankılandı.

**Le train de traîneaux s'est brièvement arrêté après avoir traversé un tronçon de forêt fluviale.**

Kızak treni, nehir kıyısındaki bir bölümü geçtikten sonra kısa bir süre durdu.

**Le métis écossais retourna lentement vers le camp situé derrière lui.**

İskoç melezi yavaşça arkadaki kampa doğru yürüdü.

**Les hommes ont arrêté de parler quand ils l'ont vu quitter le train de traîneaux.**

Adamlar onun kızak treninden indiğini görünce konuşmayı bıraktılar.

**Puis un coup de feu retentit clairement et distinctement de l'autre côté du sentier.**

Sonra patikanın karşısından tek bir el silah sesi duyuldu, net ve keskin bir şekilde.

**L'homme revint rapidement et reprit sa place sans un mot.**

Adam hemen geri döndü ve tek kelime etmeden yerini aldı.

**Les fouets claquaient, les cloches tintaient et les traîneaux roulaient dans la neige.**

Kırbaçlar şaklıyor, çanlar şıngırdadı ve kızaklar karda yol aldı.

**Mais Buck savait ce qui s'était passé, et tous les autres chiens aussi.**

Ama Buck olan biteni biliyordu; diğer köpekler de biliyordu.

## Le travail des rênes et du sentier
Dizginlerin ve İz Sürmenin Zorluğu

**Trente jours après avoir quitté Dawson, le Salt Water Mail atteignit Skaguay.**
Dawson'dan ayrıldıktan otuz gün sonra Salt Water Mail Skaguay'a ulaştı.

**Buck et ses coéquipiers ont pris la tête, arrivant dans un état pitoyable.**
Buck ve takım arkadaşları, acınası bir durumda olsalar da öne geçtiler.

**Buck était passé de cent quarante à cent quinze livres.**
Buck 75 kilodan 85 kiloya düşmüştü.

**Les autres chiens, bien que plus petits, avaient perdu encore plus de poids.**
Diğer köpekler daha küçük olmalarına rağmen daha fazla kilo kaybetmişlerdi.

**Pike, autrefois un faux boiteux, traînait désormais derrière lui une jambe véritablement blessée.**
Bir zamanlar sahte bir topallama yaşayan Pike, şimdi gerçekten yaralı bacağını arkasından sürüklüyordu.

**Solleks boitait beaucoup et Dub avait une omoplate déchirée.**
Solleks çok topallıyordu ve Dub'ın kürek kemiği de burkulmuştu.

**Tous les chiens de l'équipe avaient mal aux pieds après des semaines passées sur le sentier gelé.**
Takımdaki her köpeğin haftalardır buzlu yolda yürümesi nedeniyle ayakları yara içindeydi.

**Ils n'avaient plus aucun ressort dans leurs pas, seulement un mouvement lent et traînant.**
Adımlarında hiç canlılık kalmamıştı, sadece yavaş, sürünen bir hareket vardı.

**Leurs pieds heurtent durement le sentier, chaque pas ajoutant plus de tension à leur corps.**
Ayakları sertçe yola basıyordu, her adımda vücutlarına daha fazla yük biniyordu.

**Ils n'étaient pas malades, seulement épuisés au-delà de toute guérison naturelle.**

Hasta değillerdi, sadece doğal iyileşmenin ötesinde bitkin düşmüşlerdi.

**Ce n'était pas la fatigue d'une dure journée, guérie par une nuit de repos.**

Bu, bir gecelik dinlenmeyle düzelen, bir günün yorgunluğu değildi.

**C'était un épuisement qui s'était construit lentement au fil de mois d'efforts épuisants.**

Aylarca süren yorucu çabalar sonucunda yavaş yavaş oluşan bir yorgunluktu bu.

**Il ne leur restait plus aucune force de réserve : ils avaient épuisé toutes leurs forces.**

Hiçbir yedek güçleri kalmamıştı; ellerindeki her zerreyi tüketmişlerdi.

**Chaque muscle, chaque fibre et chaque cellule de leur corps étaient épuisés et usés.**

Vücutlarındaki her kas, her lif, her hücre tükenmiş ve yıpranmıştı.

**Et il y avait une raison : ils avaient parcouru deux mille cinq cents kilomètres.**

Ve bunun bir nedeni vardı; iki bin beş yüz mil yol kat etmişlerdi.

**Ils ne s'étaient reposés que cinq jours au cours des mille huit cents derniers kilomètres.**

Son bin sekiz yüz milde sadece beş gün dinlenmişlerdi.

**Lorsqu'ils arrivèrent à Skaguay, ils semblaient à peine capables de se tenir debout.**

Skaguay'a vardıklarında ayakta durmakta bile güçlük çekiyorlardı.

**Ils ont lutté pour garder les rênes serrées et rester devant le traîneau.**

Dizginleri sıkı tutmak ve kızakların önünde kalmak için çabalıyorlardı.

**Dans les descentes, ils ont tout juste réussi à éviter d'être écrasés.**

Yokuş aşağı inerken ise ezilmekten kurtuluyorlardı.

**« Continuez, pauvres pieds endoloris », dit le chauffeur tandis qu'ils boitaient.**

"Yürümeye devam edin, zavallı yaralı ayaklar," dedi şoför aksayarak ilerlerken.

**« C'est la dernière ligne droite, après quoi nous aurons tous droit à un long repos, c'est sûr. »**

"Bu son bölüm, sonra hepimiz uzun bir dinlenme yapacağız, kesinlikle."

**« Un très long repos », promit-il en les regardant avancer en titubant.**

"Gerçekten uzun bir dinlenme," diye söz verdi, onların sendeleyerek ilerlemesini izlerken.

**Les pilotes s'attendaient à bénéficier d'une longue pause bien méritée.**

Sürücüler artık uzun ve ihtiyaç duydukları bir molaya kavuşacaklarını umuyorlardı.

**Ils avaient parcouru douze cents milles avec seulement deux jours de repos.**

Sadece iki günlük dinlenmeyle bin iki yüz mil yol kat etmişlerdi.

**Par souci d'équité et de raison, ils estimaient avoir mérité un temps de détente.**

Adil olmak ve akıl yürütmek adına rahatlamak için zaman kazandıklarını düşünüyorlardı.

**Mais trop de gens étaient venus au Klondike et trop peu étaient restés chez eux.**

Fakat Klondike'a çok fazla kişi gelmişti ve çok azı evde kalmıştı.

**Les lettres des familles ont afflué, créant des piles de courrier en retard.**

Ailelerden gelen mektuplar, gecikmiş posta yığınlarının oluşmasına neden oldu.

**Les ordres officiels sont arrivés : de nouveaux chiens de la Baie d'Hudson allaient prendre le relais.**

Resmi emirler geldi; Hudson Körfezi'ndeki yeni köpekler görevi devralacaktı.

Les chiens épuisés, désormais considérés comme sans valeur, devaient être éliminés.

Artık işe yaramaz hale gelen bitkin köpeklerin bertaraf edilmesi gerekiyordu.

Comme l'argent comptait plus que les chiens, ils allaient être vendus à bas prix.

Çünkü köpekler paradan daha önemliydi ve ucuza satılacaklardı.

Trois jours supplémentaires passèrent avant que les chiens ne ressentent à quel point ils étaient faibles.

Köpeklerin ne kadar güçsüz olduklarını anlamaları üç gün daha sürdü.

Le quatrième matin, deux hommes venus des États-Unis ont acheté toute l'équipe.

Dördüncü sabah, Amerika'dan iki adam tüm takımı satın aldı.

La vente comprenait tous les chiens, ainsi que leur harnais usagé.

Satışa tüm köpekler ve yıpranmış koşum takımları da dahil edildi.

Les hommes s'appelaient mutuellement « Hal » et « Charles » lorsqu'ils concluaient l'affaire.

Anlaşmayı tamamlayan adamlar birbirlerine "Hal" ve "Charles" diye seslendiler.

Charles était d'âge moyen, pâle, avec des lèvres molles et des pointes de moustache féroces.

Charles orta yaşlı, solgun yüzlü, sarkık dudaklı ve sert bıyık uçlu bir adamdı.

Hal était un jeune homme, peut-être âgé de dix-neuf ans, portant une ceinture bourrée de cartouches.

Hal, on dokuz yaşlarında genç bir adamdı ve fişek dolu bir kemer takıyordu.

La ceinture contenait un gros revolver et un couteau de chasse, tous deux inutilisés.

Kemerinde kullanılmamış büyük bir tabanca ve bir av bıçağı vardı.

Cela a montré à quel point il était inexpérimenté et inapte à la vie dans le Nord.

Kuzey yaşamına ne kadar deneyimsiz ve uygunsuz olduğunu gösteriyordu.

**Aucun des deux hommes n'appartenait à la nature sauvage ; leur présence défiait toute raison.**

Hiçbir adam vahşi doğaya ait değildi; onların varlığı her türlü mantığa meydan okuyordu.

**Buck a regardé l'argent échanger des mains entre l'acheteur et l'agent.**

Buck, alıcı ile emlakçı arasında para alışverişinin gerçekleştiğini izledi.

**Il savait que les conducteurs du train postal allaient le quitter comme les autres.**

Posta treni sürücülerinin de diğerleri gibi hayatından çıkacağını biliyordu.

**Ils suivirent Perrault et François, désormais irrévocables.**

Artık hatırlanamayacak durumda olan Perrault ve François'yı takip ettiler.

**Buck et l'équipe ont été conduits dans le camp négligé de leurs nouveaux propriétaires.**

Buck ve ekibi yeni sahiplerinin bakımsız kampına götürüldüler.

**La tente s'affaissait, la vaisselle était sale et tout était en désordre.**

Çadır çökmüştü, tabaklar kirliydi, her şey darmadağındı.

**Buck remarqua également une femme : Mercedes, la femme de Charles et la sœur de Hal.**

Buck orada bir kadın daha olduğunu fark etti; Mercedes, Charles'ın karısı ve Hal'in kız kardeşi.

**Ils formaient une famille complète, bien que loin d'être adaptée au sentier.**

Tam bir aileydiler ama patikaya pek uygun değillerdi.

**Buck regarda nerveusement le trio commencer à emballer les fournitures.**

Buck, üçlünün malzemeleri toplamaya başlamasını gergin bir şekilde izliyordu.

**Ils ont travaillé dur mais sans ordre, juste du grabuge et des efforts gaspillés.**

Çok çalışıyorlardı ama düzensiz bir şekilde; sadece telaş ve boşa giden bir emek.

**La tente a été roulée dans une forme volumineuse, beaucoup trop grande pour le traîneau.**

Çadır kızak için çok büyük olacak şekilde yuvarlanıp hantal bir hale getirilmişti.

**La vaisselle sale a été emballée sans avoir été nettoyée ni séchée du tout.**

Kirli bulaşıklar hiç temizlenmeden veya kurutulmadan paketleniyordu.

**Mercedes voltigeait, parlant constamment, corrigeant et intervenant.**

Mercedes sürekli konuşuyor, düzeltiyor ve karışıyordu.

**Lorsqu'un sac était placé à l'avant, elle insistait pour qu'il soit placé à l'arrière.**

Ön tarafa çuval konulduğunda, çuvalın arka tarafa konulması konusunda ısrarcıydı.

**Elle a mis le sac au fond, et l'instant d'après, elle en avait besoin.**

Çuvalı dibe yerleştirdi ve bir sonraki an ona ihtiyacı oldu.

**Le traîneau a donc été déballé à nouveau pour atteindre le sac spécifique.**

Böylece kızak tekrar açılıp belirli bir çantaya ulaşıldı.

**À proximité, trois hommes se tenaient devant une tente, observant la scène se dérouler.**

Yakınlarda, üç adam bir çadırın dışında durmuş, olup biteni izliyordu.

**Ils souriaient, faisaient des clins d'œil et souriaient à la confusion évidente des nouveaux arrivants.**

Yeni gelenlerin apaçık şaşkınlığına gülümsediler, göz kırptılar ve sırıttılar.

**« Vous avez déjà une charge très lourde », dit l'un des hommes.**

"Zaten çok ağır bir yükün var," dedi adamlardan biri.

**« Je ne pense pas que tu devrais porter cette tente, mais c'est ton choix. »**

"Bence o çadırı taşımamalısın ama bu senin seçimin."

« Inimaginable ! » s'écria Mercedes en levant les mains de désespoir.

"Aklıma bile gelmedi!" diye haykırdı Mercedes, çaresizlik içinde ellerini havaya kaldırarak.

« Comment pourrais-je voyager sans une tente sous laquelle dormir ? »

"Çadır altında kalmadan nasıl seyahat edebilirim ki?"

« C'est le printemps, vous ne verrez plus jamais de froid », répondit l'homme.

"Bahar geldi, bir daha soğuk hava görmeyeceksin," diye cevapladı adam.

Mais elle secoua la tête et ils continuèrent à empiler des objets sur le traîneau.

Ama o başını iki yana salladı ve onlar eşyaları kızaklara yığmaya devam ettiler.

La charge s'élevait dangereusement alors qu'ils ajoutaient les dernières choses.

Son şeyler eklendikçe yük tehlikeli bir şekilde yükseldi.

« Tu penses que le traîneau va rouler ? » demanda l'un des hommes avec un regard sceptique.

"Kızak gidebilir mi sence?" diye sordu adamlardan biri şüpheci bir bakışla.

« Pourquoi pas ? » rétorqua Charles, vivement agacé.

"Neden olmasın ki?" diye tersledi Charles, keskin bir sinirle.

« Oh, ce n'est pas grave », dit rapidement l'homme, s'éloignant de l'offense.

"Ah, sorun değil," dedi adam hemen, gücenmekten kaçınarak.

« Je me demandais juste – ça me semblait un peu trop lourd. »

"Sadece merak ediyordum, bana biraz fazla üstten ağır göründü."

Charles se détourna et attacha la charge du mieux qu'il put.

Charles arkasını döndü ve yükü elinden geldiğince bağlamaya çalıştı.

Mais les attaches étaient lâches et l'emballage mal fait dans l'ensemble.

Ancak bağlamalar gevşekti ve paketleme genel olarak kötü yapılmıştı.

**« Bien sûr, les chiens tireront ça toute la journée », a dit un autre homme avec sarcasme.**

"Elbette, köpekler bunu bütün gün çekecektir," dedi başka bir adam alaycı bir şekilde.

**« Bien sûr », répondit froidement Hal en saisissant le long mât du traîneau.**

"Elbette," diye soğuk bir şekilde cevapladı Hal, kızaktaki uzun gergi çubuğunu tutarak.

**D'une main sur le poteau, il faisait tournoyer le fouet dans l'autre.**

Bir eli sopanın üzerinde, diğer eliyle kırbacı sallıyordu.

**« Allons-y ! » cria-t-il. « Allez ! » exhortant les chiens à démarrer.**

"Hadi gidelim!" diye bağırdı. "Hadi!" diyerek köpekleri harekete geçmeye teşvik etti.

**Les chiens se sont penchés sur le harnais et ont tendu pendant quelques instants.**

Köpekler koşum takımına yaslanıp birkaç saniye zorlandılar.

**Puis ils s'arrêtèrent, incapables de déplacer d'un pouce le traîneau surchargé.**

Sonra durdular, aşırı yüklenmiş kızakları bir santim bile oynatamadılar.

**« Ces brutes paresseuses ! » hurla Hal en levant le fouet pour les frapper.**

"Tembel hayvanlar!" diye bağırdı Hal, kırbacı kaldırıp onlara vurarak.

**Mais Mercedes s'est précipitée et a saisi le fouet des mains de Hal.**

Ama Mercedes hemen gelip kırbacı Hal'in elinden aldı.

**« Oh, Hal, n'ose pas leur faire de mal », s'écria-t-elle, alarmée.**

"Ah Hal, sakın onlara zarar vermeye kalkma," diye korkuyla bağırdı.

**« Promets-moi que tu seras gentil avec eux, sinon je n'irai pas plus loin. »**

"Bana onlara karşı nazik olacağına söz ver, yoksa bir adım daha ileri gitmem."

**« Tu ne connais rien aux chiens », lança Hal à sa sœur.**

"Köpekler hakkında hiçbir şey bilmiyorsun," diye çıkıştı Hal kız kardeşine.

**« Ils sont paresseux, et la seule façon de les déplacer est de les fouetter. »**

"Onlar tembeldir ve onları hareket ettirmenin tek yolu onları kırbaçlamaktır."

**« Demandez à n'importe qui, demandez à l'un de ces hommes là-bas si vous doutez de moi. »**

"Kime sorsanız sorun, eğer benden şüphe ediyorsanız şuradaki adamlardan birine sorun."

**Mercedes regarda les spectateurs avec des yeux suppliants et pleins de larmes.**

Mercedes, yalvaran, yaşlı gözlerle seyircilere baktı.

**Son visage montrait à quel point elle détestait la vue de la douleur.**

Yüzünden, acının görüntüsünden ne kadar nefret ettiği anlaşılıyordu.

**« Ils sont faibles, c'est tout », dit un homme. « Ils sont épuisés. »**

"Onlar zayıf, hepsi bu," dedi bir adam. "Yıpranmışlar."

**« Ils ont besoin de repos, ils ont travaillé trop longtemps sans pause. »**

"Dinlenmeye ihtiyaçları var. Uzun süre ara vermeden çalıştırıldılar."

**« Que le repos soit maudit », murmura Hal, la lèvre retroussée.**

"Geri kalanı lanet olsun," diye mırıldandı Hal, dudağını bükerek.

**Mercedes haleta, clairement peinée par ce mot grossier de sa part.**

Mercedes, onun bu kaba sözünden dolayı açıkça acı çekerek nefesini tuttu.

**Pourtant, elle est restée loyale et a immédiatement défendu son frère.**

Ama yine de sadık kaldı ve hemen kardeşini savundu.

« Ne fais pas attention à cet homme », dit-elle à Hal. « Ce sont nos chiens. »

"O adamı umursama," dedi Hal'e. "Onlar bizim köpeklerimiz."

« Vous les conduisez comme bon vous semble, faites ce que vous pensez être juste. »

"Onları uygun gördüğünüz şekilde yönlendirin, doğru olduğunu düşündüğünüz şeyi yapın."

Hal leva le fouet et frappa à nouveau les chiens sans pitié.

Hal kırbacı kaldırdı ve köpeklere yine acımasızca vurdu.

Ils se sont précipités en avant, le corps bas, les pieds poussant dans la neige.

İleri doğru atıldılar, vücutları alçaktı, ayakları kara saplanıyordu.

Toutes leurs forces étaient utilisées pour tirer, mais le traîneau ne bougeait pas.

Bütün güçlerini kızak çekmeye harcıyorlardı ama kızak hareket etmiyordu.

Le traîneau est resté coincé, comme une ancre figée dans la neige tassée.

Kızak, sıkışmış karın içine donmuş bir çapa gibi saplanıp kalmıştı.

Après un deuxième effort, les chiens s'arrêtèrent à nouveau, haletants.

İkinci denemeden sonra köpekler tekrar durdu, soluk soluğaydılar.

Hal leva à nouveau le fouet, juste au moment où Mercedes intervenait à nouveau.

Hal, tam Mercedes'in müdahalesi sırasında kırbacı bir kez daha kaldırdı.

Elle tomba à genoux devant Buck et lui serra le cou.

Buck'ın önünde diz çöktü ve boynuna sarıldı.

Les larmes lui montèrent aux yeux tandis qu'elle suppliait le chien épuisé.

Yorgun köpeğe yalvarırken gözleri yaşlarla doldu.

« Pauvres chéris », dit-elle, « pourquoi ne tirez-vous pas plus fort ? »

"Zavallıcıklar," dedi, "neden daha sert çekmiyorsunuz?"

« Si tu tires, tu ne seras pas fouetté comme ça. »

"Çekersen böyle kırbaçlanmazsın."

**Buck n'aimait pas Mercedes, mais il était trop fatigué pour lui résister maintenant.**

Buck, Mercedes'ten hoşlanmıyordu ama artık ona karşı koyamayacak kadar yorgundu.

**Il accepta ses larmes comme une simple partie de cette journée misérable.**

Onun gözyaşlarını, o sefil günün bir parçası olarak kabul etti.

**L'un des hommes qui regardaient a finalement parlé après avoir retenu sa colère.**

İzleyenlerden biri öfkesini bastırdıktan sonra nihayet konuştu.

« Je me fiche de ce qui vous arrive, mais ces chiens comptent. »

"Sizlere ne olacağı umurumda değil ama o köpekler önemli."

« Si vous voulez aider, détachez ce traîneau, il est gelé dans la neige. »

"Yardım etmek istiyorsan, o kızakları çöz, karda donmuş."

« Appuyez fort sur la perche, à droite et à gauche, et brisez le sceau de glace. »

"Gee-direğine sağa ve sola sertçe bastırın ve buz örtüsünü kırın."

**Une troisième tentative a été faite, cette fois-ci suite à la suggestion de l'homme.**

Bu kez adamın önerisi üzerine üçüncü bir girişimde bulunuldu.

**Hal a balancé le traîneau d'un côté à l'autre, libérant les patins.**

Hal kızakları bir yandan diğer yana sallayarak kızakların gevşemesini sağladı.

**Le traîneau, bien que surchargé et maladroit, a finalement fait un bond en avant.**

Kızak aşırı yüklenmiş ve kullanışsız olmasına rağmen sonunda öne doğru sendeledi.

**Buck et les autres tiraient sauvagement, poussés par une tempête de coups de fouet.**

Buck ve diğerleri, kırbaç darbelerinin etkisiyle çılgınca çekiştiriyorlardı.

**Une centaine de mètres plus loin, le sentier courbait et descendait en pente dans la rue.**

Yüz metre ileride patika kıvrılıp sokağa doğru eğimleniyordu.

**Il aurait fallu un conducteur expérimenté pour maintenir le traîneau droit.**

Kızakları dik tutabilmek için yetenekli bir sürücüye ihtiyaç duyulacaktı.

**Hal n'était pas habile et le traîneau a basculé en tournant dans le virage.**

Hal beceriksizdi ve kızak virajı dönerken devrildi.

**Les sangles lâches ont cédé et la moitié de la charge s'est répandue sur la neige.**

Gevşek bağlar koptu ve yükün yarısı kara döküldü.

**Les chiens ne s'arrêtèrent pas ; le traîneau le plus léger volait sur le côté.**

Köpekler durmadı; daha hafif olan kızak yan yatarak uçtu.

**En colère à cause des mauvais traitements et du lourd fardeau, les chiens couraient plus vite.**

Kötü muameleden ve ağır yükten öfkelenen köpekler daha hızlı koşmaya başladılar.

**Buck, furieux, s'est mis à courir, suivi par l'équipe.**

Buck öfkeyle koşmaya başladı, takım da onu takip etti.

**Hal a crié « Whoa ! Whoa ! » mais l'équipe ne lui a pas prêté attention.**

Hal "Whoa! Whoa!" diye bağırdı ama takım ona hiç aldırış etmedi.

**Il a trébuché, est tombé et a été traîné au sol par le harnais.**

Ayağı kaydı, düştü ve koşum takımı tarafından yerde sürüklendi.

**Le traîneau renversé l'a heurté tandis que les chiens couraient devant.**

Devrilen kızak köpeklerin önünden geçerken onun üzerinden geçti.

**Le reste des fournitures est dispersé dans la rue animée de Skaguay.**

Geriye kalan malzemeler Skaguay'ın işlek caddelerine dağılmıştı.

**Des personnes au grand cœur se sont précipitées pour arrêter les chiens et rassembler le matériel.**

İyi kalpli insanlar köpekleri durdurmak ve malzemeleri toplamak için koştular.

**Ils ont également donné des conseils, directs et pratiques, aux nouveaux voyageurs.**

Ayrıca yeni gezginlere açık ve pratik tavsiyelerde bulundular.

**« Si vous voulez atteindre Dawson, prenez la moitié du chargement et doublez les chiens. »**

"Dawson'a ulaşmak istiyorsanız yükün yarısını alın ve köpek sayısını iki katına çıkarın."

**Hal, Charles et Mercedes écoutaient, mais sans enthousiasme.**

Hal, Charles ve Mercedes dinliyorlardı ama pek de coşkulu değillerdi.

**Ils ont installé leur tente et ont commencé à trier leurs provisions.**

Çadırlarını kurup, erzaklarını ayırmaya başladılar.

**Des conserves sont sorties, ce qui a fait rire les spectateurs.**

Ortaya çıkan konserveler, görenleri kahkahalara boğdu.

**« Des conserves sur le sentier ? Tu vas mourir de faim avant qu'elles ne fondent », a dit l'un d'eux.**

"Yolda konserve yiyecek mi? Erimeden önce açlıktan ölürsün," dedi biri.

**« Des couvertures d'hôtel ? Tu ferais mieux de toutes les jeter. »**

"Otel battaniyeleri mi? Hepsini atsan daha iyi olur."

**« Laissez tomber la tente aussi, et personne ne fait la vaisselle ici. »**

"Çadırı da boşaltın, burada kimse bulaşık yıkamaz."

**« Tu crois que tu voyages dans un train Pullman avec des domestiques à bord ? »**

"Sen hizmetçilerin olduğu bir Pullman trenine bindiğini mi sanıyorsun?"

Le processus a commencé : chaque objet inutile a été jeté de côté.

Süreç başladı; işe yaramayan her şey bir kenara atıldı.

Mercedes a pleuré lorsque ses sacs ont été vidés sur le sol enneigé.

Mercedes, çantalarının karlı zemine boşaltılmasıyla ağladı.

Elle sanglotait sur chaque objet jeté, un par un, sans pause.

Tek tek atılan her eşyaya durmaksızın hıçkıra hıçkıra ağlıyordu.

Elle jura de ne plus faire un pas de plus, même pas pendant dix Charles.

Bir adım daha atmamaya yemin etti; on Charles bile olsa.

Elle a supplié chaque personne à proximité de la laisser garder ses objets précieux.

Yakınında bulunan herkesten değerli eşyalarını kendisine vermelerini rica ediyordu.

Finalement, elle s'essuya les yeux et commença à jeter même les vêtements essentiels.

En sonunda gözlerini sildi ve hayati önem taşıyan giysileri bile fırlatmaya başladı.

Une fois les siennes terminées, elle commença à vider les provisions des hommes.

Kendi işini bitirince erkeklerinkini boşaltmaya başladı.

Comme un tourbillon, elle a déchiré les affaires de Charles et Hal.

Bir hortum gibi Charles ve Hal'in eşyalarını parçaladı.

Même si la charge était réduite de moitié, elle était encore bien plus lourde que nécessaire.

Yük yarı yarıya azalmış olsa da, yine de gereğinden çok daha ağırdı.

Cette nuit-là, Charles et Hal sont sortis et ont acheté six nouveaux chiens.

O gece Charles ve Hal dışarı çıkıp altı yeni köpek satın aldılar.

Ces nouveaux chiens ont rejoint les six originaux, plus Teek et Koona.

Bu yeni köpekler orijinal altı köpeğe Teek ve Koona'nın da eklenmesiyle eklenmiştir.

**Ensemble, ils formaient une équipe de quatorze chiens attelés au traîneau.**

Kızaklara bağlanan on dört köpekten oluşan bir ekip oluşturdular.

**Mais les nouveaux chiens n'étaient pas aptes et mal entraînés au travail en traîneau.**

Ancak yeni köpekler kızak işine uygun değildi ve yetersiz eğitimliydiler.

**Trois des chiens étaient des pointeurs à poil court et un était un Terre-Neuve.**

Köpeklerden üçü kısa tüylü pointer cinsi, biri ise Newfoundland cinsiydi.

**Les deux derniers chiens étaient des bâtards sans race ni objectif clairement définis.**

Son iki köpeğin cinsi veya amacı belli olmayan melez köpekler olduğu ortaya çıktı.

**Ils n'ont pas compris le sentier et ne l'ont pas appris rapidement.**

İzi anlayamadılar ve çabuk öğrenemediler.

**Buck et ses compagnons les regardaient avec mépris et une profonde irritation.**

Buck ve arkadaşları onları küçümseyerek ve derin bir öfkeyle izliyorlardı.

**Bien que Buck leur ait appris ce qu'il ne fallait pas faire, il ne pouvait pas leur enseigner le devoir.**

Buck onlara ne yapmamaları gerektiğini öğretse de, görev bilincini öğretemedi.

**Ils n'ont pas bien supporté la vie sur les sentiers ni la traction des rênes et des traîneaux.**

Patikalarda yürümeye, dizgin ve kızakların çekimine pek alışamadılar.

**Seuls les bâtards essayaient de s'adapter, et même eux manquaient d'esprit combatif.**

Sadece melezler uyum sağlamaya çalıştılar, onlar bile mücadele ruhundan yoksundu.

**Les autres chiens étaient confus, affaiblis et brisés par leur nouvelle vie.**

Diğer köpekler ise yeni hayatlarından dolayı şaşkın, güçsüz ve bitkin durumdaydılar.

**Les nouveaux chiens étant désemparés et les anciens épuisés, l'espoir était mince.**

Yeni köpeklerin hiçbir şeyden haberi olmaması ve eskilerinin de bitkin olması nedeniyle umut zayıftı.

**L'équipe de Buck avait parcouru deux mille cinq cents kilomètres de sentiers difficiles.**

Buck'ın ekibi iki bin beş yüz mil zorlu patika yolunu kat etmişti.

**Pourtant, les deux hommes étaient joyeux et fiers de leur grande équipe de chiens.**

Yine de iki adam neşeliydi ve büyük köpek takımlarıyla gurur duyuyorlardı.

**Ils pensaient voyager avec style, avec quatorze chiens attelés.**

On dört köpeği bir arada taşıyarak şık bir yolculuk yaptıklarını sanıyorlardı.

**Ils avaient vu des traîneaux partir pour Dawson, et d'autres en arriver.**

Dawson'a giden kızakları ve oradan gelen kızakları görmüşlerdi.

**Mais ils n'en avaient jamais vu un tiré par quatorze chiens.**

Ama daha önce hiç on dört köpeğin çektiğini görmemişlerdi.

**Il y avait une raison pour laquelle de telles équipes étaient rares dans la nature sauvage de l'Arctique.**

Bu tür takımların Arktik vahşi doğasında nadir olmasının bir nedeni vardı.

**Aucun traîneau ne pouvait transporter suffisamment de nourriture pour nourrir quatorze chiens pendant le voyage.**

Hiçbir kızak, on dört köpeğin yolculuk boyunca beslenebileceği kadar yiyecek taşıyamazdı.

**Mais Charles et Hal ne le savaient pas : ils avaient fait le calcul.**

Ama Charles ve Hal bunu bilmiyorlardı; hesaplamışlardı.

**Ils ont planifié la nourriture : tant par chien, tant de jours, et c'est fait.**

Yiyecekleri şöyle yazdılar: köpek başına şu kadar, şu kadar gün, tamam.

**Mercedes regarda leurs chiffres et hocha la tête comme si cela avait du sens.**

Mercedes onların rakamlarına baktı ve sanki mantıklıymış gibi başını salladı.

**Tout cela lui semblait très simple, du moins sur le papier.**

Her şey ona, en azından kağıt üzerinde, çok basit görünüyordu.

**Le lendemain matin, Buck conduisit lentement l'équipe dans la rue enneigée.**

Ertesi sabah Buck, ekibi karlı sokaktan ağır ağır yukarı doğru yönlendirdi.

**Il n'y avait aucune énergie ni aucun esprit en lui ou chez les chiens derrière lui.**

Ne kendisinde ne de arkasındaki köpeklerde ne bir enerji ne de bir ruh vardı.

**Ils étaient épuisés dès le départ, il n'y avait plus de réserve.**

Baştan itibaren çok yorgunlardı, yedekleri kalmamıştı.

**Buck avait déjà effectué quatre voyages entre Salt Water et Dawson.**

Buck, Salt Water ile Dawson arasında dört sefer yapmıştı.

**Maintenant, confronté à nouveau à la même épreuve, il ne ressentait que de l'amertume.**

Şimdi aynı iz ile tekrar karşı karşıya geldiğinde hissettiği tek şey burukluktu.

**Son cœur n'y était pas, ni celui des autres chiens.**

Onun yüreği bu işte değildi, diğer köpeklerin yüreği de yoktu.

**Les nouveaux chiens étaient timides et les huskies manquaient totalement de confiance.**

Yeni köpekler ürkekti ve Sibirya kurdu da güven duygusundan yoksundu.

**Buck sentait qu'il ne pouvait pas compter sur ces deux hommes ou sur leur sœur.**

Buck, bu iki adama ya da kız kardeşlerine güvenemeyeceğini hissetti.

**Ils ne savaient rien et ne montraient aucun signe d'apprentissage sur le sentier.**

Hiçbir şey bilmiyorlardı ve yolda hiçbir öğrenme belirtisi göstermiyorlardı.

**Ils étaient désorganisés et manquaient de tout sens de la discipline.**

Dağınıktılar ve disiplin duygusundan yoksunlardı.

**Il leur fallait à chaque fois la moitié de la nuit pour monter un campement bâclé.**

Her seferinde özensiz bir kamp kurmaları yarım geceyi alıyordu.

**Et ils passèrent la moitié de la matinée suivante à tâtonner à nouveau avec le traîneau.**

Ertesi sabahın yarısını yine kızakla uğraşarak geçirdiler.

**À midi, ils s'arrêtaient souvent juste pour réparer la charge inégale.**

Öğle vaktine doğru, sadece dengesiz yükü düzeltmek için bile duruyorlardı.

**Certains jours, ils parcouraient moins de dix milles au total.**

Bazı günler toplamda on milden daha az yol kat ediyorlardı.

**D'autres jours, ils ne parvenaient pas du tout à quitter le camp.**

Diğer günlerde ise kamptan hiç ayrılmayı başaramadılar.

**Ils n'ont jamais réussi à couvrir la distance alimentaire prévue.**

Planlanan yiyecek mesafesine asla yaklaşamadılar.

**Comme prévu, ils ont très vite manqué de nourriture pour les chiens.**

Beklendiği gibi köpekler için yiyecek çok kısa sürede tükendi.

**Ils ont aggravé la situation en les suralimentant au début.**

İlk günlerde aşırı besleme yaparak durumu daha da kötüleştirdiler.

**À chaque ration négligée, la famine se rapprochait.**

Her dikkatsiz rasyonla açlık daha da yaklaşıyordu.

**Les nouveaux chiens n'avaient pas appris à survivre avec très peu.**

Yeni köpekler henüz çok az şeyle yaşamayı öğrenmemişlerdi.

**Ils mangeaient avec faim, avec un appétit trop grand pour le sentier.**

Yol boyunca yiyebilecekleri kadar büyük iştahlarla, açgözlülükle yediler.

**Voyant les chiens s'affaiblir, Hal pensait que la nourriture n'était pas suffisante.**

Köpeklerin zayıfladığını gören Hal, verilen yiyeceğin yeterli olmadığını düşündü.

**Il a doublé les rations, rendant l'erreur encore pire.**

Tazminatı iki katına çıkarınca hata daha da büyüdü.

**Mercedes a aggravé le problème avec ses larmes et ses douces supplications.**

Mercedes ise gözyaşlarıyla ve yumuşak yalvarışlarla soruna katkıda bulundu.

**Comme elle n'arrivait pas à convaincre Hal, elle nourrissait les chiens en secret.**

Hal'i ikna edemeyince köpekleri gizlice besledi.

**Elle a volé des sacs de poissons et les leur a donnés dans son dos.**

Balık çuvallarından çalıp, arkasından onlara verdi.

**Mais ce dont les chiens avaient réellement besoin, ce n'était pas de plus de nourriture, mais de repos.**

Ancak köpeklerin gerçekten ihtiyaç duyduğu şey daha fazla yiyecek değil, dinlenmeydi.

**Ils progressaient mal, mais le lourd traîneau continuait à avancer.**

Zamanları kötüydü ama ağır kızak hâlâ sürükleniyordu.

**Ce poids à lui seul épuisait chaque jour leurs forces restantes.**

Sadece bu ağırlık bile her gün kalan güçlerini tüketiyordu.

**Puis vint l'étape de la sous-alimentation, les réserves s'épuisant.**

Daha sonra, kaynaklar azaldığında yetersiz beslenme aşamasına geçildi.

**Un matin, Hal s'est rendu compte que la moitié de la nourriture pour chien avait déjà disparu.**

Hal bir sabah köpek mamasının yarısının bittiğini fark etti.

**Ils n'avaient parcouru qu'un quart de la distance totale du sentier.**

Toplam parkur mesafesinin sadece dörtte birini kat etmişlerdi.

**On ne pouvait plus acheter de nourriture, quel que soit le prix proposé.**

Artık ne fiyat teklif edilirse edilsin, yiyecek satın alınamıyordu.

**Il a réduit les portions des chiens en dessous de la ration quotidienne standard.**

Köpeklerin porsiyonlarını günlük standart rasyonun altına düşürdü.

**Dans le même temps, il a exigé des voyages plus longs pour compenser la perte.**

Aynı zamanda kayıpların telafisi için daha uzun bir yolculuk talep etti.

**Mercedes et Charles ont soutenu ce plan, mais ont échoué dans son exécution.**

Mercedes ve Charles bu planı desteklediler ancak uygulamada başarısız oldular.

**Leur lourd traîneau et leur manque de compétences rendaient la progression presque impossible.**

Ağır kızakları ve beceri eksiklikleri ilerlemeyi neredeyse imkansız hale getiriyordu.

**Il était facile de donner moins de nourriture, mais impossible de forcer plus d'efforts.**

Daha az yemek vermek kolaydı, ama daha fazla çaba harcamak imkânsızdı.

**Ils ne pouvaient pas commencer plus tôt, ni voyager pendant des heures supplémentaires.**

Ne erken yola çıkabildiler, ne de ekstra saatlerce yolculuk yapabildiler.

**Ils ne savaient pas comment travailler les chiens, ni eux-mêmes d'ailleurs.**

Ne köpekleri nasıl çalıştıracaklarını biliyorlardı, ne de kendilerini.

**Le premier chien à mourir était Dub, le voleur malchanceux mais travailleur.**

Ölen ilk köpek, talihsiz ama çalışkan hırsız Dub'dı.

**Bien que souvent puni, Dub avait fait sa part sans se plaindre.**

Sık sık cezalandırılsa da Dub, şikayet etmeden üzerine düşeni yapmıştı.

**Son épaule blessée s'est aggravée sans qu'il soit nécessaire de prendre soin de lui et de se reposer.**

Yaralı omzu, bakım görmediği ve istirahat etmesine gerek kalmadığı için daha da kötüleşti.

**Finalement, Hal a utilisé le revolver pour mettre fin aux souffrances de Dub.**

Sonunda Hal, tabancayı kullanarak Dub'ın acısına son verdi.

**Un dicton courant dit que les chiens normaux meurent à cause des rations de husky.**

Yaygın bir söze göre normal köpekler husky rasyonuyla beslenirse ölür.

**Les six nouveaux compagnons de Buck n'avaient que la moitié de la part de nourriture du husky.**

Buck'ın altı yeni arkadaşının yiyeceğinin sadece yarısı kadarı Sibirya kurdunun payına düşüyordu.

**Le Terre-Neuve est mort en premier, puis les trois braques à poil court.**

Önce Newfoundland cinsi köpek öldü, ardından üç kısa tüylü av köpeği.

**Les deux bâtards résistèrent plus longtemps mais finirent par périr comme les autres.**

İki melez yavru daha uzun süre dayandılar ama sonunda diğerleri gibi yok oldular.

**À cette époque, toutes les commodités et la douceur du Southland avaient disparu.**

Bu sırada Güney'in bütün güzellikleri ve nezaketi kalmamıştı.

**Les trois personnes avaient perdu les dernières traces de leur éducation civilisée.**

Üç kişi de medeni terbiyelerinin son izlerini bırakmışlardı.

**Dépouillé de glamour et de romantisme, le voyage dans l'Arctique est devenu brutalement réel.**

Göz kamaştırıcılığından ve romantizminden sıyrılan Arktika seyahatleri acımasızca gerçek oldu.

**C'était une réalité trop dure pour leur sens de la virilité et de la féminité.**

Bu, onların erkeklik ve kadınlık duygularına ağır gelen bir gerçekti.

**Mercedes ne pleurait plus pour les chiens, mais maintenant elle pleurait seulement pour elle-même.**

Mercedes artık köpekler için ağlamıyor, sadece kendisi için ağlıyordu.

**Elle passait son temps à pleurer et à se disputer avec Hal et Charles.**

Zamanını ağlayarak ve Hal ve Charles ile kavga ederek geçiriyordu.

**Se disputer était la seule chose qu'ils n'étaient jamais trop fatigués de faire.**

Kavga etmek, asla yapmaktan yorulmadıkları tek şeydi.

**Leur irritabilité provenait de la misère, grandissait avec elle et la surpassait.**

Onların sinirlilikleri sefaletten kaynaklanıyordu, sefaletle birlikte büyüyor ve sefaleti aşıyordu.

**La patience du sentier, connue de ceux qui peinent et souffrent avec bienveillance, n'est jamais venue.**

Çalışıp didinenlerin, acı çekenlerin bildiği yol sabrı hiçbir zaman gelmedi.

**Cette patience, qui garde la parole douce malgré la douleur, leur était inconnue.**

Acı içinde sözü tatlı kılan o sabrı bilmiyorlardı.

**Ils n'avaient aucune trace de patience, aucune force tirée de la souffrance avec grâce.**

Onlarda sabırdan eser yoktu, acı çekmekten gelen zarafetten gelen bir güç yoktu.

**Ils étaient raides de douleur : leurs muscles, leurs os et leur cœur étaient douloureux.**

Acıdan kaskatı kesilmişlerdi; kasları, kemikleri ve kalpleri sızlıyordu.

À cause de cela, ils devinrent acerbes et prompts à prononcer des paroles dures.

Bundan dolayı dilleri keskinleşti ve sert söz söylemekte çabuk davrandılar.

Chaque jour commençait et se terminait par des voix en colère et des plaintes amères.

Her gün öfkeli sesler ve acı şikayetlerle başlıyor ve bitiyordu.

Charles et Hal se disputaient chaque fois que Mercedes leur en donnait l'occasion.

Charles ve Hal, Mercedes onlara fırsat verdiğinde sürekli kavga ediyorlardı.

Chaque homme estimait avoir fait plus que sa juste part du travail.

Her adam işin adil kısmından fazlasını yaptığına inanıyordu.

Aucun des deux n'a jamais manqué une occasion de le dire, encore et encore.

Bunu her ikisi de tekrar tekrar dile getirme fırsatını kaçırmadılar.

Parfois, Mercedes se rangeait du côté de Charles, parfois du côté de Hal.

Bazen Mercedes Charles'ın, bazen de Hal'in tarafını tutuyordu.

Cela a conduit à une grande et interminable querelle entre les trois.

Bu durum üçü arasında büyük ve bitmek bilmeyen bir kavgaya yol açtı.

Une dispute sur la question de savoir qui devait couper le bois de chauffage est devenue incontrôlable.

Odun kesme işini kimin yapacağı konusunda çıkan anlaşmazlık kontrolden çıktı.

Bientôt, les pères, les mères, les cousins et les parents décédés ont été nommés.

Kısa süre sonra babalar, anneler, kuzenler ve ölmüş akrabaların isimleri verildi.

Les opinions de Hal sur l'art ou les pièces de son oncle sont devenues partie intégrante du combat.

Hal'in sanata veya amcasının oyunlarına ilişkin görüşleri mücadelenin bir parçası haline geldi.

**Les convictions politiques de Charles sont également entrées dans le débat.**

Charles'ın siyasi görüşleri de tartışmaya dahil oldu.

**Pour Mercedes, même les ragots de la sœur de son mari semblaient pertinents.**

Mercedes'e göre, kocasının kız kardeşinin dedikodusu bile önemliydi.

**Elle a exprimé son opinion sur ce sujet et sur de nombreux défauts de la famille de Charles.**

Bu konuda ve Charles'ın ailesinin birçok kusuru hakkında görüşlerini dile getirdi.

**Pendant qu'ils se disputaient, le feu restait éteint et le camp à moitié monté.**

Tartışırken ateş söndü, kamp da yarı hazır bir halde kaldı.

**Pendant ce temps, les chiens restaient froids et sans nourriture.**

Bu arada köpekler üşüyor ve yiyeceksiz kalıyorlardı.

**Mercedes avait un grief qu'elle considérait comme profondément personnel.**

Mercedes'in çok kişisel olarak değerlendirdiği bir şikâyeti vardı.

**Elle se sentait maltraitée en tant que femme, privée de ses doux privilèges.**

Bir kadın olarak kötü muamele gördüğünü, nazik ayrıcalıklarının elinden alındığını hissetti.

**Elle était jolie et douce, et habituée à la chevalerie toute sa vie.**

Güzel ve yumuşak huyluydu, hayatı boyunca centilmenlik gösterdi.

**Mais son mari et son frère la traitaient désormais avec impatience.**

Ama kocası ve kardeşi artık ona sabırsızlıkla yaklaşıyorlardı.

**Elle avait pour habitude d'agir comme si elle était impuissante, et ils commencèrent à se plaindre.**

Çaresizlik içinde davranmayı alışkanlık haline getirmişti ve onlar da şikâyet etmeye başladılar.

**Offensée par cela, elle leur rendit la vie encore plus difficile.**

Bu durumdan rahatsız olan kadın, onların hayatını daha da zorlaştırdı.

**Elle a ignoré les chiens et a insisté pour conduire elle-même le traîneau.**

Köpekleri görmezden gelip kızaklara kendisi binmekte ısrar etti.

**Bien que légère en apparence, elle pesait cent vingt livres.**

Görünüşü zayıf olmasına rağmen, elli kilo ağırlığındaydı.

**Ce fardeau supplémentaire était trop lourd pour les chiens affamés et faibles.**

Aç ve güçsüz köpekler için bu ek yük çok fazlaydı.

**Elle a continué à monter pendant des jours, jusqu'à ce que les chiens s'effondrent sous les rênes.**

Yine de, köpekler dizginlerde yığılıp kalana kadar günlerce at sırtında gitti.

**Le traîneau s'arrêta et Charles et Hal la supplièrent de marcher.**

Kızak duruyordu ve Charles ile Hal, onun yürümesini rica ediyorlardı.

**Ils la supplièrent et la supplièrent, mais elle pleura et les traita de cruels.**

Yalvarıp yakardılar, ama o ağladı ve onlara zalim dedi.

**À une occasion, ils l'ont tirée du traîneau avec force et colère.**

Bir keresinde onu büyük bir güç ve öfkeyle kızaktan aşağı çektiler.

**Ils n'ont plus jamais essayé après ce qui s'est passé cette fois-là.**

O olaydan sonra bir daha hiç denemediler.

**Elle devint molle comme un enfant gâté et s'assit dans la neige.**

Şımarık bir çocuk gibi gevşekçe yürüyüp karda oturdu.

**Ils continuèrent leur chemin, mais elle refusa de se lever ou de les suivre.**

Onlar ilerlediler, ama o ayağa kalkmayı ya da arkalarından gelmeyi reddetti.

**Après trois milles, ils s'arrêtèrent, revinrent et la ramenèrent.**

Üç mil sonra durdular, geri döndüler ve onu geri taşıdılar.

**Ils l'ont rechargée sur le traîneau, en utilisant encore une fois la force brute.**

Yine kaba kuvvet kullanarak onu kızağa yeniden yüklediler.

**Dans leur profonde misère, ils étaient insensibles à la souffrance des chiens.**

Derin bir acı içinde oldukları için köpeklerin çektiği acılara duyarsızdılar.

**Hal croyait qu'il fallait s'endurcir et il a imposé cette croyance aux autres.**

Hal, insanın katılaşması gerektiğine inanıyordu ve bu inancı başkalarına da zorla kabul ettiriyordu.

**Il a d'abord essayé de prêcher sa philosophie à sa sœur**

Felsefesini ilk önce kız kardeşine vaaz etmeye çalıştı

**et puis, sans succès, il prêcha à son beau-frère.**

ve sonra, başarısızlıkla sonuçlanan bir şekilde, kayınbiraderine vaaz verdi.

**Il a eu plus de succès avec les chiens, mais seulement parce qu'il leur a fait du mal.**

Köpeklerle daha başarılı oldu ama sadece onlara zarar verdiği için.

**Chez Five Fingers, la nourriture pour chiens est complètement épuisée.**

Five Fingers'da köpek maması tamamen bitti.

**Une vieille squaw édentée a vendu quelques kilos de peau de cheval congelée**

Dişsiz yaşlı bir kadın birkaç kilo dondurulmuş at derisi sattı

**Hal a échangé son revolver contre la peau de cheval séchée.**

Hal, tabancasını kurutulmuş at derisi ile takas etti.

**La viande provenait de chevaux affamés d'éleveurs de bétail des mois auparavant.**

Et, aylar önce sığır yetiştiricilerinin aç bırakılmış atlarından gelmişti.

**Gelée, la peau était comme du fer galvanisé ; dure et immangeable.**

Dondurulduğunda deri galvanizli demir gibiydi; sert ve yenmezdi.

**Les chiens devaient mâcher la peau sans fin pour la manger.**

Köpekler deriyi yiyebilmek için durmadan çiğnemek zorunda kalıyorlardı.

**Mais les cordes en cuir et les cheveux courts n'étaient guère une nourriture.**

Ama deri gibi ipler ve kısa saçlar pek de besin değildi.

**La majeure partie de la peau était irritante et ne constituait pas véritablement de la nourriture.**

Derinin büyük kısmı tahriş ediciydi ve gerçek anlamda yiyecek değildi.

**Et pendant tout ce temps, Buck titubait en tête, comme dans un cauchemar.**

Ve tüm bunlar olurken Buck, bir kabustaymış gibi önde sendeledi.

**Il tirait quand il le pouvait ; quand il ne le pouvait pas, il restait allongé jusqu'à ce qu'un fouet ou un gourdin le relève.**

Gücü yettiği zaman çekiyor, gücü yetmediği zaman kırbaç veya sopayla kaldırılıncaya kadar yatıyordu.

**Son pelage fin et brillant avait perdu toute sa rigidité et son éclat d'autrefois.**

İnce, parlak tüyleri bir zamanlar sahip olduğu sertliği ve parlaklığı kaybetmişti.

**Ses cheveux pendaient, mous, en bataille et coagulés par le sang séché des coups.**

Saçları cansız, dağınık ve aldığı darbelerden dolayı kurumuş kanla pıhtılaşmıştı.

**Ses muscles se sont réduits à l'état de cordes et ses coussinets de chair étaient tous usés.**

Kasları adeta kordonlara dönüşmüş, et yastıkçıkları aşınmıştı.

**Chaque côte, chaque os apparaissait clairement à travers les plis de la peau ridée.**

Her kaburga, her kemik, kırışık deri kıvrımlarının arasından açıkça görünüyordu.

**C'était déchirant, mais le cœur de Buck ne pouvait pas se briser.**

Yüreği parçalayıcıydı ama Buck'ın yüreği kırılamıyordu.

**L'homme au pull rouge avait testé cela et l'avait prouvé il y a longtemps.**

Kırmızı kazaklı adam bunu çoktan test etmiş ve kanıtlamıştı.

**Comme ce fut le cas pour Buck, ce fut le cas pour tous ses coéquipiers restants.**

Buck'ın durumu neyse, diğer takım arkadaşlarının durumu da aynıydı.

**Il y en avait sept au total, chacun étant un squelette ambulant de misère.**

Toplam yedi taneydiler, her biri yürüyen birer sefalet iskeletiydi.

**Ils étaient devenus insensibles au fouet, ne ressentant qu'une douleur lointaine.**

Kırbaç darbelerine karşı duyarsızlaşmışlardı, yalnızca uzak bir acı hissediyorlardı.

**Même la vue et le son leur parvenaient faiblement, comme à travers un épais brouillard.**

Hatta görüntü ve ses bile, yoğun bir sisin içinden geçercesine belli belirsiz duyuluyordu.

**Ils n'étaient pas à moitié vivants : c'étaient des os avec de faibles étincelles à l'intérieur.**

Yarı canlı değillerdi; içlerinde sönük kıvılcımlar olan kemiklerdi onlar.

**Lorsqu'ils s'arrêtèrent, ils s'effondrèrent comme des cadavres, leurs étincelles presque éteintes.**

Durdurulduklarında cesetler gibi yere yığıldılar, kıvılcımları neredeyse yok olmuştu.

**Et lorsque le fouet ou le gourdin frappaient à nouveau, les étincelles voltigeaient faiblement.**

Ve kırbaç ya da sopa tekrar vurduğunda kıvılcımlar zayıfça çırpınıyordu.

**Puis ils se levèrent, titubèrent en avant et traînèrent leurs membres en avant.**

Sonra ayağa kalktılar, sendeleyerek ilerlediler ve bacaklarını öne doğru sürüklediler.

**Un jour, le gentil Billee tomba et ne put plus se relever du tout.**

Bir gün nazik Billee düştü ve bir daha ayağa kalkamadı.

**Hal avait échangé son revolver, alors il a utilisé une hache pour tuer Billee à la place.**

Hal tabancasını takas etmişti, bu yüzden Billee'yi öldürmek için baltayı kullandı.

**Il le frappa à la tête, puis lui coupa le corps et le traîna.**

Kafasına vurdu, sonra da gövdesini kesip sürükledi.

**Buck vit cela, et les autres aussi ; ils savaient que la mort était proche.**

Buck bunu gördü ve diğerleri de gördü; ölümün yakın olduğunu biliyorlardı.

**Le lendemain, Koona partit, ne laissant que cinq chiens dans l'équipe affamée.**

Ertesi gün Koona gitti ve açlık çeken ekipte sadece beş köpek kaldı.

**Joe, qui n'était plus méchant, était trop loin pour se rendre compte de quoi que ce soit.**

Joe artık kötü biri değildi, pek bir şeyin farkında olmayacak kadar ileri gitmişti.

**Pike, ne faisant plus semblant d'être blessé, était à peine conscient.**

Artık yaralıymış gibi davranmayan Pike, bilincini neredeyse kaybetmişti.

**Solleks, toujours fidèle, se lamentait de ne plus avoir de force à donner.**

Solleks hâlâ sadıktı, verecek gücünün olmamasına üzülüyordu.

**Teek a été le plus battu parce qu'il était plus frais, mais qu'il s'estompait rapidement.**

Teek daha dinç olduğu ve hızla zayıfladığı için en çok dövülen kişi oldu.

**Et Buck, toujours en tête, ne maintenait plus l'ordre ni ne le faisait respecter.**

Ve hala önde olan Buck artık düzeni sağlayamıyor ve uygulatmıyordu.

**À moitié aveugle à cause de sa faiblesse, Buck suivit la piste au toucher seul.**

Güçsüzlükten yarı kör olan Buck, sadece el yordamıyla izi takip ediyordu.

**C'était un beau temps printanier, mais aucun d'entre eux ne l'a remarqué.**

Güzel bir bahar havasıydı ama hiçbiri bunu fark etmemişti.

**Chaque jour, le soleil se levait plus tôt et se couchait plus tard qu'avant.**

Güneş her gün bir öncekinden daha erken doğuyor ve daha geç batıyordu.

**À trois heures du matin, l'aube était arrivée ; le crépuscule durait jusqu'à neuf heures.**

Sabahın üçü civarında şafak söktü; alacakaranlık dokuza kadar sürdü.

**Les longues journées étaient remplies du plein soleil printanier.**

Uzun günler bahar güneşinin tüm parlaklığıyla doluydu.

**Le silence fantomatique de l'hiver s'était transformé en un murmure chaleureux.**

Kışın hayaletsi sessizliği sıcak bir mırıltıya dönüşmüştü.

**Toute la terre s'éveillait, animée par la joie des êtres vivants.**

Bütün topraklar canlılığın sevinciyle uyanıyordu.

**Le bruit provenait de ce qui était resté mort et immobile pendant l'hiver.**

Ses, kış boyunca ölü ve hareketsiz yatan bir yerden geliyordu.

**Maintenant, ces choses bougeaient à nouveau, secouant le long sommeil de gel.**

İşte o şeyler uzun süren don uykusundan uyanarak tekrar hareketlendiler.

**La sève montait à travers les troncs sombres des pins en attente.**

Bekleyen çam ağaçlarının karanlık gövdelerinden özsu sızıyordu.

**Les saules et les trembles font apparaître de jeunes bourgeons brillants sur chaque brindille.**

Söğütler ve kavaklar her dalda parlak genç tomurcuklar açıyor.

**Les arbustes et les vignes se parent d'un vert frais tandis que les bois prennent vie.**

Orman canlandıkça çalılar ve sarmaşıklar taze yeşilliğe büründü.

**Les grillons chantaient la nuit et les insectes rampaient au soleil.**

Geceleri cırcır böcekleri ötüyordu, böcekler gündüz güneşinde sürünüyordu.

**Les perdrix résonnaient et les pics frappaient profondément dans les arbres.**

Keklikler ötüyordu, ağaçkakanlar ağaçların derinliklerine dalıp gidiyordu.

**Les écureuils bavardaient, les oiseaux chantaient et les oies klaxonnaient au-dessus des chiens.**

Sincaplar şakıyor, kuşlar şarkı söylüyor ve kazlar köpeklerin üzerine gaklıyordu.

**Les oiseaux sauvages arrivaient en groupes serrés, volant vers le haut depuis le sud.**

Güneyden gelen yabani kuşlar keskin kanatlar halinde uçarak geldiler.

**De chaque colline venait la musique des ruisseaux cachés et impétueux.**

Her yamaçtan gizli, çağlayan derelerin müziği duyuluyordu.

**Toutes choses ont dégelé et se sont brisées, se sont pliées et ont repris leur mouvement.**

Her şey eridi, çatladı, eğildi ve tekrar harekete geçti.

**Le Yukon s'efforçait de briser les chaînes de froid de la glace gelée.**

Yukon, donmuş buzun soğuk zincirlerini kırmak için çabalıyordu.

La glace fondait en dessous, tandis que le soleil la faisait fondre par le dessus.

Alttaki buzlar erirken, üstteki güneş buzları eritiyordu.

Des trous d'aération se sont ouverts, des fissures se sont propagées et des morceaux sont tombés dans la rivière.

Hava delikleri açıldı, çatlaklar oluştu ve parçalar nehre düştü.

Au milieu de toute cette vie débordante et flamboyante, les voyageurs titubaient.

Bütün bu coşkulu ve alevli hayatın ortasında, yolcular sendeledi.

Deux hommes, une femme et une meute de huskies marchaient comme des morts.

İki adam, bir kadın ve bir Sibirya kurdu sürüsü ölü gibi yürüyordu.

Les chiens tombaient, Mercedes pleurait, mais continuait à conduire le traîneau.

Köpekler düşüyordu, Mercedes ağlıyordu ama hâlâ kızaktaydı.

Hal jura faiblement et Charles cligna des yeux à travers ses yeux larmoyants.

Hal zayıf bir küfür savurdu, Charles ise sulu gözlerini kırpıştırdı.

Ils tombèrent sur le camp de John Thornton à l'embouchure de la rivière White.

White River'ın ağzında John Thornton'un kampına rastladılar.

Lorsqu'ils s'arrêtèrent, les chiens s'effondrèrent, comme s'ils étaient tous morts.

Durduklarında köpekler sanki hepsi ölmüş gibi yere yığıldılar.

Mercedes essuya ses larmes et regarda John Thornton.

Mercedes gözyaşlarını sildi ve John Thornton'a baktı.

Charles s'assit sur une bûche, lentement et raidement, souffrant du sentier.

Charles, patikadan dolayı ağrıyan bir kütüğün üzerine yavaşça ve kaskatı oturdu.

Hal parlait pendant que Thornton sculptait l'extrémité d'un manche de hache.

Thornton bir balta sapının ucunu oyarken Hal konuşuyordu.

Il taillait du bois de bouleau et répondait par des réponses brèves et fermes.

Huş ağacını yonttu ve kısa, kesin yanıtlar verdi.

Lorsqu'on lui a demandé son avis, il a donné des conseils, certain qu'ils ne seraient pas suivis.

Sorulduğunda, uygulanmayacağından emin olduğu tavsiyelerde bulundu.

Hal a expliqué : « Ils nous ont dit que la glace du sentier disparaissait. »

Hal, "Bize buzun erimeye başladığını söylediler." diye açıkladı.

« Ils ont dit que nous devions rester sur place, mais nous sommes arrivés à White River. »

"Yerimizde kalmamız gerektiğini söylediler ama White River'a ulaştık."

Il a terminé sur un ton moqueur, comme pour crier victoire dans les difficultés.

Sanki zorluklara rağmen zafer kazandığını iddia ediyormuş gibi alaycı bir tonla sözlerini tamamladı.

« Et ils t'ont dit la vérité », répondit doucement John Thornton à Hal.

"Ve sana doğruyu söylediler," diye cevapladı John Thornton Hal'e sessizce.

« La glace peut céder à tout moment, elle est prête à tomber. »

"Buz her an çözülebilir, düşmeye hazır."

« Seuls un peu de chance et des imbéciles ont pu arriver jusqu'ici en vie. »

"Sadece kör şans ve aptallar bu kadar uzağa canlı olarak gelebilirdi."

« Je vous le dis franchement, je ne risquerais pas ma vie pour tout l'or de l'Alaska. »

"Size açıkça söylüyorum, Alaska'nın tüm altınları için hayatımı riske atmam."

« C'est parce que tu n'es pas un imbécile, je suppose », répondit Hal.

"Sanırım bunun sebebi senin aptal olmaman," diye cevapladı Hal.

**« Tout de même, nous irons à Dawson. » Il déroula son fouet.**

"Yine de Dawson'a doğru yola devam edeceğiz." Kırbacını çözdü.

**« Monte là-haut, Buck ! Salut ! Debout ! Vas-y ! » cria-t-il durement.**

"Hadi, Buck! Merhaba! Hadi, kalk! Hadi!" diye sertçe bağırdı.

**Thornton continuait à tailler, sachant que les imbéciles n'entendraient pas la raison.**

Thornton, aptalların mantığı duymayacağını bilerek kesmeye devam etti.

**Arrêter un imbécile était futile, et deux ou trois imbéciles ne changeaient rien.**

Bir aptalı durdurmak boşunaydı; iki veya üç aptalın olması da hiçbir şeyi değiştirmiyordu.

**Mais l'équipe n'a pas bougé au son de l'ordre de Hal.**

Ancak Hal'in emri üzerine ekip hareket etmedi.

**Désormais, seuls les coups pouvaient les faire se relever et avancer.**

Artık onları ayağa kaldırıp ileri çekebilecek tek şey darbelerdi.

**Le fouet claquait encore et encore sur les chiens affaiblis.**

Kırbaç, zayıf düşen köpeklerin üzerinden tekrar tekrar şaklıyordu.

**John Thornton serra fermement ses lèvres et regarda en silence.**

John Thornton dudaklarını sıkıca birbirine bastırdı ve sessizce izledi.

**Solleks fut le premier à se relever sous le fouet.**

Kırbaç darbesi altında ilk ayağa kalkan Solleks oldu.

**Puis Teek le suivit, tremblant. Joe poussa un cri en se relevant.**

Sonra Teek titreyerek onu takip etti. Joe sendeleyerek ayağa kalkarken ciyakladı.

**Pike a essayé de se relever, a échoué deux fois, puis est finalement resté debout, chancelant.**

Pike ayağa kalkmaya çalıştı, iki kez başarısız oldu, sonra en
sonunda sendeleyerek ayağa kalktı.
**Mais Buck resta là où il était tombé, sans bouger du tout
cette fois.**
Ama Buck düştüğü yerde yatıyordu, bu sefer hiç
kıpırdamıyordu.
**Le fouet le frappait à plusieurs reprises, mais il ne faisait
aucun bruit.**
Kırbaç ona defalarca vurdu ama o hiç ses çıkarmadı.
**Il n'a pas bronché ni résisté, il est simplement resté
immobile et silencieux.**
Hiçbir şekilde gözünü kırpmadı, direnmedi, sadece hareketsiz
ve sessiz kaldı.
**Thornton remua plus d'une fois, comme pour parler, mais ne
le fit pas.**
Thornton sanki konuşacakmış gibi birden fazla kez
kıpırdandı, ama konuşmadı.
**Ses yeux s'humidifièrent, et le fouet continuait à claquer
contre Buck.**
Gözleri yaşla doldu, ama kırbaç hâlâ Buck'a çarpıyordu.
**Finalement, Thornton commença à marcher lentement, ne
sachant pas quoi faire.**
Sonunda Thornton ne yapacağını bilemeyerek yavaş yavaş
yürümeye başladı.
**C'était la première fois que Buck échouait, et Hal devint
furieux.**
Buck'ın ilk başarısızlığıydı ve Hal öfkelenmeye başladı.
**Il a jeté le fouet et a pris la lourde massue à la place.**
Kırbacı yere attı ve onun yerine ağır sopayı aldı.
**Le club en bois s'abattit violemment, mais Buck ne se releva
toujours pas pour bouger.**
Tahta sopa sertçe yere indi, ama Buck hâlâ hareket etmek için
ayağa kalkmadı.
**Comme ses coéquipiers, il était trop faible, mais plus que
cela.**
Takım arkadaşları gibi o da çok zayıftı; ama bundan da fazlası
vardı.

**Buck avait décidé de ne pas bouger, quoi qu'il arrive.**

Buck, bundan sonra ne olursa olsun hareket etmemeye karar vermişti.

**Il sentait quelque chose de sombre et de certain planer juste devant lui.**

Az ileride karanlık ve kesin bir şeyin havada asılı kaldığını hissetti.

**Cette peur l'avait saisi dès qu'il avait atteint la rive du fleuve.**

Nehir kıyısına ulaştığı anda o korku onu ele geçirmişti.

**Cette sensation ne l'avait pas quitté depuis qu'il sentait la glace s'amincir sous ses pattes.**

Patilerinin altındaki buzun inceldiğini hissettiğinden beri bu his onu terk etmemişti.

**Quelque chose de terrible l'attendait – il le sentait juste au bout du sentier.**

Korkunç bir şey bekliyordu; bunu patikanın hemen aşağısında hissetti.

**Il n'allait pas marcher vers cette terrible chose devant lui.**

Önündeki o korkunç şeye doğru yürümeyecekti

**Il n'allait pas obéir à un quelconque ordre qui le conduirait à cette chose.**

Kendisini o şeye götürecek hiçbir emre itaat etmeyecekti.

**La douleur des coups ne l'atteignait plus guère, il était trop loin.**

Darbelerin acısı artık ona dokunmuyordu, çok ileri gitmişti.

**L'étincelle de vie vacillait faiblement, s'affaiblissant sous chaque coup cruel.**

Hayat kıvılcımı her acımasız darbenin altında zayıflıyor, sönüyordu.

**Ses membres semblaient lointains ; tout son corps semblait appartenir à un autre.**

Uzuvları uzaklardaydı; bütün bedeni sanki başkasına aitti.

**Il ressentit un étrange engourdissement alors que la douleur disparaissait complètement.**

Ağrı tamamen geçince garip bir uyuşukluk hissetti.

**De loin, il sentait qu'il était battu, mais il le savait à peine.**

Uzaktan dövüldüğünü hissediyordu ama farkında bile
değildi.

**Il pouvait entendre les coups sourds faiblement, mais ils ne
faisaient plus vraiment mal.**

Gürültüleri belli belirsiz duyabiliyordu ama artık gerçekten
acıtmıyordu.

**Les coups ont porté, mais son corps ne semblait plus être le
sien.**

Darbeler iniyordu ama bedeni artık kendisine ait değildi.

**Puis, soudain, sans prévenir, John Thornton poussa un cri
sauvage.**

Sonra ansızın, hiçbir uyarı olmaksızın, John Thornton vahşi
bir çığlık attı.

**C'était inarticulé, plus le cri d'une bête que celui d'un
homme.**

Anlaşılmaz bir çığlıktı, bir insandan çok bir hayvanın çığlığını
andırıyordu.

**Il sauta sur l'homme avec la massue et renversa Hal en
arrière.**

Sopayla adamın üzerine atıldı ve Hal'i geriye doğru devirdi.

**Hal vola comme s'il avait été frappé par un arbre, atterrissant
durement sur le sol.**

Hal sanki bir ağaca çarpmış gibi uçtu ve sert bir şekilde yere
indi.

**Mercedes a crié de panique et s'est agrippée au visage.**

Mercedes panikle yüksek sesle çığlık attı ve yüzünü tuttu.

**Charles se contenta de regarder, s'essuya les yeux et resta
assis.**

Charles sadece baktı, gözlerini sildi ve oturmaya devam etti.

**Son corps était trop raide à cause de la douleur pour se lever
ou aider au combat.**

Vücudu acıdan öylesine kaskatı kesilmişti ki ayağa
kalkamıyor ve kavgaya yardım edemiyordu.

**Thornton se tenait au-dessus de Buck, tremblant de fureur,
incapable de parler.**

Thornton öfkeden titriyor, konuşamıyordu ve Buck'ın başında
duruyordu.

Il tremblait de rage et luttait pour trouver sa voix à travers elle.

Öfkeden titriyor ve sesini duyurmak için çabalıyordu.

**« Si tu frappes encore ce chien, je te tue », dit-il finalement.**

"O köpeğe bir daha vurursan seni öldürürüm," dedi sonunda.

**Hal essuya le sang de sa bouche et s'avança à nouveau.**

Hal ağzındaki kanı sildi ve tekrar öne çıktı.

**« C'est mon chien », murmura-t-il. « Dégage, ou je te répare. »**

"Bu benim köpeğim," diye mırıldandı. "Yoldan çekil, yoksa seni düzeltirim."

**« Je vais à Dawson, et vous ne m'en empêcherez pas », a-t-il ajouté.**

"Dawson'a gidiyorum ve sen beni durduramayacaksın" diye ekledi.

**Thornton se tenait fermement entre Buck et le jeune homme en colère.**

Thornton, Buck ile öfkeli genç adam arasında kararlı bir şekilde duruyordu.

**Il n'avait aucune intention de s'écarter ou de laisser passer Hal.**

Kenara çekilmeye veya Hal'in geçmesine izin vermeye hiç niyeti yoktu.

**Hal sortit son couteau de chasse, long et dangereux à la main.**

Hal, elindeki uzun ve tehlikeli av bıçağını çıkardı.

**Mercedes a crié, puis pleuré, puis ri dans une hystérie sauvage.**

Mercedes çığlık attı, sonra ağladı, sonra da çılgınca bir histeri içinde güldü.

**Thornton frappa la main de Hal avec le manche de sa hache, fort et vite.**

Thornton, balta sapıyla Hal'in eline sert ve hızlı bir şekilde vurdu.

**Le couteau s'est détaché de la main de Hal et a volé au sol.**

Bıçak Hal'in elinden kurtulup yere uçtu.

**Hal essaya de ramasser le couteau, et Thornton frappa à nouveau ses jointures.**

Hal bıçağı almaya çalıştı, ama Thornton yine parmak eklemlerine vurdu.

**Thornton se baissa alors, attrapa le couteau et le tint.**

Sonra Thornton eğildi, bıçağı aldı ve tuttu.

**D'un coup rapide de manche de hache, il coupa les rênes de Buck.**

Balta sapıyla iki hızlı vuruşla Buck'ın dizginlerini kesti.

**Hal n'avait plus aucune résistance et s'éloigna du chien.**

Hal'in artık mücadele gücü kalmamıştı ve köpekten uzaklaştı.

**De plus, Mercedes avait désormais besoin de ses deux bras pour se maintenir debout.**

Ayrıca Mercedes'in ayakta kalabilmesi için artık iki koluna da ihtiyacı vardı.

**Buck était trop proche de la mort pour pouvoir à nouveau tirer un traîneau.**

Buck, kızak çekmek için tekrar kullanılamayacak kadar ölüme yakındı.

**Quelques minutes plus tard, ils se sont retirés et ont descendu la rivière.**

Birkaç dakika sonra yola çıktılar ve nehre doğru yöneldiler.

**Buck leva faiblement la tête et les regarda quitter la banque.**

Buck başını güçsüzce kaldırdı ve onların bankadan çıkışını izledi.

**Pike a mené l'équipe, avec Solleks à l'arrière dans la roue.**

Pike takıma liderlik ederken, Solleks ise direksiyon başında en arkada yer aldı.

**Joe et Teek marchaient entre eux, tous deux boitant d'épuisement.**

Joe ve Teek aralarında yürüyorlardı, ikisi de yorgunluktan topallıyordu.

**Mercedes s'assit sur le traîneau et Hal saisit le long mât.**

Mercedes kızakta oturuyordu, Hal ise uzun gergi çubuğunu tutuyordu.

**Charles trébuchait derrière, ses pas maladroits et incertains.**

Charles geride tökezledi, adımları beceriksiz ve kararsızdı.

**Thornton s'agenouilla près de Buck et chercha doucement des os cassés.**

Thornton, Buck'ın yanına diz çöktü ve kırık kemiklerini nazikçe yokladı.

**Ses mains étaient rudes mais bougeaient avec gentillesse et attention.**

Elleri sertti ama şefkat ve özenle hareket ediyordu.

**Le corps de Buck était meurtri mais ne présentait aucune blessure durable.**

Buck'ın vücudu morluklar içindeydi ama kalıcı bir hasar yoktu.

**Ce qui restait, c'était une faim terrible et une faiblesse quasi totale.**

Geriye korkunç bir açlık ve neredeyse tam bir halsizlik kaldı.

**Au moment où cela fut clair, le traîneau était déjà loin en aval.**

Bu netleştiğinde kızak nehrin aşağısına doğru epeyce ilerlemişti.

**L'homme et le chien regardaient le traîneau ramper lentement sur la glace fissurée.**

Adam ve köpek, kızakların çatlayan buzun üzerinde yavaşça ilerlemesini izliyorlardı.

**Puis, ils virent le traîneau s'enfoncer dans un creux.**

Daha sonra kızakların çukurun içine battığını gördüler.

**Le mât s'est envolé, Hal s'y accrochant toujours en vain.**

Çubuk havaya uçtu, Hal ise hâlâ boşuna ona tutunuyordu.

**Le cri de Mercedes les atteignit à travers la distance froide.**

Mercedes'in çığlığı soğuk mesafeleri aşarak onlara ulaştı.

**Charles se retourna et recula, mais il était trop tard.**

Charles dönüp geri çekildi, ama çok geçti.

**Une calotte glaciaire entière a cédé et ils sont tous tombés à travers.**

Bütün bir buz tabakası koptu ve hepsi aşağı düştü.

**Les chiens, le traîneau et les gens ont disparu dans l'eau noire en contrebas.**

Köpekler, kızaklar ve insanlar aşağıdaki karanlık suda kaybolup gittiler.

Il ne restait qu'un large trou dans la glace là où ils étaient passés.

Geçtikleri yerde sadece buzda geniş bir delik kalmıştı.

**Le fond du sentier s'était affaissé, comme Thornton l'avait prévenu.**

Thornton'un uyardığı gibi, patikanın tabanı çökmüştü.

**Thornton et Buck se regardèrent, silencieux pendant un moment.**

Thornton ve Buck bir an sessiz kalarak birbirlerine baktılar.

**« Pauvre diable », dit doucement Thornton, et Buck lui lécha la main.**

"Zavallı şeytan," dedi Thornton yumuşak bir sesle ve Buck elini yaladı.

# Pour l'amour d'un homme
## Bir Adamın Aşkı İçin

**John Thornton s'est gelé les pieds dans le froid du mois de décembre précédent.**
John Thornton, geçen Aralık ayındaki soğukta ayaklarını dondurmuştu.

**Ses partenaires l'ont mis à l'aise et l'ont laissé se rétablir seul.**
Ortakları onu rahatlattılar ve iyileşmesi için yalnız bıraktılar.

**Ils remontèrent la rivière pour rassembler un radeau de billes de bois pour Dawson.**
Dawson için bir sal kereste toplamak üzere nehre doğru gittiler.

**Il boitait encore légèrement lorsqu'il a sauvé Buck de la mort.**
Buck'ı ölümden kurtardığında hâlâ hafifçe topallıyordu.

**Mais avec le temps chaud qui continue, même cette boiterie a disparu.**
Ancak havaların ısınmasıyla birlikte aksama da ortadan kalktı.

**Allongé au bord de la rivière pendant les longues journées de printemps, Buck se reposait.**
Uzun bahar günlerinde Buck nehir kıyısında uzanıp dinleniyordu.

**Il regardait l'eau couler et écoutait les oiseaux et les insectes.**
Akan suyu izliyor, kuşların ve böceklerin seslerini dinliyordu.

**Lentement, Buck reprit ses forces sous le soleil et le ciel.**
Buck, güneşin ve gökyüzünün altında yavaş yavaş gücünü yeniden kazandı.

**Un repos merveilleux après avoir parcouru trois mille kilomètres.**
Üç bin mil yol kat ettikten sonra dinlenmek harika bir duyguydu.

**Buck est devenu paresseux à mesure que ses blessures guérissaient et que son corps se remplissait.**
Buck, yaraları iyileştikçe ve vücudu dolgunlaştıkça tembelleşti.

**Ses muscles se raffermirent et la chair revint recouvrir ses os.**

Kasları güçlendi ve kemikleri etle kaplandı.

**Ils se reposaient tous : Buck, Thornton, Skeet et Nig.**

Hepsi dinleniyordu: Buck, Thornton, Skeet ve Nig.

**Ils attendaient le radeau qui allait les transporter jusqu'à Dawson.**

Kendilerini Dawson'a götürecek olan salı beklediler.

**Skeet était un petit setter irlandais qui s'est lié d'amitié avec Buck.**

Skeet, Buck ile arkadaş olan küçük bir İrlanda setteriydi.

**Buck était trop faible et malade pour lui résister lors de leur première rencontre.**

Buck, ilk karşılaşmalarında ona karşı koyamayacak kadar zayıf ve hastaydı.

**Skeet avait le trait de guérisseur que certains chiens possèdent naturellement.**

Skeet, bazı köpeklerin doğuştan sahip olduğu şifacı özelliğe sahipti.

**Comme une mère chatte, elle lécha et nettoya les blessures à vif de Buck.**

Bir anne kedi gibi Buck'ın açık yaralarını yalayıp temizliyordu.

**Chaque matin, après le petit-déjeuner, elle répétait son travail minutieux.**

Her sabah kahvaltıdan sonra özenli çalışmalarını tekrarlıyordu.

**Buck s'attendait à son aide autant qu'à celle de Thornton.**

Buck, Thornton'ın yardımını beklediği kadar onun da yardımını bekliyordu.

**Nig était également amical, mais moins ouvert et moins affectueux.**

Nig de arkadaş canlısıydı ama daha az açık sözlü ve daha az şefkatliydi.

**Nig était un gros chien noir, à la fois chien de Saint-Hubert et chien de chasse.**

Nig, yarı tazı yarı geyik tazısı olan büyük, siyah bir köpekti.

**Il avait des yeux rieurs et une infinie bonne nature dans son esprit.**

Gülen gözleri ve sonsuz bir iyilik ruhu vardı.

**À la surprise de Buck, aucun des deux chiens n'a montré de jalousie envers lui.**

Buck'ın şaşkınlığına rağmen, iki köpek de ona karşı kıskançlık göstermiyordu.

**Skeet et Nig ont tous deux partagé la gentillesse de John Thornton.**

Hem Skeet hem de Nig, John Thornton'ın nezaketini paylaşıyordu.

**À mesure que Buck devenait plus fort, ils l'ont attiré dans des jeux de chiens stupides.**

Buck güçlendikçe onu aptalca köpek oyunlarına çekmeye başladılar.

**Thornton jouait souvent avec eux aussi, incapable de résister à leur joie.**

Thornton da sık sık onlarla oynuyordu, onların neşesine dayanamıyordu.

**De cette manière ludique, Buck est passé de la maladie à une nouvelle vie.**

Buck, bu eğlenceli yolla hastalıktan yeni bir hayata doğru yol aldı.

**L'amour – un amour véritable, brûlant et passionné – était enfin à lui.**

Aşk—gerçek, yakıcı ve tutkulu aşk—en sonunda onun olmuştu.

**Il n'avait jamais connu ce genre d'amour dans le domaine de Miller.**

Miller'ın malikanesinde böyle bir aşkı hiç tatmamıştı.

**Avec les fils du juge, il avait partagé le travail et l'aventure.**

Yargıcın oğullarıyla birlikte hem işi hem de macerayı paylaşmıştı.

**Chez les petits-fils, il vit une fierté raide et vantarde.**

Torunlarında ise katı ve övüngen bir gurur gördü.

**Il entretenait avec le juge Miller lui-même une amitié respectueuse.**

Yargıç Miller'la arasında saygılı bir dostluk vardı.

Mais l'amour qui était feu, folie et adoration est venu avec Thornton.

Ama ateş, delilik ve tapınma olan aşk Thornton'la geldi.

Cet homme avait sauvé la vie de Buck, et cela seul signifiait beaucoup.

Bu adam Buck'ın hayatını kurtarmıştı ve bu bile tek başına çok şey ifade ediyordu.

Mais plus que cela, John Thornton était le type de maître idéal.

Ama bundan da öte, John Thornton ideal türden bir ustaydı.

D'autres hommes s'occupaient de chiens par devoir ou par nécessité professionnelle.

Diğer adamlar ise görev gereği veya iş gereği köpek bakıyorlardı.

John Thornton prenait soin de ses chiens comme s'ils étaient ses enfants.

John Thornton köpeklerine sanki çocuklarıymış gibi bakıyordu.

Il prenait soin d'eux parce qu'il les aimait et qu'il ne pouvait tout simplement pas s'en empêcher.

Onlara değer veriyordu çünkü onları seviyordu ve buna engel olamıyordu.

John Thornton a vu encore plus loin que la plupart des hommes n'ont jamais réussi à voir.

John Thornton çoğu insanın görebildiğinden daha uzağı gördü.

Il n'oubliait jamais de les saluer gentiment ou de leur adresser un mot d'encouragement.

Onları selamlamayı, onlara güzel sözler söylemeyi hiç ihmal etmiyordu.

Il adorait s'asseoir avec les chiens pour de longues conversations, ou « gazeuses », comme il disait.

Köpeklerle oturup uzun sohbetler etmeyi severdi, ya da kendi deyimiyle "gazlı" sohbetler etmeyi.

Il aimait saisir brutalement la tête de Buck entre ses mains fortes.

Buck'ın başını güçlü ellerinin arasına sertçe almaktan hoşlanıyordu.

**Puis il posa sa tête contre celle de Buck et le secoua doucement.**

Sonra başını Buck'ın başına yasladı ve onu hafifçe salladı.

**Pendant tout ce temps, il traitait Buck de noms grossiers qui signifiaient de l'amour pour Buck.**

Bu arada Buck'a kaba isimler takıyordu, bu Buck için aşk anlamına geliyordu.

**Pour Buck, cette étreinte brutale et ces mots ont apporté une joie profonde.**

Buck için o sert kucaklaşma ve o sözler derin bir mutluluk getirdi.

**Son cœur semblait se déchaîner de bonheur à chaque mouvement.**

Her hareketinde yüreği mutluluktan yerinden fırlayacak gibiydi.

**Lorsqu'il se releva ensuite, sa bouche semblait rire.**

Sonra ayağa kalktığında ağzı sanki gülüyormuş gibi görünüyordu.

**Ses yeux brillaient et sa gorge tremblait d'une joie inexprimée.**

Gözleri ışıl ışıl parlıyor, boğazı dile getiremediği bir sevinçle titriyordu.

**Son sourire resta figé dans cet état d'émotion et d'affection rayonnante.**

O duygu ve parıldayan şefkat hali içinde gülümsemesi hâlâ duruyordu.

**Thornton s'exclama alors pensivement : « Mon Dieu ! Il peut presque parler ! »**

Sonra Thornton düşünceli bir şekilde haykırdı, "Tanrım! Neredeyse konuşabiliyor!"

**Buck avait une étrange façon d'exprimer son amour qui causait presque de la douleur.**

Buck'ın sevgiyi ifade etme biçimi neredeyse acıya sebep olacak kadar tuhaftı.

**Il serrait souvent très fort la main de Thornton entre ses dents.**

Thornton'un elini sık sık dişlerinin arasına alırdı.

**La morsure allait laisser des marques profondes qui resteraient un certain temps après.**

Isırığın derin izleri bir süre daha kalacaktı.

**Buck croyait que ces serments étaient de l'amour, et Thornton savait la même chose.**

Buck bu yeminlerin sevgi olduğuna inanıyordu ve Thornton da aynı şeyi biliyordu.

**Le plus souvent, l'amour de Buck se manifestait par une adoration silencieuse, presque silencieuse.**

Buck'ın sevgisi çoğu zaman sessiz, neredeyse sessiz bir hayranlıkla kendini gösteriyordu.

**Bien qu'il soit ravi lorsqu'on le touche ou qu'on lui parle, il ne cherche pas à attirer l'attention.**

Dokunulduğunda veya kendisiyle konuşulduğunda heyecanlansa da, ilgi çekmeye çalışmıyordu.

**Skeet a poussé son nez sous la main de Thornton jusqu'à ce qu'il la caresse.**

Skeet, Thornton'ın elinin altına burnunu soktu ve okşadı.

**Nig s'approcha tranquillement et posa sa grosse tête sur le genou de Thornton.**

Nig sessizce yaklaştı ve büyük başını Thornton'un dizine yasladı.

**Buck, au contraire, se contentait d'aimer à distance respectueuse.**

Buck ise saygılı bir mesafeden sevmekten memnundu.

**Il resta allongé pendant des heures aux pieds de Thornton, alerte et observant attentivement.**

Thornton'un ayaklarının dibinde saatlerce uyanık bir şekilde yattı ve dikkatle izledi.

**Buck étudiait chaque détail du visage de son maître et le moindre mouvement.**

Buck, efendisinin yüzündeki her ayrıntıyı ve en ufak hareketi inceledi.

Ou bien il était allongé plus loin, étudiant la silhouette de l'homme en silence.

Ya da daha uzağa uzanıp sessizce adamın siluetini inceledi.

Buck observait chaque petit mouvement, chaque changement de posture ou de geste.

Buck her küçük hareketi, her duruş veya jest değişikliğini izliyordu.

Ce lien était si puissant qu'il attirait souvent le regard de Thornton.

Bu bağ o kadar güçlüydü ki sık sık Thornton'un bakışlarını üzerine çekiyordu.

Il rencontra les yeux de Buck sans un mot, l'amour brillant clairement à travers.

Hiçbir şey söylemeden Buck'ın gözleriyle buluştu, gözlerinden açıkça sevgi akıyordu.

Pendant longtemps après avoir été sauvé, Buck n'a jamais laissé Thornton hors de vue.

Kurtarıldıktan sonra bile Buck, Thornton'ı uzun süre gözden kaybetmedi.

Chaque fois que Thornton quittait la tente, Buck le suivait de près à l'extérieur.

Thornton çadırdan her çıktığında Buck onu yakından takip ederek dışarı çıkıyordu.

Tous les maîtres sévères du Northland avaient fait que Buck avait peur de faire confiance.

Kuzey'deki bütün sert efendiler Buck'ın güvenmekten korkmasına neden olmuştu.

Il craignait qu'aucun homme ne puisse rester son maître plus d'un court instant.

Hiçbir adamın kısa bir süreden fazla efendisi kalamayacağından korkuyordu.

Il craignait que John Thornton ne disparaisse comme Perrault et François.

John Thornton'un Perrault ve François gibi ortadan kaybolacağından korkuyordu.

Même la nuit, la peur de le perdre hantait le sommeil agité de Buck.

Buck'ın huzursuz uykuları, onu kaybetme korkusuyla geceleri bile devam ediyordu.

**Quand Buck se réveilla, il se glissa dehors dans le froid et se dirigea vers la tente.**

Buck uyandığında, soğuk havaya çıktı ve çadıra gitti.

**Il écoutait attentivement le doux bruit de la respiration à l'intérieur.**

İçeriden gelen yumuşak nefes sesini dikkatle dinledi.

**Malgré l'amour profond de Buck pour John Thornton, la nature sauvage est restée vivante.**

Buck'ın John Thornton'a olan derin aşkına rağmen vahşi doğa hayatta kalmayı başardı.

**Cet instinct primitif, éveillé dans le Nord, n'a pas disparu.**

Kuzey'de uyanan o ilkel içgüdü kaybolmadı.

**L'amour a apporté la dévotion, la loyauté et le lien chaleureux du coin du feu.**

Aşk, bağlılığı, sadakati ve şöminenin sıcak bağını getirdi.

**Mais Buck a également conservé son instinct sauvage, vif et toujours en alerte.**

Ama Buck aynı zamanda vahşi içgüdülerini, keskin ve her zaman tetikte olmayı da sürdürdü.

**Il n'était pas seulement un animal de compagnie apprivoisé venu des terres douces de la civilisation.**

O, uygarlığın yumuşak topraklarından gelen evcil bir evcil hayvan değildi.

**Buck était un être sauvage qui était venu s'asseoir près du feu de Thornton.**

Buck, Thornton'un ateşinin yanına oturmaya gelen vahşi bir varlıktı.

**Il ressemblait à un chien du Southland, mais la sauvagerie vivait en lui.**

Güneyli bir köpeğe benziyordu ama içinde vahşilik yaşıyordu.

**Son amour pour Thornton était trop grand pour permettre de voler cet homme.**

Thornton'a olan sevgisi, adamın malını çalmasına izin vermeyecek kadar büyüktü.

Mais dans n'importe quel autre camp, il volerait avec audace et sans relâche.

Ama başka bir kampta olsaydı, hiç duraksamadan ve cüretkarca çalardı.

Il était si habile à voler que personne ne pouvait l'attraper ou l'accuser.

Hırsızlıkta o kadar ustaydı ki, kimse onu yakalayamıyor ve suçlayamıyordu.

Son visage et son corps étaient couverts de cicatrices dues à de nombreux combats passés.

Yüzü ve vücudu geçmişteki birçok kavgadan kalma yara izleriyle doluydu.

Buck se battait toujours avec acharnement, mais maintenant il se battait avec plus de ruse.

Buck hâlâ sert bir şekilde dövüşüyordu ama artık daha kurnazca dövüşüyordu.

Skeet et Nig étaient trop doux pour se battre, et ils appartenaient à Thornton.

Skeet ve Nig dövüşemeyecek kadar naziktiler ve onlar Thornton'ındı.

Mais tout chien étranger, aussi fort ou courageux soit-il, cédait.

Ama ne kadar güçlü veya cesur olursa olsun, herhangi bir yabancı köpek ona boyun eğiyordu.

Sinon, le chien se retrouvait à lutter contre Buck, à se battre pour sa vie.

Aksi takdirde köpek kendini Buck'la savaşırken, yaşam mücadelesi verirken bulacaktı.

Buck n'a eu aucune pitié une fois qu'il a choisi de se battre contre un autre chien.

Buck, bir başka köpekle dövüşmeyi seçtiğinde hiç merhamet göstermedi.

Il avait bien appris la loi du gourdin et des crocs dans le Nord.

Kuzey'de sopa ve diş yasasını iyi öğrenmişti.

Il n'a jamais abandonné un avantage et n'a jamais reculé devant la bataille.

Hiçbir zaman elindeki avantajı kaybetmedi ve savaştan geri adım atmadı.

**Il avait étudié les Spitz et les chiens les plus féroces de la poste et de la police.**

Spitz'i ve posta ve polis köpeklerinin en vahşilerini incelemişti.

**Il savait clairement qu'il n'y avait pas de juste milieu dans un combat sauvage.**

Vahşi bir mücadelede orta yol olmadığını açıkça biliyordu.

**Il doit gouverner ou être gouverné ; faire preuve de miséricorde signifie faire preuve de faiblesse.**

Yönetmek ya da yönetilmek gerekiyordu; merhamet göstermek, acizlik göstermek anlamına geliyordu.

**La miséricorde était inconnue dans le monde brut et brutal de la survie.**

Hayatta kalma mücadelesinin acımasız ve vahşi dünyasında merhamet bilinmiyordu.

**Faire preuve de miséricorde était perçu comme de la peur, et la peur menait rapidement à la mort.**

Merhamet göstermek korku olarak görülüyordu ve korku da hızla ölüme yol açıyordu.

**L'ancienne loi était simple : tuer ou être tué, manger ou être mangé.**

Eski yasa basitti: öldür ya da öldürül, ye ya da yen.

**Cette loi venait des profondeurs du temps, et Buck la suivait pleinement.**

Bu yasa zamanın derinliklerinden geliyordu ve Buck da bu yasaya harfiyen uyuyordu.

**Buck était plus vieux que son âge et que le nombre de respirations qu'il prenait.**

Buck, yaşından ve aldığı nefes sayısından daha yaşlıydı.

**Il a clairement relié le passé ancien au moment présent.**

Eski geçmişi günümüzle net bir şekilde bağdaştırdı.

**Les rythmes profonds des âges le traversaient comme les marées.**

Çağların derin ritimleri gelgitler gibi onun içinden geçiyordu.

**Le temps pulsait dans son sang aussi sûrement que les saisons faisaient bouger la terre.**

Zaman, mevsimlerin dünyayı hareket ettirmesi gibi, kanında da aynı kesinlikle atıyordu.

**Il était assis près du feu de Thornton, la poitrine forte et les crocs blancs.**

Thornton'un ateşinin başında oturuyordu, güçlü göğüslüydü ve dişleri beyazdı.

**Sa longue fourrure ondulait, mais derrière lui, les esprits des chiens sauvages observaient.**

Uzun tüyleri dalgalanıyordu ama arkasında vahşi köpeklerin ruhları onu izliyordu.

**Des demi-loups et des loups à part entière s'agitaient dans son cœur et dans ses sens.**

Yüreğinde ve duyularında yarı kurtlar ve tam kurtlar kıpırdanıyordu.

**Ils goûtèrent sa viande et burent la même eau que lui.**

Onun etinin tadına baktılar ve onunla aynı suyu içtiler.

**Ils reniflaient le vent à ses côtés et écoutaient la forêt.**

Onunla birlikte rüzgârı kokluyor, ormanı dinliyorlardı.

**Ils murmuraient la signification des sons sauvages dans l'obscurité.**

Karanlıkta duyulan vahşi seslerin anlamlarını fısıldadılar.

**Ils façonnaient ses humeurs et guidaient chacune de ses réactions silencieuses.**

Onun ruh hallerini şekillendiriyor ve her sessiz tepkisine rehberlik ediyorlardı.

**Ils se sont couchés avec lui pendant son sommeil et sont devenus une partie de ses rêves profonds.**

Uyurken yanında yatıyorlardı ve onun derin rüyalarının bir parçası oluyorlardı.

**Ils rêvaient avec lui, au-delà de lui, et constituaient son esprit même.**

Onunla birlikte, ondan ötede rüya gördüler ve onun ruhunu oluşturdular.

**Les esprits de la nature appelèrent si fort que Buck se sentit attiré.**

Vahşi doğanın ruhları öyle güçlü bir şekilde sesleniyordu ki Buck kendini çekilmiş hissetti.

**Chaque jour, l'humanité et ses revendications s'affaiblissaient dans le cœur de Buck.**

Her geçen gün insanlık ve iddiaları Buck'ın yüreğinde biraz daha zayıflıyordu.

**Au plus profond de la forêt, un appel étrange et palpitant allait s'élever.**

Ormanın derinliklerinden, tuhaf ve heyecan verici bir çağrı yükselecekti.

**Chaque fois qu'il entendait l'appel, Buck ressentait une envie à laquelle il ne pouvait résister.**

Buck her çağrıyı duyduğunda karşı koyamadığı bir dürtü hissediyordu.

**Il allait se détourner du feu et des sentiers battus des humains.**

Ateşten ve insanların çiğnediği yollardan yüz çevirecekti.

**Il allait s'enfoncer dans la forêt, avançant sans savoir pourquoi.**

Nedenini bilmeden ormana doğru ilerleyecekti.

**Il ne remettait pas en question cette attraction, car l'appel était profond et puissant.**

Bu çekimi sorgulamadı, çünkü çağrı derin ve güçlüydü.

**Souvent, il atteignait l'ombre verte et la terre douce et intacte**

Sık sık yeşil gölgeye ve yumuşak, el değmemiş toprağa ulaştı

**Mais ensuite, son amour profond pour John Thornton l'a ramené vers le feu.**

Ama sonra John Thornton'a duyduğu güçlü aşk onu tekrar ateşe çekti.

**Seul John Thornton tenait véritablement le cœur sauvage de Buck entre ses mains.**

Buck'ın vahşi yüreğini gerçekten kavrayan tek kişi John Thornton'dı.

**Le reste de l'humanité n'avait aucune valeur ni signification durable pour Buck.**

Buck için insanlığın geri kalanının kalıcı bir değeri veya anlamı yoktu.

**Les étrangers pourraient le féliciter ou caresser sa fourrure avec des mains amicales.**

Yabancılar onu övebilir veya dost elleriyle tüylerini okşayabilirler.

**Buck resta impassible et s'éloigna à cause de trop d'affection.**

Buck, fazla sevgiden dolayı tepkisiz kaldı ve uzaklaştı.

**Hans et Pete sont arrivés avec le radeau qu'ils attendaient depuis longtemps**

Hans ve Pete uzun zamandır beklenen salla geldiler

**Buck les a ignorés jusqu'à ce qu'il apprenne qu'ils étaient proches de Thornton.**

Buck, Thornton'a yaklaştıklarını öğrenene kadar onları görmezden geldi.

**Après cela, il les a tolérés, mais ne leur a jamais montré toute sa chaleur.**

Ondan sonra onlara tahammül etti ama hiçbir zaman tam sıcaklık göstermedi.

**Il prenait de la nourriture ou des marques de gentillesse de leur part comme s'il leur rendait service.**

Sanki onlara bir iyilik yapıyormuş gibi onlardan yiyecek veya iyilik alıyordu.

**Ils étaient comme Thornton : simples, honnêtes et clairs dans leurs pensées.**

Onlar da Thornton gibiydiler; sade, dürüst ve düşünceleri açıktı.

**Tous ensemble, ils se rendirent à la scierie de Dawson et au grand tourbillon**

Hep birlikte Dawson'ın kereste fabrikasına ve büyük girdaba doğru yola çıktılar

**Au cours de leur voyage, ils ont appris à comprendre profondément la nature de Buck.**

Yolculukları sırasında Buck'ın doğasını derinlemesine anlamaya başladılar.

**Ils n'ont pas essayé de se rapprocher comme Skeet et Nig l'avaient fait.**

Skeet ve Nig'in yaptığı gibi yakınlaşmaya çalışmadılar.

**Mais l'amour de Buck pour John Thornton n'a fait que s'approfondir avec le temps.**

Ancak Buck'ın John Thornton'a olan aşkı zamanla daha da derinleşti.

**Seul Thornton pouvait placer un sac sur le dos de Buck en été.**

Yazın Buck'ın sırtına bir paket koyabilecek tek kişi Thornton'dı.

**Quoi que Thornton ordonne, Buck était prêt à l'exécuter pleinement.**

Thornton ne emrederse Buck onu tam olarak yapmaya hazırdı.

**Un jour, après avoir quitté Dawson pour les sources du Tanana,**

Bir gün, Dawson'dan ayrılıp Tanana'nın kaynaklarına doğru yola çıktıklarında,

**le groupe était assis sur une falaise qui descendait d'un mètre jusqu'au substrat rocheux nu.**

Grup, üç metre derinliğindeki çıplak kayanın olduğu bir uçurumun üzerine oturdu.

**John Thornton était assis près du bord et Buck se reposait à côté de lui.**

John Thornton kenarda oturuyordu ve Buck da onun yanında dinleniyordu.

**Thornton eut une pensée soudaine et attira l'attention des hommes.**

Thornton'un aklına aniden bir fikir geldi ve adamların dikkatini çekti.

**Il désigna le gouffre et donna un seul ordre à Buck.**

Uçurumun öte tarafını işaret etti ve Buck'a tek bir emir verdi.

**« Saute, Buck ! » dit-il en balançant son bras au-dessus de la chute.**

"Atla, Buck!" dedi ve kolunu uçurumun üzerinden savurdu.

**En un instant, il dut attraper Buck, qui sautait pour obéir.**

Bir an sonra, itaat etmek için sıçrayan Buck'ı yakalamak zorundaydı.

Hans et Pete se sont précipités en avant et ont ramené les deux hommes en sécurité.

Hans ve Pete ileri atılıp ikisini de güvenli bir yere çektiler.

Une fois que tout fut terminé et qu'ils eurent repris leur souffle, Pete prit la parole.

Her şey bittikten ve nefesler tutulduktan sonra Pete konuştu.

« L'amour est étrange », dit-il, secoué par la dévotion féroce du chien.

"Aşk çok tuhaf," dedi, köpeğin vahşi bağlılığından sarsılarak.

Thornton secoua la tête et répondit avec un sérieux calme.

Thornton başını iki yana salladı ve sakin bir ciddiyetle cevap verdi.

« Non, l'amour est splendide », dit-il, « mais aussi terrible. »

"Hayır, aşk muhteşemdir," dedi, "ama aynı zamanda korkunçtur."

« Parfois, je dois l'admettre, ce genre d'amour me fait peur. »

"Bazen itiraf etmeliyim ki, bu tür aşk beni korkutuyor."

Pete hocha la tête et dit : « Je détesterais être l'homme qui te touche. »

Pete başını salladı ve "Sana dokunan adam olmaktan nefret ederim." dedi.

Il regarda Buck pendant qu'il parlait, sérieux et plein de respect.

Konuşurken Buck'a ciddi ve saygılı bir şekilde baktı.

« Py Jingo ! » s'empressa de dire Hans. « Moi non plus, non monsieur. »

"Py Jingo!" dedi Hans hemen. "Ben de, hayır efendim."


Avant la fin de l'année, les craintes de Pete se sont réalisées à Circle City.

Yıl bitmeden Pete'in korkuları Circle City'de gerçek oldu.

Un homme cruel nommé Black Burton a provoqué une bagarre dans le bar.

Black Burton adında zalim bir adam barda kavga çıkardı.

Il était en colère et malveillant, s'en prenant à un nouveau tendre.

Öfkeliydi ve kötü niyetliydi, yeni gelen bir acemiye
saldırıyordu.

**John Thornton est intervenu, calme et de bonne humeur
comme toujours.**

John Thornton her zamanki gibi sakin ve iyi huylu bir şekilde
araya girdi.

**Buck était allongé dans un coin, la tête baissée, observant
Thornton de près.**

Buck, başını öne eğmiş bir şekilde köşede yatıyor, Thornton'ı
dikkatle izliyordu.

**Burton frappa soudainement, son coup envoyant Thornton
tourner.**

Burton aniden saldırdı ve yumruğu Thornton'ı döndürdü.

**Seule la barre du bar l'a empêché de s'écraser violemment au
sol.**

Sadece barın korkuluğu onun sert bir şekilde yere çakılmasını
engelledi.

**Les observateurs ont entendu un son qui n'était ni un
aboiement ni un cri.**

Gözlemciler havlama veya uluma olmayan bir ses duydular

**un rugissement profond sortit de Buck alors qu'il se lançait
vers l'homme.**

Buck adama doğru atılırken derin bir kükreme duyuldu.

**Burton a levé le bras et a sauvé sa vie de justesse.**

Burton kolunu havaya kaldırdı ve canını zor kurtardı.

**Buck l'a percuté, le faisant tomber à plat sur le sol.**

Buck ona çarptı ve onu yere serdi.

**Buck mordit profondément le bras de l'homme, puis se jeta à
la gorge.**

Buck adamın kolunu ısırdı, sonra da boğazına doğru hamle
yaptı.

**Burton n'a pu bloquer que partiellement et son cou a été
déchiré.**

Burton ancak kısmen bloke edebildi ve boynu yarıldı.

**Des hommes se sont précipités, les bâtons levés, et ont
chassé Buck de l'homme ensanglanté.**

Adamlar sopalarını kaldırarak içeri daldılar ve Buck'ı kanayan adamın üzerinden attılar.

**Un chirurgien est intervenu rapidement pour arrêter l'écoulement du sang.**

Bir cerrah hızla kanın dışarı akmasını durdurmak için harekete geçti.

**Buck marchait de long en large et grognait, essayant d'attaquer encore et encore.**

Buck volta atıyor ve homurdanıyor, tekrar tekrar saldırmaya çalışıyordu.

**Seuls les coups de massue l'ont empêché d'atteindre Burton.**

Burton'a ulaşmasını engelleyen tek şey sopaları sallamaktı.

**Une réunion de mineurs a été convoquée et tenue sur place.**

Hemen orada bir madenci toplantısı düzenlendi.

**Ils ont convenu que Buck avait été provoqué et ont voté pour le libérer.**

Buck'ın kışkırtıldığını kabul ettiler ve serbest bırakılması yönünde oy kullandılar.

**Mais le nom féroce de Buck résonnait désormais dans tous les camps d'Alaska.**

Ama Buck'ın sert adı artık Alaska'daki her kampta yankılanıyordu.

**Plus tard cet automne-là, Buck sauva à nouveau Thornton d'une nouvelle manière.**

Aynı sonbaharda Buck, Thornton'u yeni bir şekilde kurtardı.

**Les trois hommes guidaient un long bateau sur des rapides impétueux.**

Üç adam, uzun bir tekneyi engebeli akıntılarda yönlendiriyorlardı.

**Thornton dirigeait le bateau et donnait des indications pour se rendre sur le rivage.**

Thornton tekneyi yönetiyor ve kıyı şeridine giden yolu tarif ediyordu.

**Hans et Pete couraient sur terre, tenant une corde d'arbre en arbre.**

Hans ve Pete ağaçtan ağaca ip tutarak karada koştular.

**Buck suivait le rythme sur la rive, surveillant toujours son maître.**

Buck, efendisini sürekli gözetleyerek kıyıda ilerliyordu.

**À un endroit désagréable, des rochers surplombaient les eaux vives.**

Hızlı akan suyun altında çirkin bir yerde kayalar belirdi.

**Hans lâcha la corde et Thornton dirigea le bateau vers le large.**

Hans ipi bıraktı ve Thornton tekneyi geniş bir açıyla dümenledi.

**Hans sprinta pour rattraper le bateau en passant devant les rochers dangereux.**

Hans tehlikeli kayaların yanından geçip tekneye yetişmek için hızla koştu.

**Le bateau a franchi le rebord mais a heurté une partie plus forte du courant.**

Tekne çıkıntıdan kurtuldu ancak akıntının daha güçlü bir kısmına çarptı.

**Hans a attrapé la corde trop vite et a déséquilibré le bateau.**

Hans ipi çok hızlı yakaladı ve teknenin dengesini bozdu.

**Le bateau s'est retourné et a heurté la berge, cul en l'air.**

Tekne alabora oldu ve dipten yukarı doğru kıyıya çarptı.

**Thornton a été jeté dehors et emporté dans la partie la plus sauvage de l'eau.**

Thornton dışarı atıldı ve suyun en vahşi noktasına sürüklendi.

**Aucun nageur n'aurait pu survivre dans ces eaux mortelles et tumultueuses.**

Hiçbir yüzücü o ölümcül, hızlı sularda hayatta kalamazdı.

**Buck sauta instantanément et poursuivit son maître sur la rivière.**

Buck hemen atıldı ve efendisini nehir boyunca kovaladı.

**Après trois cents mètres, il atteignit enfin Thornton.**

Üç yüz metre kadar yürüdükten sonra sonunda Thornton'a ulaştı.

**Thornton attrapa la queue de Buck, et Buck se tourna vers le rivage.**

Thornton, Buck'ın kuyruğunu yakaladı ve Buck kıyıya doğru döndü.

**Il nageait de toutes ses forces, luttant contre la force de l'eau.**

Suyun vahşi sürüklenmesine karşı koyarak tüm gücüyle yüzdü.

**Ils se déplaçaient en aval plus vite qu'ils ne pouvaient atteindre le rivage.**

Kıyıya ulaşabileceklerinden daha hızlı bir şekilde akıntı yönünde hareket ettiler.

**Plus loin, la rivière rugissait plus fort alors qu'elle tombait dans des rapides mortels.**

Önümüzde, nehir ölümcül akıntılara doğru akarken daha da gürültülü bir şekilde kükredi.

**Les rochers fendaient l'eau comme les dents d'un énorme peigne.**

Kayalar, büyük bir tarağın dişleri gibi suyu kesiyordu.

**L'attraction de l'eau près de la chute était sauvage et inévitable.**

Suyun düşüşe yakın çekimi vahşi ve kaçınılmazdı.

**Thornton savait qu'ils ne pourraient jamais atteindre le rivage à temps.**

Thornton kıyıya zamanında ulaşamayacaklarını biliyordu.

**Il a gratté un rocher, s'est écrasé sur un deuxième,**

Bir kayanın üzerinden geçti, ikincisine çarptı,

**Et puis il s'est écrasé contre un troisième rocher, l'attrapant à deux mains.**

Ve sonra üçüncü bir kayaya çarptı ve onu iki eliyle yakaladı.

**Il lâcha Buck et cria par-dessus le rugissement : « Vas-y, Buck ! Vas-y ! »**

Buck'ı bıraktı ve gürültünün arasından bağırdı: "Hadi, Buck! Hadi!"

**Buck n'a pas pu rester à flot et a été emporté par le courant.**

Buck su üstünde kalmayı başaramadı ve akıntıya kapıldı.

**Il s'est battu avec acharnement, s'efforçant de se retourner, mais n'a fait aucun progrès.**

Çok mücadele etti, dönmek için çabaladı ama hiçbir ilerleme kaydedemedi.

**Puis il entendit Thornton répéter l'ordre par-dessus le rugissement de la rivière.**

Sonra Thornton'un nehrin uğultusu arasında emri tekrarladığını duydu.

**Buck sortit de l'eau et leva la tête comme pour un dernier regard.**

Buck sudan çıktı, son bir kez bakmak istercesine başını kaldırdı.

**puis il se retourna et obéit, nageant vers la rive avec résolution.**

Sonra dönüp itaat etti ve kararlılıkla kıyıya doğru yüzdü.

**Pete et Hans l'ont tiré à terre au dernier moment possible.**

Pete ve Hans onu son anda kıyıya çektiler.

**Ils savaient que Thornton ne pourrait s'accrocher au rocher que quelques minutes de plus.**

Thornton'un kayaya ancak birkaç dakika daha tutunabileceğini biliyorlardı.

**Ils coururent sur la berge jusqu'à un endroit bien au-dessus de l'endroit où il était suspendu.**

Asılı olduğu yerden çok daha yukarıda bir noktaya kadar koşarak kıyıya çıktılar.

**Ils ont soigneusement attaché la ligne du bateau au cou et aux épaules de Buck.**

Teknenin ipini Buck'ın boynuna ve omuzlarına dikkatlice bağladılar.

**La corde était serrée mais suffisamment lâche pour permettre la respiration et le mouvement.**

İp sıkıydı ama nefes alıp hareket edebilecek kadar da gevşekti.

**Puis ils le jetèrent à nouveau dans la rivière tumultueuse et mortelle.**

Sonra onu tekrar çağlayan, ölümcül nehre fırlattılar.

**Buck nageait avec audace mais manquait son angle face à la force du courant.**

Buck cesurca yüzdü ama akıntının hızına karşı açısını kaçırdı.

**Il a vu trop tard qu'il allait dépasser Thornton.**

Thornton'u geride bırakacağını çok geç fark etti.

Hans tira fort sur la corde, comme si Buck était un bateau en train de chavirer.

Hans, Buck'ı alabora olmuş bir tekneymiş gibi ipi sertçe çekti.

Le courant l'a entraîné vers le fond et il a disparu sous la surface.

Akıntı onu suyun altına çekti ve su altında kayboldu.

Son corps a heurté la berge avant que Hans et Pete ne le sortent.

Hans ve Pete onu kurtarana kadar cesedi kıyıya çarptı.

Il était à moitié noyé et ils l'ont chassé de l'eau.

Yarı boğulmuş haldeydi, onu suyun dışına kadar dövdüler.

Buck se leva, tituba et s'effondra à nouveau sur le sol.

Buck ayağa kalktı, sendeledi ve tekrar yere yığıldı.

Puis ils entendirent la voix de Thornton faiblement portée par le vent.

Sonra Thornton'un sesinin rüzgârla hafifçe taşındığını duydular.

Même si les mots n'étaient pas clairs, ils savaient qu'il était proche de la mort.

Sözcükler belirsiz olsa da onun ölümün eşiğinde olduğunu biliyorlardı.

Le son de la voix de Thornton frappa Buck comme une décharge électrique.

Thornton'un sesi Buck'a elektrik şoku gibi çarptı.

Il sauta et courut sur la berge, retournant au point de lancement.

Ayağa fırladı ve koşarak kıyıya çıktı, fırlatma noktasına geri döndü.

Ils attachèrent à nouveau la corde à Buck, et il entra à nouveau dans le ruisseau.

İpi tekrar Buck'a bağladılar ve tekrar dereye girdi.

Cette fois, il nagea directement et fermement dans l'eau tumultueuse.

Bu sefer doğrudan ve kararlı bir şekilde akan suya doğru yüzdü.

Hans laissa sortir la corde régulièrement tandis que Pete l'empêchait de s'emmêler.

Hans ipi yavaşça serbest bırakırken Pete ipin dolaşmasını engelliyordu.

**Buck a nagé avec acharnement jusqu'à ce qu'il soit aligné juste au-dessus de Thornton.**

Buck, Thornton'un hemen yukarısında sıralanana kadar hızla yüzdü.

**Puis il s'est retourné et a foncé comme un train à toute vitesse.**

Sonra dönüp tam hızla bir tren gibi aşağıya doğru hücum etti.

**Thornton le vit arriver, se redressa et entoura son cou de ses bras.**

Thornton onun geldiğini gördü, kendini hazırladı ve kollarını onun boynuna doladı.

**Hans a attaché la corde fermement autour d'un arbre alors qu'ils étaient tous les deux entraînés sous l'eau.**

Hans ipi sıkıca bir ağaca bağladı ve ikisi de aşağı çekildi.

**Ils ont dégringolé sous l'eau, s'écrasant contre des rochers et des débris de la rivière.**

Su altına düşüp kayalara ve nehir döküntülerine çarptılar.

**Un instant, Buck était au sommet, l'instant d'après, Thornton se levait en haletant.**

Bir an Buck zirvedeydi, bir sonraki an Thornton soluk soluğa ayağa kalkıyordu.

**Battus et étouffés, ils se dirigèrent vers la rive et la sécurité.**

Yıpranmış ve boğulmuş bir halde kıyıya ve güvenliğe doğru yöneldiler.

**Thornton a repris connaissance, allongé sur un tronc d'arbre.**

Thornton bilincini yeniden kazandı ve bir kütüğün üzerine uzandı.

**Hans et Pete ont travaillé dur pour lui redonner souffle et vie.**

Hans ve Pete, ona nefes ve hayat vermek için çok uğraştılar.

**Sa première pensée fut pour Buck, qui gisait immobile et mou.**

İlk aklına gelen şey hareketsiz ve bitkin yatan Buck oldu.

**Nig hurla sur le corps de Buck et Skeet lui lécha doucement le visage.**

Nig, Buck'ın cesedinin başında uluyordu ve Skeet onun yüzünü nazikçe yaladı.

**Thornton, endolori et meurtri, examina Buck avec des mains prudentes.**

Thornton, yara bere içinde, Buck'ı dikkatle inceledi.

**Il a trouvé trois côtes cassées, mais aucune blessure mortelle chez le chien.**

Köpeğin üç kaburgasının kırıldığı, ancak ölümcül bir yaraya rastlanmadığı belirtildi.

**« C'est réglé », dit Thornton. « On campe ici. » Et c'est ce qu'ils firent.**

"Bu meseleyi halleder," dedi Thornton. "Burada kamp yapıyoruz." Ve öyle de yaptılar.

**Ils sont restés jusqu'à ce que les côtes de Buck soient guéries et qu'il puisse à nouveau marcher.**

Buck'ın kaburgaları iyileşene ve tekrar yürüyebilene kadar orada kaldılar.


**Cet hiver-là, Buck accomplit un exploit qui augmenta encore sa renommée.**

Buck o kış, ününü daha da artıracak bir başarıya imza attı.

**C'était moins héroïque que de sauver Thornton, mais tout aussi impressionnant.**

Thornton'u kurtarmak kadar kahramanca değildi ama aynı derecede etkileyiciydi.

**À Dawson, les partenaires avaient besoin de provisions pour un long voyage.**

Dawson'da ortakların uzak bir yolculuk için malzemelere ihtiyacı vardı.

**Ils voulaient voyager vers l'Est, dans des terres sauvages et intactes.**

Doğuya, el değmemiş vahşi topraklara doğru seyahat etmek istiyorlardı.

**L'acte de Buck dans l'Eldorado Saloon a rendu ce voyage possible.**

Buck'ın Eldorado Saloon'daki tapusu bu seyahati mümkün kıldı.

**Tout a commencé avec des hommes qui se vantaient de leurs chiens en buvant un verre.**

Her şey erkeklerin içki içerken köpekleriyle övünmesiyle başladı.

**La renommée de Buck a fait de lui la cible de défis et de doutes.**

Buck'ın şöhreti onu zorlukların ve şüphelerin hedefi haline getirdi.

**Thornton, fier et calme, resta ferme dans la défense du nom de Buck.**

Thornton, gururlu ve sakin bir şekilde, Buck'ın adını savunmada kararlı bir duruş sergiledi.

**Un homme a déclaré que son chien pouvait facilement tirer deux cents kilos.**

Bir adam köpeğinin 250 kilo ağırlığı rahatlıkla çekebildiğini söyledi.

**Un autre a dit six cents, et un troisième s'est vanté d'en avoir sept cents.**

Bir başkası altı yüz dedi, bir üçüncüsü de yedi yüz diye övündü.

**« Pfft ! » dit John Thornton, « Buck peut tirer un traîneau de mille livres. »**

"Pfft!" dedi John Thornton, "Buck bin kiloluk bir kızak çekebilir."

**Matthewson, un roi de Bonanza, s'est penché en avant et l'a défié.**

Bonanza Kralı Matthewson öne doğru eğildi ve ona meydan okudu.

**« Tu penses qu'il peut mettre autant de poids en mouvement ? »**

"O kadar ağırlığı harekete geçirebileceğini mi sanıyorsun?"

**« Et tu penses qu'il peut tirer le poids sur une centaine de mètres ? »**

"Ve sen onun bu yükü yüz metre kadar taşıyabileceğini mi düşünüyorsun?"

**Thornton répondit froidement : « Oui. Buck est assez doué pour le faire. »**

Thornton soğukkanlılıkla cevap verdi, "Evet. Buck bunu yapabilecek kadar köpek."

**« Il mettra mille livres en mouvement et le tirera sur une centaine de mètres. »**

"Bin pound ağırlığındaki bir yükü harekete geçirip yüz metre kadar çekecek."

**Matthewson sourit lentement et s'assura que tous les hommes entendaient ses paroles.**

Matthewson yavaşça gülümsedi ve sözlerinin herkes tarafından duyulmasını sağladı.

**« J'ai mille dollars qui disent qu'il ne peut pas. Le voilà. »**

"Bin dolarım var, ona bunu yapamayacağını söylüyor. İşte burada."

**Il a claqué un sac de poussière d'or de la taille d'une saucisse sur le bar.**

Sosis büyüklüğündeki altın tozu dolu bir keseyi bara sertçe çarptı.

**Personne ne dit un mot. Le silence devint pesant et tendu autour d'eux.**

Kimse tek kelime etmedi. Sessizlik etraflarında ağır ve gergin bir hal aldı.

**Le bluff de Thornton – s'il en était un – avait été pris au sérieux.**

Thornton'un blöfü -eğer gerçekten blöfse- ciddiye alınmıştı.

**Il sentit la chaleur monter sur son visage tandis que le sang affluait sur ses joues.**

Yanaklarına kan hücum ederken yüzünün ısındığını hissetti.

**Sa langue avait pris le pas sur sa raison à ce moment-là.**

O an aklının önüne dili geçmişti.

**Il ne savait vraiment pas si Buck pouvait déplacer mille livres.**

Buck'ın bin poundu kaldırabileceğini gerçekten bilmiyordu.

**Une demi-tonne ! Rien que sa taille lui pesait le cœur.**

Yarım ton! Sadece büyüklüğü bile kalbini ağırlaştırıyordu.

**Il avait foi en la force de Buck et le pensait capable.**

Buck'ın gücüne inanıyordu ve onun yetenekli olduğunu düşünüyordu.

Mais il n'avait jamais été confronté à ce genre de défi, pas comme celui-ci.

Ama daha önce hiç böyle bir zorlukla karşılaşmamıştı.

Une douzaine d'hommes l'observaient tranquillement, attendant de voir ce qu'il allait faire.

Bir düzine adam sessizce onu izliyor, ne yapacağını bekliyordu.

Il n'avait pas d'argent, ni Hans ni Pete.

Parası yoktu, Hans'ın ve Pete'in de yoktu.

« J'ai un traîneau dehors », dit Matthewson froidement et directement.

"Dışarıda bir kızak var," dedi Matthewson soğuk ve net bir şekilde.

« Il est chargé de vingt sacs de cinquante livres chacun, tous de farine.

"Yirmi çuval dolusu, her biri elli kilo ağırlığında, hepsi un.

« Alors ne laissez pas un traîneau manquant devenir votre excuse maintenant », a-t-il ajouté.

Bu yüzden kaybolan kızak bahaneniz olmasın" diye ekledi.

Thornton resta silencieux. Il ne savait pas quels mots lui dire.

Thornton sessiz kaldı. Ne söyleyeceğini bilmiyordu.

Il regarda les visages autour de lui sans les voir clairement.

Etrafına baktı ama yüzleri net göremedi.

Il ressemblait à un homme figé dans ses pensées, essayant de redémarrer.

Düşüncelere dalmış, yeniden başlamaya çalışan bir adam gibi görünüyordu.

Puis il a vu Jim O'Brien, un ami de l'époque Mastodon.

Daha sonra Mastodon günlerinden arkadaşı Jim O'Brien'ı gördü.

Ce visage familier lui a donné un courage qu'il ne savait pas avoir.

Tanıdık yüz ona bilmediği bir cesaret verdi.

Il se tourna et demanda à voix basse : « Peux-tu me prêter mille ? »

Döndü ve alçak sesle sordu: "Bana bin dolar borç verebilir misin?"

« Bien sûr », dit O'Brien, laissant déjà tomber un lourd sac près de l'or.

"Elbette," dedi O'Brien, altınların olduğu ağır bir keseyi yere bırakarak.

« Mais honnêtement, John, je ne crois pas que la bête puisse faire ça. »

"Ama doğrusu John, canavarın bunu yapabileceğine inanmıyorum."

Tout le monde dans le Saloon Eldorado s'est précipité dehors pour voir l'événement.

Eldorado Saloon'daki herkes etkinliği izlemek için dışarı koştu.

Ils ont laissé les tables et les boissons, et même les jeux ont été interrompus.

Masalar ve içecekler bırakıldı, hatta oyunlara bile ara verildi.

Les croupiers et les joueurs sont venus assister à la fin de ce pari audacieux.

Krupiyeler ve kumarbazlar bu cesur bahsin sonuna tanıklık etmek için geldiler.

Des centaines de personnes se sont rassemblées autour du traîneau dans la rue glacée.

Buzlu açık sokakta kızak etrafında yüzlerce kişi toplanmıştı.

Le traîneau de Matthewson était chargé d'une charge complète de sacs de farine.

Matthewson'un kızakları un çuvallarıyla doluydu.

Le traîneau était resté immobile pendant des heures à des températures négatives.

Kızak saatlerdir eksi derecelerde bekliyordu.

Les patins du traîneau étaient gelés et collés à la neige tassée.

Kızakların ayakları sıkıştırılmış karda donmuştu.

Les hommes ont offert une cote de deux contre un que Buck ne pourrait pas déplacer le traîneau.

Erkekler Buck'ın kızak hareket ettiremeyeceğine ikiye bir oranında bahis koydular.

Une dispute a éclaté sur ce que signifiait réellement « sortir ».

"Kaçmak" ifadesinin gerçekte ne anlama geldiği konusunda bir tartışma çıktı.

O'Brien a déclaré que Thornton devrait desserrer la base gelée du traîneau.

O'Brien, Thornton'un kızakların donmuş tabanını gevşetmesi gerektiğini söyledi.

Buck pourrait alors « sortir » d'un départ solide et immobile.

Buck daha sonra sağlam ve hareketsiz bir başlangıçtan "sıyrılabilir".

Matthewson a soutenu que le chien devait également libérer les coureurs.

Matthewson, köpeğin koşucuları da serbest bırakması gerektiğini savundu.

Les hommes qui avaient entendu le pari étaient d'accord avec le point de vue de Matthewson.

Bahsi dinleyen adamlar da Matthewson'un görüşüne katılıyorlardı.

Avec cette décision, les chances sont passées à trois contre un contre Buck.

Bu kararla birlikte, Buck'ın lehine olan bahis oranı üçe bire çıktı.

Personne ne s'est manifesté pour prendre en compte les chances croissantes de trois contre un.

Üç-bir oranındaki artış karşısında kimse öne çıkmadı.

Pas un seul homme ne croyait que Buck pouvait accomplir un tel exploit.

Hiçbir adam Buck'ın bu büyük başarıyı elde edebileceğine inanmıyordu.

Thornton s'était précipité dans le pari, lourd de doutes.

Thornton, şüphelerle dolu bir şekilde bahse girmişti.

Il regarda alors le traîneau et l'attelage de dix chiens à côté.

Şimdi kızak ve yanındaki on köpekli takıma bakıyordu.

En voyant la réalité de la tâche, elle semblait encore plus impossible.

Görevin gerçekliğini görünce, bunun daha da imkânsız olduğu ortaya çıktı.

**Matthewson était plein de fierté et de confiance à ce moment-là.**

Matthewson o an gurur ve özgüvenle doluydu.

**« Trois contre un ! » cria-t-il. « Je parie mille de plus, Thornton !**

"Üçte bir!" diye bağırdı. "Bin daha bahse girerim, Thornton!

**« Que dites-vous ? » ajouta-t-il, assez fort pour que tout le monde l'entende.**

"Ne diyorsun?" diye ekledi, herkesin duyabileceği kadar yüksek sesle.

**Le visage de Thornton exprimait ses doutes, mais son esprit s'était élevé.**

Thornton'un yüzünde şüpheler vardı ama morali yükselmişti.

**Cet esprit combatif ignorait les probabilités et ne craignait rien du tout.**

O mücadeleci ruh, hiçbir şeyden korkmaz, hiçbir zorluğa aldırmazdı.

**Il a appelé Hans et Pete pour apporter tout leur argent sur la table.**

Hans ve Pete'i çağırıp tüm nakitlerini masaya getirmelerini istedi.

**Il ne leur restait plus grand-chose : seulement deux cents dollars au total.**

Geriye pek az paraları kalmıştı; toplamda sadece iki yüz dolar.

**Cette petite somme représentait toute leur fortune pendant les temps difficiles.**

Bu küçük miktar, zor zamanlarında onların toplam servetiydi.

**Pourtant, ils ont misé toute leur fortune contre le pari de Matthewson.**

Yine de Matthewson'ın bahsine karşı tüm servetlerini ortaya koydular.

**L'attelage de dix chiens a été dételé et éloigné du traîneau.**

On köpekten oluşan takım kızaktan ayrıldı ve uzaklaştı.

**Buck a été placé dans les rênes, portant son harnais familier.**

Buck, alışık olduğu koşum takımını takarak dizginlerin başına geçti.

**Il avait capté l'énergie de la foule et ressenti la tension.**

Kalabalığın enerjisini yakalamış, gerginliği hissetmişti.

**D'une manière ou d'une autre, il savait qu'il devait faire quelque chose pour John Thornton.**

Bir şekilde John Thornton için bir şeyler yapması gerektiğini biliyordu.

**Les gens murmuraient avec admiration devant la fière silhouette du chien.**

İnsanlar köpeğin gururlu duruşuna hayranlıkla bakıp mırıldanıyorlardı.

**Il était mince et fort, sans une seule once de chair supplémentaire.**

Zayıf ve güçlüydü, vücudunda tek bir gram et yoktu.

**Son poids total de cent cinquante livres n'était que puissance et endurance.**

Yüz elli kilo ağırlığındaki adamın ağırlığı, tamamen güç ve dayanıklılıktan ibaretti.

**Le pelage de Buck brillait comme de la soie, épais de santé et de force.**

Buck'ın tüyleri ipek gibi parlıyordu, sağlık ve güçle kalınlaşmıştı.

**La fourrure le long de son cou et de ses épaules semblait se soulever et se hérisser.**

Boynundaki ve omuzlarındaki tüyler diken diken olmuş gibiydi.

**Sa crinière bougeait légèrement, chaque cheveu vivant de sa grande énergie.**

Yelesi hafifçe hareket ediyordu, her bir saç teli büyük enerjisiyle canlanıyordu.

**Sa large poitrine et ses jambes fortes correspondaient à sa silhouette lourde et robuste.**

Geniş göğsü ve güçlü bacakları, iri ve sert yapısına uygundu.

**Des muscles ondulaient sous son manteau, tendus et fermes comme du fer lié.**

Paltosunun altındaki kaslar gergin ve sıkı bir demir gibi dalgalanıyordu.

**Les hommes le touchaient et juraient qu'il était bâti comme une machine en acier.**

Adamlar ona dokunuyor ve onun çelik bir makine gibi yapıldığına yemin ediyorlardı.

**Les chances ont légèrement baissé à deux contre un contre le grand chien.**

Büyük köpeğe karşı bahisler ikiye bire düştü.

**Un homme des bancs de Skookum s'avança en bégayant.**

Skookum Benches'ten bir adam kekeleyerek öne doğru ilerledi.

**« Bien, monsieur ! J'offre huit cents pour lui – avant l'examen, monsieur ! »**

"İyi, efendim! Ona sekiz yüz teklif ediyorum—sınavdan önce, efendim!"

**« Huit cents, tel qu'il est en ce moment ! » insista l'homme.**

"Şu anki haliyle sekiz yüz!" diye ısrar etti adam.

**Thornton s'avança, sourit et secoua calmement la tête.**

Thornton öne çıktı, gülümsedi ve sakin bir şekilde başını salladı.

**Matthewson est rapidement intervenu avec une voix d'avertissement et un froncement de sourcils.**

Matthewson hemen uyarıcı bir ses tonuyla ve kaşlarını çatarak araya girdi.

**« Éloignez-vous de lui », dit-il. « Laissez-lui de l'espace. »**

"Ondan uzaklaşmalısın," dedi. "Ona alan ver."

**La foule se tut ; seuls les joueurs continuaient à miser deux contre un.**

Kalabalık sessizleşti; sadece kumarbazlar hâlâ ikiye bir teklif ediyordu.

**Tout le monde admirait la carrure de Buck, mais la charge semblait trop lourde.**

Herkes Buck'ın yapısına hayrandı ama yük çok fazlaydı.

**Vingt sacs de farine, pesant chacun cinquante livres, semblaient beaucoup trop.**

Her biri yirmişer kilo ağırlığında olan yirmi çuval un çok fazla görünüyordu.

**Personne n'était prêt à ouvrir sa bourse et à risquer son argent.**

Hiç kimse kesesini açıp parasını riske atmaya yanaşmıyordu.

**Thornton s'agenouilla à côté de Buck et prit sa tête à deux mains.**

Thornton, Buck'ın yanına diz çöktü ve başını iki elinin arasına aldı.

**Il pressa sa joue contre celle de Buck et lui parla à l'oreille.**

Yanağını Buck'ın yanağına bastırdı ve kulağına konuştu.

**Il n'y avait plus de secousses enjouées ni d'insultes affectueuses murmurées.**

Artık ne şaka yollu tokalaşmalar, ne de fısıldanan sevgi dolu hakaretler vardı.

**Il murmura simplement doucement : « Autant que tu m'aimes, Buck. »**

Sadece yumuşak bir sesle mırıldandı, "Beni sevdiğin kadar, Buck."

**Buck émit un gémissement silencieux, son impatience à peine contenue.**

Buck sessizce sızlandı, hevesi zar zor kontrol ediliyordu.

**Les spectateurs observaient avec curiosité la tension qui emplissait l'air.**

İzleyiciler, gerginliğin hakim olduğu olayı merakla izliyordu.

**Le moment semblait presque irréel, comme quelque chose qui dépassait la raison.**

O an neredeyse gerçek dışıydı, sanki akıl almaz bir şeydi.

**Lorsque Thornton se leva, Buck prit doucement sa main dans ses mâchoires.**

Thornton ayağa kalktığında Buck nazikçe elini çenesine aldı.

**Il appuya avec ses dents, puis relâcha lentement et doucement.**

Dişleriyle bastırdı, sonra yavaşça ve nazikçe bıraktı.

**C'était une réponse silencieuse d'amour, non prononcée, mais comprise.**

Bu, söylenmeyen ama anlaşılan sessiz bir sevgi cevabıydı.

Thornton s'éloigna du chien et donna le signal.

Thornton köpekten epeyce uzaklaştı ve işareti verdi.

« Maintenant, Buck », dit-il, et Buck répondit avec un calme concentré.

"Hadi Buck," dedi ve Buck sakin bir şekilde cevap verdi.

Buck a resserré les traces, puis les a desserrées de quelques centimètres.

Buck önce telleri sıkılaştırdı, sonra birkaç santim gevşetti.

C'était la méthode qu'il avait apprise ; sa façon de briser le traîneau.

Bu onun öğrendiği yöntemdi; kızak kırmanın yoluydu.

« Tiens ! » cria Thornton, sa voix aiguë dans le silence pesant.

"Vay canına!" diye bağırdı Thornton, sesi yoğun sessizlikte tizdi.

Buck se tourna vers la droite et se jeta de tout son poids.

Buck sağa döndü ve tüm ağırlığıyla hamle yaptı.

Le mou disparut et toute la masse de Buck heurta les lignes serrées.

Boşluk kayboldu ve Buck'ın tüm kütlesi sıkı raylara çarptı.

Le traîneau tremblait et les patins émettaient un bruit de crépitement.

Kızak titriyordu, kızaklardan çıtır çıtır sesler geliyordu.

« Haw ! » ordonna Thornton, changeant à nouveau la direction de Buck.

"Haw!" diye emretti Thornton, Buck'ın yönünü tekrar değiştirerek.

Buck répéta le mouvement, cette fois en tirant brusquement vers la gauche.

Buck hareketi tekrarladı, bu sefer sertçe sola doğru çekti.

Le traîneau craquait plus fort, les patins claquaient et se déplaçaient.

Kızak daha da yüksek sesle çatırdadı, kızaklar kırılıp kaydı.

La lourde charge glissait légèrement latéralement sur la neige gelée.

Ağır yük, donmuş karın üzerinde hafifçe yana doğru kaydı.

Le traîneau s'était libéré de l'emprise du sentier glacé !

Kızak buzlu patikanın pençesinden kurtulmuştu!

**Les hommes retenaient leur souffle, ignorant qu'ils ne respiraient même pas.**

Adamlar nefeslerini tuttular, nefes almadıklarının farkında bile değillerdi.

**« Maintenant, TIREZ ! » cria Thornton à travers le silence glacial.**

"Şimdi ÇEK!" diye haykırdı Thornton, donmuş sessizliğin içinden.

**L'ordre de Thornton résonna fort, comme le claquement d'un fouet.**

Thornton'un emri kırbaç şaklaması gibi sert bir şekilde çınladı.

**Buck se jeta en avant avec un mouvement violent et saccadé.**

Buck sert ve sarsıcı bir hamleyle kendini öne doğru fırlattı.

**Tout son corps se tendit et se contracta sous l'énorme tension.**

Bütün vücudu, bu büyük gerginlik karşısında gerildi ve buruştu.

**Des muscles ondulaient sous sa fourrure comme des serpents prenant vie.**

Kasları, canlanan yılanlar gibi tüylerinin altında dalgalanıyordu.

**Sa large poitrine était basse, la tête tendue vers l'avant en direction du traîneau.**

Geniş göğsü alçaktı, başı kızaklara doğru uzanıyordu.

**Ses pattes bougeaient comme l'éclair, ses griffes tranchant le sol gelé.**

Patileri yıldırım gibi hareket ediyor, pençeleri donmuş toprağı kesiyordu.

**Des rainures ont été creusées profondément alors qu'il luttait pour chaque centimètre de traction.**

Her bir çekiş gücü için mücadele ederken, oluklar derinleşti.

**Le traîneau se balança, trembla et commença un mouvement lent et agité.**

Kızak sallandı, titredi ve yavaş, tedirgin bir hareket başladı.

**Un pied a glissé et un homme dans la foule a gémi à haute voix.**

Bir ayağı kaydı ve kalabalığın içindeki bir adam yüksek sesle inledi.

**Puis le traîneau s'élança en avant dans un mouvement saccadé et brusque.**

Sonra kızak sarsıntılı, sert bir hareketle öne doğru fırladı.

**Cela ne s'est pas arrêté à nouveau - un demi-pouce... un pouce... deux pouces de plus.**

Yine durmadı, yarım santim...bir santim...iki santim daha.

**Les secousses devinrent plus faibles à mesure que le traîneau commençait à prendre de la vitesse.**

Kızak hızlandıkça sarsıntılar azaldı.

**Bientôt, Buck tirait avec une puissance douce et régulière.**

Çok geçmeden Buck düzgün, eşit ve yuvarlanan bir güçle çekmeye başladı.

**Les hommes haletèrent et finirent par se rappeler de respirer à nouveau.**

Adamlar nefes nefese kaldılar ve sonunda tekrar nefes almayı hatırladılar.

**Ils n'avaient pas remarqué que leur souffle s'était arrêté de stupeur.**

Nefeslerinin hayretten kesildiğini fark etmemişlerdi.

**Thornton courait derrière, lançant des ordres courts et joyeux.**

Thornton arkasından koşup kısa ve neşeli emirler yağdırıyordu.

**Devant nous se trouvait une pile de bois de chauffage qui marquait la distance.**

Önümüzde mesafeyi belirleyen bir odun yığını vardı.

**Alors que Buck s'approchait du tas, les acclamations devenaient de plus en plus fortes.**

Buck yığına yaklaştıkça tezahüratlar giderek arttı.

**Les acclamations se sont transformées en rugissement lorsque Buck a dépassé le point d'arrivée.**

Buck bitiş noktasını geçtiğinde tezahüratlar bir kükremeye dönüştü.

**Les hommes ont sauté et crié, même Matthewson a esquissé un sourire.**

Adamlar zıplayıp bağırıyorlardı, hatta Matthewson bile sırıtmaya başlamıştı.

**Les chapeaux volaient dans les airs, les mitaines étaient lancées sans réfléchir ni viser.**

Şapkalar havaya uçtu, eldivenler düşüncesizce ve amaçsızca fırlatıldı.

**Les hommes se sont attrapés et se sont serré la main sans savoir à qui.**

Adamlar, kiminle olduklarını bilmeden birbirlerinin elini sıktılar.

**Toute la foule bourdonnait d'une célébration folle et joyeuse.**

Bütün kalabalık çılgınca, neşeli bir kutlamayla uğulduyordu.

**Thornton tomba à genoux à côté de Buck, les mains tremblantes.**

Thornton titreyen elleriyle Buck'ın yanına diz çöktü.

**Il pressa sa tête contre celle de Buck et le secoua doucement d'avant en arrière.**

Başını Buck'ın başına yasladı ve onu yavaşça ileri geri salladı.

**Ceux qui s'approchaient l'entendaient maudire le chien avec un amour silencieux.**

Yaklaşanlar onun köpeğe sessizce sevgiyle lanet okuduğunu duydular.

**Il a insulté Buck pendant un long moment, doucement, chaleureusement, avec émotion.**

Uzun süre Buck'a küfür etti; yumuşakça, sıcak bir şekilde, duygu dolu bir şekilde.

**« Bien, monsieur ! Bien, monsieur ! » s'écria précipitamment le roi du Banc Skookum.**

"İyi, efendim! İyi, efendim!" diye bağırdı Skookum Bench kralı aceleyle.

**« Je vous donne mille, non, douze cents, pour ce chien, monsieur ! »**

"O köpek için size bin dolar, hayır bin iki yüz dolar veririm, efendim!"

**Thornton se leva lentement, les yeux brillants d'émotion.**

Thornton yavaşça ayağa kalktı, gözleri duyguyla parlıyordu.

Les larmes coulaient ouvertement sur ses joues sans aucune honte.

Gözyaşları yanaklarından utanmadan akıyordu.

« Monsieur », dit-il au roi du banc Skookum, ferme et posé.

"Efendim," dedi Skookum Bench kralına, kararlı ve kararlı bir şekilde

« Non, monsieur. Allez au diable, monsieur. C'est ma réponse définitive. »

"Hayır efendim. Cehenneme gidebilirsiniz efendim. Bu benim son cevabım."

Buck attrapa doucement la main de Thornton dans ses mâchoires puissantes.

Buck, Thornton'un elini güçlü çeneleriyle nazikçe kavradı.

Thornton le secoua de manière enjouée, leur lien étant plus profond que jamais.

Thornton onu şakacı bir şekilde salladı, aralarındaki bağ her zamankinden daha derindi.

La foule, émue par l'instant, recula en silence.

O anın heyecanıyla kalabalık sessizce geri çekildi.

Dès lors, personne n'osa interrompre cette affection si sacrée.

O günden sonra hiç kimse bu kutsal sevgiyi bozmaya cesaret edemedi.

# Le son de l'appel
Çağrının Sesi

**Buck avait gagné seize cents dollars en cinq minutes.**
Buck beş dakikada bin altı yüz dolar kazanmıştı.
**Cet argent a permis à John Thornton de payer une partie de ses dettes.**
Bu para John Thornton'un borçlarının bir kısmını ödemesine olanak sağladı.
**Avec le reste de l'argent, il se dirigea vers l'Est avec ses partenaires.**
Geriye kalan parayla ortaklarıyla birlikte Doğu'ya doğru yola çıktı.
**Ils cherchaient une mine perdue légendaire, aussi vieille que le pays lui-même.**
Ülkenin kendisi kadar eski, efsanevi kayıp bir madeni arıyorlardı.
**Beaucoup d'hommes avaient cherché la mine, mais peu l'avaient trouvée.**
Madeni çok kişi aramıştı ama çok azı bulabilmişti.
**Plus d'un homme avait disparu au cours de cette quête dangereuse.**
Tehlikeli görev sırasında birkaç adamdan fazlası kaybolmuştu.
**Cette mine perdue était enveloppée à la fois de mystère et d'une vieille tragédie.**
Bu kayıp maden hem gizemle hem de eski bir trajediyle sarmalanmıştı.
**Personne ne savait qui avait été le premier homme à découvrir la mine.**
Madeni ilk bulan adamın kim olduğu bilinmiyordu.
**Les histoires les plus anciennes ne mentionnent personne par son nom.**
En eski hikâyelerde hiç kimsenin ismi geçmez.
**Il y avait toujours eu là une vieille cabane délabrée.**
Orada her zaman eski, harap bir kulübe vardı.

**Des hommes mourants avaient juré qu'il y avait une mine à côté de cette vieille cabane.**

Ölmekte olan adamlar o eski kulübenin yanında bir maden olduğuna yemin etmişlerdi.

**Ils ont prouvé leurs histoires avec de l'or comme on n'en trouve nulle part ailleurs.**

Hikayelerini başka hiçbir yerde bulunamayacak altınlarla kanıtladılar.

**Aucune âme vivante n'avait jamais pillé le trésor de cet endroit.**

Hiçbir canlı o yerden hazineyi yağmalamamıştı.

**Les morts étaient morts, et les morts ne racontent pas d'histoires.**

Ölüler ölmüştü ve ölü adamlar hikaye anlatmaz.

**Thornton et ses amis se dirigèrent donc vers l'Est.**

Böylece Thornton ve arkadaşları Doğu'ya doğru yola koyuldular.

**Pete et Hans se sont joints à eux, amenant Buck et six chiens forts.**

Pete ve Hans da Buck ve altı güçlü köpeğiyle birlikte onlara katıldı.

**Ils se sont lancés sur un chemin inconnu là où d'autres avaient échoué.**

Başkalarının başarısız olduğu bilinmeyen bir yola doğru yola koyuldular.

**Ils ont parcouru soixante-dix milles en traîneau sur le fleuve Yukon gelé.**

Donmuş Yukon Nehri üzerinde yetmiş mil kızak kaydılar.

**Ils tournèrent à gauche et suivirent le sentier jusqu'au Stewart.**

Sola dönüp patikayı takip ederek Stewart'a doğru ilerlediler.

**Ils passèrent le Mayo et le McQuestion, poursuivant leur route.**

Mayo ve McQuestion'ı geçip daha da ileriye doğru ilerlediler.

**Le Stewart s'est rétréci en un ruisseau, traversant des pics déchiquetés.**

Stewart Nehri, engebeli zirveleri aşarak bir dereye dönüştü.

**Ces pics acérés marquaient l'épine dorsale même du continent.**

Bu sivri zirveler kıtanın omurgasını oluşturuyordu.

**John Thornton exigeait peu des hommes ou de la nature sauvage.**

John Thornton insanlardan veya vahşi topraklardan pek az şey talep ediyordu.

**Il ne craignait rien dans la nature et affrontait la nature sauvage avec aisance.**

Doğada hiçbir şeyden korkmuyordu ve vahşi doğayla rahatlıkla yüzleşiyordu.

**Avec seulement du sel et un fusil, il pouvait voyager où il le souhaitait.**

Sadece tuz ve bir tüfekle istediği yere seyahat edebilirdi.

**Comme les indigènes, il chassait de la nourriture pendant ses voyages.**

Yerliler gibi o da yolculuğu sırasında yiyecek avlıyordu.

**S'il n'attrapait rien, il continuait, confiant en la chance qui l'attendait.**

Hiçbir şey yakalayamazsa şansına güvenerek yoluna devam ederdi.

**Au cours de ce long voyage, la viande était la principale nourriture qu'ils mangeaient.**

Bu uzun yolculukta yedikleri başlıca şey et oldu.

**Le traîneau contenait des outils et des munitions, mais aucun horaire strict.**

Kızakta alet ve mühimmat vardı ama kesin bir zaman çizelgesi yoktu.

**Buck adorait cette errance, la chasse et la pêche sans fin.**

Buck bu gezintileri, bitmek bilmeyen avlanmayı ve balık tutmayı çok seviyordu.

**Pendant des semaines, ils ont voyagé jour après jour.**

Haftalardır her gün düzenli olarak yolculuk ediyorlardı.

**D'autres fois, ils établissaient des camps et restaient immobiles pendant des semaines.**

Bazen kamp kurup haftalarca hareketsiz kalıyorlardı.

Les chiens se reposaient pendant que les hommes creusaient dans la terre gelée.

Adamlar donmuş toprağı kazarken köpekler dinleniyordu.

Ils chauffaient des poêles sur des feux et cherchaient de l'or caché.

Ateşte tavaları ısıtıp gizli altınları aradılar.

Certains jours, ils souffraient de faim, et d'autres jours, ils faisaient des festins.

Bazı günler aç kalıyorlardı, bazı günler ziyafet çekiyorlardı.

Leurs repas dépendaient du gibier et de la chance de la chasse.

Yemekleri avın türüne ve av şansına göre değişiyordu.

Quand l'été arrivait, les hommes et les chiens chargeaient des charges sur leur dos.

Yaz gelince adamlar ve köpekler yüklerini sırtlarına yüklerlerdi.

Ils ont fait du rafting sur des lacs bleus cachés dans des forêts de montagne.

Dağ ormanlarının arasında saklı mavi göllerde rafting yaptılar.

Ils naviguaient sur des bateaux minces sur des rivières qu'aucun homme n'avait jamais cartographiées.

Daha önce hiç kimsenin haritası çıkaramadığı nehirlerde incecik teknelerle yolculuk yapıyorlardı.

Ces bateaux ont été construits à partir d'arbres sciés dans la nature.

Bu tekneler, doğada kesilen ağaçlardan yapılmıştı.


Les mois passèrent et ils sillonnèrent des terres sauvages et inconnues.

Aylar geçti ve onlar bilinmez vahşi topraklarda dolaştılar.

Il n'y avait pas d'hommes là-bas, mais de vieilles traces suggéraient qu'il y en avait eu.

Orada hiç erkek yoktu, ama eski izler erkeklerin var olduğunu gösteriyordu.

Si la Cabane Perdue était réelle, alors d'autres étaient déjà passés par là.

Kayıp Kulübe gerçek olsaydı, o zaman başkaları da bir zamanlar buradan geçmiş olurdu.

**Ils traversaient des cols élevés dans des blizzards, même pendant l'été.**

Yaz aylarında bile tipide yüksek geçitlerden geçiyorlardı.

**Ils frissonnaient sous le soleil de minuit sur les pentes nues des montagnes.**

Çıplak dağ yamaçlarında gece yarısı güneşinin altında titriyorlardı.

**Entre la limite des arbres et les champs de neige, ils montaient lentement.**

Ağaçların arasından ve karlı arazilerden geçerek yavaşça tırmandılar.

**Dans les vallées chaudes, ils écrasaient des nuages de moucherons et de mouches.**

Sıcak vadilerde sivrisinek ve sinek sürülerini kovaladılar.

**Ils cueillaient des baies sucrées près des glaciers en pleine floraison estivale.**

Yazın tam çiçek açmış buzulların yakınında tatlı meyveler topladılar.

**Les fleurs qu'ils ont trouvées étaient aussi belles que celles du Southland.**

Buldukları çiçekler Güney'deki çiçekler kadar güzeldi.

**Cet automne-là, ils atteignirent une région solitaire remplie de lacs silencieux.**

O sonbaharda sessiz göllerle dolu ıssız bir bölgeye ulaştılar.

**La terre était triste et vide, autrefois pleine d'oiseaux et de bêtes.**

Bir zamanlar kuşlar ve hayvanlarla dolu olan topraklar hüzünlü ve boştu.

**Il n'y avait plus de vie, seulement le vent et la glace qui se formait dans les flaques.**

Artık hiçbir hayat yoktu, sadece rüzgar ve göletlerde oluşan buzlar vardı.

**Les vagues s'écrasaient sur les rivages déserts avec un son doux et lugubre.**

Dalgalar boş kıyılara yumuşak, hüzünlü bir sesle çarpıyordu.

Un autre hiver arriva et ils suivirent à nouveau de vieux sentiers lointains.

Bir kış daha geldi ve yine silik, eski patikaları takip ettiler.

C'étaient les traces d'hommes qui les avaient cherchés bien avant eux.

Bunlar kendilerinden çok önceleri arayan adamların izleriydi.

Un jour, ils trouvèrent un chemin creusé profondément dans la forêt sombre.

Bir gün karanlık ormanın derinliklerine doğru uzanan bir patika buldular.

C'était un vieux sentier, et ils sentaient que la cabane perdue était proche.

Eski bir patikaydı ve kayıp kulübenin yakında olduğunu düşünüyorlardı.

Mais le sentier ne menait nulle part et s'enfonçait dans les bois épais.

Ama patika hiçbir yere çıkmıyordu ve sık ormanın içinde kayboluyordu.

Personne ne savait qui avait fait ce sentier et pourquoi.

Bu izi kim yaptı ve neden yaptı, kimse bilmiyordu.

Plus tard, ils ont trouvé l'épave d'un lodge caché parmi les arbres.

Daha sonra ağaçların arasında saklı bir kulübenin enkazını buldular.

Des couvertures pourries gisaient éparpillées là où quelqu'un avait dormi.

Bir zamanlar birinin uyuduğu yerde çürüyen battaniyeler dağılmıştı.

John Thornton a trouvé un fusil à silex à long canon enterré à l'intérieur.

John Thornton, tüfeğin içinde gömülü uzun namlulu bir çakmaklı tüfek buldu.

Il savait qu'il s'agissait d'un fusil de la Baie d'Hudson depuis les premiers jours de son commerce.

İlk ticaret günlerinden itibaren bunun bir Hudson Körfezi silahı olduğunu biliyordu.

À cette époque, ces armes étaient échangées contre des piles de peaux de castor.

O günlerde bu tür silahlar kunduz derileri ile takas ediliyordu.

C'était tout : il ne restait aucune trace de l'homme qui avait construit le lodge.

Hepsi bu kadardı; kulübeyi inşa eden adamdan geriye hiçbir ipucu kalmamıştı.

**Le printemps est revenu et ils n'ont trouvé aucun signe de la Cabane Perdue.**

Bahar yine geldi ve Kayıp Kulübe'den hiçbir iz bulamadılar.

**Au lieu de cela, ils trouvèrent une large vallée avec un ruisseau peu profond.**

Bunun yerine sığ bir derenin aktığı geniş bir vadi buldular.

**L'or recouvrait le fond des casseroles comme du beurre jaune et lisse.**

Altın, pürüzsüz, sarı tereyağı gibi tavaların tabanlarına yayılmıştı.

**Ils s'arrêtèrent là et ne cherchèrent plus la cabane.**

Orada durdular ve kulübeyi daha fazla aramadılar.

**Chaque jour, ils travaillaient et trouvaient des milliers de pièces d'or en poudre.**

Her gün çalışıyorlardı ve binlercesini altın tozu içinde buluyorlardı.

**Ils ont emballé l'or dans des sacs de peau d'élan, de cinquante livres chacun.**

Altınları, her biri elli kilo ağırlığında geyik derisinden yapılmış torbalara koydular.

**Les sacs étaient empilés comme du bois de chauffage à l'extérieur de leur petite loge.**

Çantalar küçük kulübelerinin dışında odun gibi istiflenmişti.

**Ils travaillaient comme des géants et les jours passaient comme des rêves rapides.**

Devler gibi çalışıyorlardı, günler de hızlı bir rüya gibi geçiyordu.

**Ils ont amassé des trésors au fil des jours sans fin.**

Sonsuz günler hızla akıp geçerken hazineleri biriktirdiler.

Les chiens n'avaient pas grand-chose à faire, à part transporter de la viande de temps en temps.

Köpeklerin arada sırada et taşımaktan başka yapacak pek bir şeyleri yoktu.

**Thornton chassait et tuait le gibier, et Buck restait allongé près du feu.**

Thornton avlanıp avlanırken, Buck da ateşin başında yatıyordu.

**Il a passé de longues heures en silence, perdu dans ses pensées et ses souvenirs.**

Uzun saatler boyunca sessizlik içinde, düşüncelere ve anılara dalarak vakit geçirdi.

**L'image de l'homme poilu revenait de plus en plus souvent à l'esprit de Buck.**

Buck'ın aklına daha çok tüylü adam görüntüsü geliyordu.

**Maintenant que le travail se faisait rare, Buck rêvait en clignant des yeux devant le feu.**

Artık iş sıkıntısı yaşandığından Buck, ateşe bakarak gözlerini kırpıştırırken hayal kuruyordu.

**Dans ces rêves, Buck errait avec l'homme dans un autre monde.**

Buck o rüyalarda adamla birlikte başka bir dünyada dolaşıyordu.

**La peur semblait être le sentiment le plus fort dans ce monde lointain.**

Korku, o uzak dünyadaki en güçlü duygu gibi görünüyordu.

**Buck vit l'homme poilu dormir avec la tête baissée.**

Buck, tüylü adamın başını öne eğmiş bir şekilde uyuduğunu gördü.

**Ses mains étaient jointes et son sommeil était agité et interrompu.**

Elleri kenetlenmişti, uykusu huzursuz ve bölünmüştü.

**Il se réveillait en sursaut et regardait avec crainte dans le noir.**

Birdenbire uyanır ve korkuyla karanlığa bakardı.

**Ensuite, il jetait plus de bois sur le feu pour garder la flamme vive.**

Sonra ateşin alevini canlı tutmak için ateşe biraz daha odun atardı.

**Parfois, ils marchaient le long d'une plage au bord d'une mer grise et infinie.**

Bazen gri, uçsuz bucaksız bir denizin kıyısındaki kumsalda yürüyorlardı.

**L'homme poilu ramassait des coquillages et les mangeait en marchant.**

Tüylü adam yürürken kabuklu deniz ürünleri topluyor ve yiyordu.

**Ses yeux cherchaient toujours des dangers cachés dans l'ombre.**

Gözleri daima gölgelerde saklı tehlikeleri arardı.

**Ses jambes étaient toujours prêtes à sprinter au premier signe de menace.**

Tehlikenin ilk belirtisinde bacakları her zaman koşmaya hazırdı.

**Ils rampaient à travers la forêt, silencieux et méfiants, côte à côte.**

Ormanın içinde sessizce ve temkinle yan yana ilerliyorlardı.

**Buck le suivit sur ses talons, et tous deux restèrent vigilants.**

Buck da onun peşinden gidiyordu ve ikisi de tetikteydi.

**Leurs oreilles frémissaient et bougeaient, leurs nez reniflaient l'air.**

Kulakları seğiriyor ve hareket ediyor, burunları havayı kokluyordu.

**L'homme pouvait entendre et sentir la forêt aussi intensément que Buck.**

Adam da Buck kadar keskin bir şekilde ormanı duyabiliyor ve koklayabiliyordu.

**L'homme poilu se balançait à travers les arbres avec une vitesse soudaine.**

Tüylü adam ağaçların arasından ani bir hızla ilerledi.

**Il sautait de branche en branche, sans jamais lâcher prise.**

Daldan dala atlıyor, hiçbir zaman tutunmayı bırakmıyordu.

**Il se déplaçait aussi vite au-dessus du sol que sur celui-ci.**

Yer üstünde olduğu kadar yukarıda da aynı hızla hareket ediyordu.

**Buck se souvenait des longues nuits passées sous les arbres, à veiller.**

Buck, ağaçların altında nöbet tutarak geçirdiği uzun geceleri hatırladı.

**L'homme dormait perché dans les branches, s'accrochant fermement.**

Adam dalların arasında tüneyip sıkı sıkıya tutunarak uyuyordu.

**Cette vision de l'homme poilu était étroitement liée à l'appel des profondeurs.**

Bu tüylü adam vizyonu derin çağrıyla yakından bağlantılıydı.

**L'appel résonnait toujours à travers la forêt avec une force obsédante.**

Çağrı, ormanın içinden ürkütücü bir güçle hâlâ duyuluyordu.

**L'appel remplit Buck de désir et d'un sentiment de joie incessant.**

Bu çağrı Buck'ı özlemle ve huzursuz bir sevinçle doldurdu.

**Il ressentait d'étranges pulsions et des frémissements qu'il ne pouvait nommer.**

Adını koyamadığı garip dürtüler ve kıpırdanmalar hissediyordu.

**Parfois, il suivait l'appel au plus profond des bois tranquilles.**

Bazen çağrıyı ormanın derinliklerine kadar takip ediyordu.

**Il cherchait l'appel, aboyant doucement ou fort au fur et à mesure.**

Çağrıyı aradı, giderken yumuşak ya da sert bir şekilde havladı.

**Il renifla la mousse et la terre noire où poussaient les herbes.**

Otların yetiştiği yerdeki yosunları ve kara toprağı kokladı.

**Il renifla de plaisir aux riches odeurs de la terre profonde.**

Derin toprağın zengin kokularını duyunca zevkten burnundan soluyordu.

**Il s'est accroupi pendant des heures derrière des troncs couverts de champignons.**

Mantarla kaplı ağaç gövdelerinin arkasında saatlerce çömeldi.

**Il resta immobile, écoutant les yeux écarquillés chaque petit bruit.**

O, kıpırdamadan durdu ve kocaman gözlerle her küçük sesi dinledi.

**Il espérait peut-être surprendre la chose qui avait lancé l'appel.**

Çağrıyı yapanı şaşırtmayı ummuş olabilir.

**Il ne savait pas pourquoi il agissait de cette façon, il le faisait simplement.**

Neden böyle davrandığını bilmiyordu, sadece yapıyordu.

**Les pulsions venaient du plus profond de moi, au-delà de la pensée ou de la raison.**

Bu dürtüler düşüncenin ve mantığın ötesinde, içimizden geliyordu.

**Des envies irrésistibles s'emparèrent de Buck sans avertissement ni raison.**

Buck'ın içinde hiçbir uyarı veya sebep olmaksızın karşı konulmaz dürtüler belirdi.

**Parfois, il somnolait paresseusement dans le camp sous la chaleur de midi.**

Bazen öğle sıcağında kampta tembel tembel uyukluyordu.

**Soudain, sa tête se releva et ses oreilles se dressèrent en alerte.**

Birdenbire başı kalktı ve kulakları irkildi.

**Puis il se leva d'un bond et se précipita dans la nature sans s'arrêter.**

Sonra ayağa fırladı ve hiç duraksamadan vahşi doğaya doğru koştu.

**Il a couru pendant des heures à travers les sentiers forestiers et les espaces ouverts.**

Saatlerce orman yollarında ve açık alanlarda koştu.

**Il aimait suivre les lits des ruisseaux asséchés et espionner les oiseaux dans les arbres.**

Kuru dere yataklarını takip etmeyi ve ağaçlardaki kuşları gözetlemeyi severdi.

**Il pouvait rester caché toute la journée, à regarder les perdrix se pavaner.**

Bütün gün saklanıp kekliklerin etrafta dolaşmasını izleyebilirdi.

**Ils tambourinaient et marchaient, inconscients de la présence de Buck.**

Buck'ın hâlâ orada olduğunun farkında olmadan davul çalıp yürüyüşe geçtiler.

**Mais ce qu'il aimait le plus, c'était courir au crépuscule en été.**

Ama en çok sevdiği şey yaz aylarında alacakaranlıkta koşmaktı.

**La faible lumière et les bruits endormis de la forêt le remplissaient de joie.**

Loş ışık ve uykulu orman sesleri onu neşeyle doldurdu.

**Il lisait les panneaux forestiers aussi clairement qu'un homme lit un livre.**

Orman işaretlerini bir adamın kitap okuması gibi net bir şekilde okudu.

**Et il cherchait toujours la chose étrange qui l'appelait.**

Ve o, kendisini çağıran o garip şeyi her zaman aradı.

**Cet appel ne s'est jamais arrêté : il l'atteignait qu'il soit éveillé ou endormi.**

Bu çağrı hiç durmadı; uyanıkken de uyurken de ona ulaştı.

**Une nuit, il se réveilla en sursaut, les yeux perçants et les oreilles hautes.**

Bir gece, gözleri keskin, kulakları dik bir şekilde uyandı.

**Ses narines se contractaient tandis que sa crinière se dressait en vagues.**

Yelesi dalgalar halinde dikilirken burun delikleri seğiriyordu.

**Du plus profond de la forêt, le son résonna à nouveau, le vieil appel.**

Ormanın derinliklerinden o ses tekrar duyuldu, o eski çağrı.

**Cette fois, le son résonnait clairement, un hurlement long, obsédant et familier.**

Bu kez ses net bir şekilde çınladı; uzun, ürkütücü, tanıdık bir uluma.

**C'était comme le cri d'un husky, mais d'un ton étrange et sauvage.**

Bir Sibirya kurdunun çığlığına benziyordu ama tuhaf ve vahşi bir tondaydı.

**Buck reconnut immédiatement le son – il avait entendu exactement le même son depuis longtemps.**

Buck sesi hemen tanıdı; aynı sesi çok uzun zaman önce duymuştu.

**Il sauta à travers le camp et disparut rapidement dans les bois.**

Kampın arasından atlayıp hızla ormanın derinliklerine doğru kayboldu.

**Alors qu'il s'approchait du bruit, il ralentit et se déplaça avec précaution.**

Sese yaklaştıkça yavaşladı ve dikkatli hareket etti.

**Bientôt, il atteignit une clairière entre d'épais pins.**

Kısa süre sonra sık çam ağaçlarının arasında bir açıklığa ulaştı.

**Là, debout sur ses pattes arrière, était assis un loup des bois grand et maigre.**

Orada, dimdik ayakta duran, uzun boylu, zayıf bir orman kurdu oturuyordu.

**Le nez du loup pointait vers le ciel, résonnant toujours de l'appel.**

Kurtun burnu göğe doğru bakıyordu, hâlâ çağrıyı yankılıyordu.

**Buck n'avait émis aucun son, mais le loup s'arrêta et écouta.**

Buck hiç ses çıkarmamıştı, ama kurt durup dinledi.

**Sentant quelque chose, le loup se tendit, scrutant l'obscurité.**

Bir şey hisseden kurt gerildi, karanlığı taradı.

**Buck apparut en rampant, le corps bas, les pieds immobiles sur le sol.**

Buck, vücudu aşağıda, ayakları yere basar şekilde görüş alanına girdi.

**Sa queue était droite, son corps enroulé sous la tension.**

Kuyruğu dimdikti, vücudu gerginlikten sıkı sıkıya sarılmıştı.

**Il a montré à la fois une menace et une sorte d'amitié brutale.**

Hem tehdit hem de bir tür sert dostluk gösteriyordu.

**C'était le salut prudent partagé par les bêtes sauvages.**

Bu, vahşi hayvanların paylaştığı temkinli bir selamlamaydı.

**Mais le loup se retourna et s'enfuit dès qu'il vit Buck.**

Ama kurt Buck'ı görünce hemen dönüp kaçtı.

**Buck se lança à sa poursuite, sautant sauvagement, désireux de le rattraper.**

Buck, onu yakalamak için çılgınca sıçrayarak peşinden gitti.

**Il suivit le loup dans un ruisseau asséché bloqué par un embâcle.**

Kurdu, bir odun yığınının tıkadığı kuru bir dereye kadar takip etti.

**Acculé, le loup se retourna et tint bon.**

Köşeye sıkışan kurt, dönüp dikildi.

**Le loup grognait et claquait comme un chien husky pris au piège dans un combat.**

Kurt, kavgada sıkışmış bir Sibirya kurdu gibi hırlayıp saldırıyordu.

**Les dents du loup claquaient rapidement, son corps se hérissant d'une fureur sauvage.**

Kurt dişlerini hızla tıkırdattı, vücudu vahşi bir öfkeyle diken diken oldu.

**Buck n'attaqua pas mais encercla le loup avec une gentillesse prudente.**

Buck saldırmadı ama kurdun etrafını dikkatli ve dostça bir şekilde çevreledi.

**Il a essayé de bloquer sa fuite par des mouvements lents et inoffensifs.**

Yavaş ve zararsız hareketlerle kaçışını engellemeye çalıştı.

**Le loup était méfiant et effrayé : Buck le dépassait trois fois.**

Kurt tedirgin ve korkmuştu; Buck ondan üç kat daha ağırdı.

**La tête du loup atteignait à peine l'épaule massive de Buck.**

Kurtun başı Buck'ın devasa omzuna ancak ulaşıyordu.

**À l'affût d'une brèche, le loup s'est enfui et la poursuite a repris.**

Bir boşluk arayan kurt hızla kaçtı ve kovalamaca yeniden
başladı.

**Plusieurs fois, Buck l'a coincé et la danse s'est répétée.**

Buck onu birkaç kez köşeye sıkıştırdı ve dans tekrarlandı.

**Le loup était maigre et faible, sinon Buck n'aurait pas pu
l'attraper.**

Kurt zayıf ve güçsüzdü, yoksa Buck onu yakalayamazdı.

**Chaque fois que Buck s'approchait, le loup se retournait et
lui faisait face avec peur.**

Buck her yaklaştığında kurt korkuyla dönüp ona doğru
dönüyordu.

**Puis, à la première occasion, il s'est précipité dans les bois
une fois de plus.**

Sonra ilk fırsatta tekrar ormanın derinliklerine doğru koştu.

**Mais Buck n'a pas abandonné et finalement le loup a fini
par lui faire confiance.**

Ama Buck pes etmedi ve sonunda kurt ona güvenmeye
başladı.

**Il renifla le nez de Buck, et les deux devinrent joueurs et
alertes.**

Buck'ın burnunu kokladı ve ikisi de şakacı ve tetikte bir tavır
takındılar.

**Ils jouaient comme des animaux sauvages, féroces mais
timides dans leur joie.**

Vahşi hayvanlar gibi oynuyorlardı, sevinçleri vahşi ama bir o
kadar da utangaçtı.

**Au bout d'un moment, le loup s'éloigna au trot avec un
calme déterminé.**

Bir süre sonra kurt sakin ve kararlı bir şekilde uzaklaştı.

**Il a clairement montré à Buck qu'il voulait être suivi.**

Buck'a takip edilmek istediğini açıkça gösterdi.

**Ils couraient côte à côte dans l'obscurité du crépuscule.**

Alacakaranlığın karanlığında yan yana koşuyorlardı.

**Ils suivirent le lit du ruisseau jusqu'à la gorge rocheuse.**

Dere yatağını takip ederek kayalık geçide doğru ilerlediler.

**Ils traversèrent une ligne de partage des eaux froide où le
ruisseau avait pris sa source.**

Derenin başladığı yerde soğuk bir su yolunu geçtiler.

**Sur la pente la plus éloignée, ils trouvèrent une vaste forêt et de nombreux ruisseaux.**

Uzak yamaçta geniş bir orman ve birçok dere buldular.

**À travers ce vaste territoire, ils ont couru pendant des heures sans s'arrêter.**

Bu uçsuz bucaksız topraklarda saatlerce durmadan koştular.

**Le soleil se leva plus haut, l'air devint chaud, mais ils continuèrent à courir.**

Güneş yükseliyor, hava ısınıyordu ama onlar koşmaya devam ettiler.

**Buck était rempli de joie : il savait qu'il répondait à son appel.**

Buck sevinçle dolmuştu; çağrısına cevap verdiğini biliyordu.

**Il courut à côté de son frère de la forêt, plus près de la source de l'appel.**

Ormandaki kardeşinin yanına, çağrının kaynağına doğru koştu.

**De vieux sentiments sont revenus, puissants et difficiles à ignorer.**

Eski duygular geri döndü, güçlü ve görmezden gelinmesi zor.

**C'étaient les vérités derrière les souvenirs de ses rêves.**

Rüyalarındaki anıların ardındaki gerçekler bunlardı.

**Il avait déjà fait tout cela auparavant, dans un monde lointain et obscur.**

Bütün bunları daha önce uzak ve karanlık bir dünyada yapmıştı.

**Il recommença alors, courant librement avec le ciel ouvert au-dessus.**

Şimdi yine aynısını yaptı, üstündeki açık gökyüzünde çılgınca koşuyordu.

**Ils s'arrêtèrent près d'un ruisseau pour boire l'eau froide qui coulait.**

Soğuk akan sudan içmek için bir derenin başında durdular.

**Alors qu'il buvait, Buck se souvint soudain de John Thornton.**

Buck içerken birden John Thornton'ı hatırladı.

Il s'assit en silence, déchiré par l'attrait de la loyauté et de l'appel.

Sadakatin ve çağrının çekimiyle parçalanarak sessizce oturdu.

Le loup continua à trotter, mais revint pour pousser Buck à avancer.

Kurt koşmaya devam etti, ama Buck'ı ileri doğru itmek için geri döndü.

Il renifla son nez et essaya de le cajoler avec des gestes doux.

Burnunu çekti ve yumuşak hareketlerle onu kandırmaya çalıştı.

Mais Buck se retourna et reprit le chemin par lequel il était venu.

Ama Buck arkasını dönüp geldiği yoldan geri yürümeye başladı.

Le loup courut à côté de lui pendant un long moment, gémissant doucement.

Kurt uzun süre onun yanında koştu, sessizce inledi.

Puis il s'assit, leva le nez et poussa un long hurlement.

Sonra oturdu, burnunu kaldırdı ve uzun bir uluma sesi çıkardı.

C'était un cri lugubre, qui s'adoucit à mesure que Buck s'éloignait.

Buck uzaklaştıkça yumuşayan hüzünlü bir çığlıktı.

Buck écouta le son du cri s'estomper lentement dans le silence de la forêt.

Buck, çığlığın sesinin ormanın sessizliğinde yavaş yavaş kaybolmasını dinledi.

John Thornton était en train de dîner lorsque Buck a fait irruption dans le camp.

Buck kampa daldığında John Thornton akşam yemeğini yiyordu.

Buck sauta sauvagement sur lui, le léchant, le mordant et le faisant culbuter.

Buck vahşice üzerine atıldı, onu yaladı, ısırdı ve devirdi.

Il l'a renversé, s'est hissé dessus et l'a embrassé sur le visage.

Onu devirdi, üstüne çıktı ve yüzünü öptü.

Thornton appelait cela avec affection « jouer le fou du commun ».

Thornton buna sevgiyle "genel aptalı oynamak" adını verdi.

**Pendant tout ce temps, il maudissait doucement Buck et le secouait d'avant en arrière.**

Bu arada Buck'a hafifçe küfürler yağdırıyor ve onu ileri geri sallıyordu.

**Pendant deux jours et deux nuits entières, Buck n'a pas quitté le camp une seule fois.**

İki gün ve iki gece boyunca Buck bir kez bile kamptan ayrılmadı.

**Il est resté proche de Thornton et ne l'a jamais quitté des yeux.**

Thornton'un yanından ayrılmıyor ve onu hiç gözden ayırmıyordu.

**Il le suivait pendant qu'il travaillait et le regardait pendant qu'il mangeait.**

Çalışırken onu takip ediyor, yemek yerken onu izliyordu.

**Il voyait Thornton dans ses couvertures la nuit et dehors chaque matin.**

Thornton'un geceleri battaniyesine sarındığını ve her sabah dışarı çıktığını görüyordu.

**Mais bientôt l'appel de la forêt revint, plus fort que jamais.**

Ama çok geçmeden ormanın çağrısı her zamankinden daha yüksek bir sesle geri döndü.

**Buck devint à nouveau agité, agité par les pensées du loup sauvage.**

Buck, vahşi kurt düşüncesiyle yeniden huzursuzlanmaya başladı.

**Il se souvenait de la terre ouverte et de la course côte à côte.**

Açık araziyi ve yan yana koşmayı hatırladı.

**Il commença à errer à nouveau dans la forêt, seul et alerte.**

Bir kez daha ormanın içinde yalnız ve uyanık bir şekilde dolaşmaya başladı.

**Mais le frère sauvage ne revint pas et le hurlement ne fut pas entendu.**

Ama vahşi kardeş geri dönmedi ve uluma sesi duyulmadı.

**Buck a commencé à dormir dehors, restant absent pendant des jours.**

Buck dışarıda uyumaya başladı, günlerce uzak kalıyordu.

**Une fois, il traversa la haute ligne de partage des eaux où le ruisseau commençait.**

Bir ara derenin başladığı yüksek su yolunu geçti.

**Il entra dans le pays des bois sombres et des larges ruisseaux.**

Koyu ormanların ve geniş akan derelerin ülkesine girdi.

**Pendant une semaine, il a erré, à la recherche de signes de son frère sauvage.**

Bir hafta boyunca vahşi kardeşin izlerini aramak için dolaştı.

**Il tuait sa propre viande et voyageait à grands pas, sans relâche.**

Kendi etini kesiyor ve uzun, yorulmak bilmez adımlarla ilerliyordu.

**Il pêchait le saumon dans une large rivière qui se jetait dans la mer.**

Denize ulaşan geniş bir nehirde somon balığı avlıyordu.

**Là, il combattit et tua un ours noir rendu fou par les insectes.**

Burada böceklerden deliye dönmüş bir kara ayıyla dövüşüp onu öldürdü.

**L'ours était en train de pêcher et courait aveuglément à travers les arbres.**

Ayı balık tutuyordu ve ağaçların arasında kör bir şekilde koşuyordu.

**La bataille fut féroce, réveillant le profond esprit combatif de Buck.**

Savaş çok şiddetliydi ve Buck'ın derin mücadele ruhunu uyandırdı.

**Deux jours plus tard, Buck est revenu et a trouvé des carcajous près de sa proie.**

İki gün sonra Buck, avının başında kurtlarla karşılaştı.

**Une douzaine d'entre eux se disputaient la viande avec une fureur bruyante.**

On iki kişi et yüzünden gürültülü bir şekilde kavga ettiler.

**Buck chargea et les dispersa comme des feuilles dans le vent.**

Buck hücum etti ve onları rüzgardaki yapraklar gibi dağıttı.

**Deux loups restèrent derrière, silencieux, sans vie et immobiles pour toujours.**

Geride iki kurt kalmıştı; sessiz, cansız ve sonsuza dek hareketsiz.

**La soif de sang était plus forte que jamais.**

Kana susamışlık her zamankinden daha da artmıştı.

**Buck était un chasseur, un tueur, se nourrissant de créatures vivantes.**

Buck bir avcıydı, bir katildi, canlı yaratıklarla besleniyordu.

**Il a survécu seul, en s'appuyant sur sa force et ses sens aiguisés.**

Tek başına, gücüne ve keskin duyularına güvenerek hayatta kalmayı başardı.

**Il prospérait dans la nature, où seuls les plus résistants pouvaient vivre.**

Sadece en dayanıklıların yaşayabildiği vahşi doğada gelişti.

**De là, une grande fierté s'éleva et remplit tout l'être de Buck.**

Bundan büyük bir gurur yükseldi ve Buck'ın bütün benliğini doldurdu.

**Sa fierté se reflétait dans chacun de ses pas, dans le mouvement de chacun de ses muscles.**

Gururu her adımında, her kasının kıpırtısında belli oluyordu.

**Sa fierté était aussi claire qu'un discours, visible dans la façon dont il se comportait.**

Kendini nasıl taşıdığından gururu açıkça anlaşılıyordu.

**Même son épais pelage semblait plus majestueux et brillait davantage.**

Kalın tüyleri bile daha görkemli görünüyordu, daha parlak parlıyordu.

**Buck aurait pu être confondu avec un loup géant.**

Buck, dev bir orman kurduyla karıştırılabilirdi.

**À l'exception du brun sur son museau et des taches au-dessus de ses yeux.**

Ağzındaki kahverengi ve gözlerinin üstündeki lekeler hariç.

Et la traînée de fourrure blanche qui courait au milieu de sa poitrine.

Ve göğsünün ortasından aşağı doğru uzanan beyaz tüyler.

Il était encore plus grand que le plus grand loup de cette race féroce.

O vahşi türün en iri kurdundan bile daha büyüktü.

Son père, un Saint-Bernard, lui a donné de la taille et une ossature lourde.

Babasının St. Bernard olması ona iri ve ağır bir yapı kazandırmıştı.

Sa mère, une bergère, a façonné cette masse en forme de loup.

Annesi çobandı ve bu kütleyi kurt şekline soktu.

Il avait le long museau d'un loup, bien que plus lourd et plus large.

Kurt ağzına benzeyen uzun bir burnu vardı, ama daha ağır ve genişti.

Sa tête était celle d'un loup, mais construite à une échelle massive et majestueuse.

Başı bir kurdunkine benziyordu ama devasa, görkemli bir yapıya sahipti.

La ruse de Buck était la ruse du loup et de la nature.

Buck'ın kurnazlığı kurt ve vahşinin kurnazlığıydı.

Son intelligence lui vient à la fois du berger allemand et du Saint-Bernard.

Zekasını hem Alman Kurdu'ndan hem de St. Bernard'dan alıyordu.

Tout cela, ajouté à une expérience difficile, faisait de lui une créature redoutable.

Bütün bunlar, üstüne bir de yaşadığı zorlu deneyimler eklenince, korkutucu bir yaratık haline geldi.

Il était aussi redoutable que n'importe quelle bête qui parcourait les régions sauvages du nord.

Kuzey vahşi doğasında dolaşan herhangi bir hayvan kadar korkutucuydu.

Ne se nourrissant que de viande, Buck a atteint le sommet de sa force.

Sadece etle beslenen Buck, gücünün zirvesine ulaştı.

**Il débordait de puissance et de force masculine dans chaque fibre de son être.**

Her zerresinden güç ve erkeklik kuvveti fışkırıyordu.

**Lorsque Thornton lui caressait le dos, ses poils brillaient d'énergie.**

Thornton sırtını okşadığında tüyleri enerjiyle diken diken oldu.

**Chaque cheveu crépitait, chargé du contact du magnétisme vivant.**

Her bir saç teli, canlı bir manyetizmanın dokunuşuyla çıtırdadı.

**Son corps et son cerveau étaient réglés sur le ton le plus fin possible.**

Vücudu ve beyni olabilecek en iyi sese ayarlanmıştı.

**Chaque nerf, chaque fibre et chaque muscle fonctionnaient en parfaite harmonie.**

Her sinir, her lif, her kas mükemmel bir uyum içinde çalışıyordu.

**À tout son ou toute vue nécessitant une action, il répondait instantanément.**

Herhangi bir sese veya görüntüye anında tepki veriyordu.

**Si un husky sautait pour attaquer, Buck pouvait sauter deux fois plus vite.**

Eğer bir Sibirya kurdu saldırmak için sıçrayacak olsaydı, Buck iki kat daha hızlı sıçrayabilirdi.

**Il a réagi plus vite que les autres ne pouvaient le voir ou l'entendre.**

Başkalarının görüp duyabileceğinden çok daha hızlı tepki veriyordu.

**La perception, la décision et l'action se sont produites en un seul instant fluide.**

Algı, karar ve eylem hepsi aynı akışkan anda gerçekleşti.

**En vérité, ces actes étaient distincts, mais trop rapides pour être remarqués.**

Gerçekte bu eylemler ayrı ayrıydı ama fark edilemeyecek kadar hızlıydı.

Les intervalles entre ces actes étaient si brefs qu'ils
semblaient n'en faire qu'un.
Bu eylemler arasındaki boşluklar o kadar kısaydı ki, sanki tek
bir eylemmiş gibi görünüyorlardı.

Ses muscles et son être étaient comme des ressorts
étroitement enroulés.
Kasları ve vücudu sıkıca sarılmış yaylar gibiydi.

Son corps débordait de vie, sauvage et joyeux dans sa
puissance.
Vücudu hayatla dolup taşıyordu, gücü vahşi ve neşeliydi.

Parfois, il avait l'impression que la force allait jaillir de lui
entièrement.
Bazen içindeki gücün tamamen patlayıp dışarı çıkacağını
hissediyordu.

« Il n'y a jamais eu un tel chien », a déclaré Thornton un jour
tranquille.
"Böyle bir köpek daha önce hiç görülmemişti," dedi Thornton
sessiz bir günde.

Les partenaires regardaient Buck sortir fièrement du camp.
Ortaklar, Buck'ın kamp alanından gururla çıkışını izliyorlardı.

« Lorsqu'il a été créé, il a changé ce que pouvait être un chien
», a déclaré Pete.
Pete, "O yaratıldığında, bir köpeğin ne olabileceğini değiştirdi"
dedi.

« Par Jésus ! Je le pense moi-même », acquiesça rapidement
Hans.
"Aman Tanrım! Ben de öyle düşünüyorum," diye hemen kabul
etti Hans.

Ils l'ont vu s'éloigner, mais pas le changement qui s'est
produit après.
Onun yürüyüşünü gördüler, ama sonrasında gelen değişimi
görmediler.

Dès qu'il est entré dans les bois, Buck s'est complètement
transformé.
Buck ormana girdiği anda tamamen değişti.

Il ne marchait plus, mais se déplaçait comme un fantôme
sauvage parmi les arbres.

Artık yürümüyor, ağaçların arasında vahşi bir hayalet gibi dolaşıyordu.

**Il devint silencieux, les pieds comme un chat, une lueur traversant les ombres.**

Sessizleşti, kedi ayaklı, gölgelerin arasından geçen bir titreklik oldu.

**Il utilisait la couverture avec habileté, rampant sur le ventre comme un serpent.**

Yılan gibi karnının üzerinde sürünerek ustalıkla siper aldı.

**Et comme un serpent, il pouvait bondir en avant et frapper en silence.**

Ve bir yılan gibi öne atılıp sessizce saldırabiliyordu.

**Il pourrait voler un lagopède directement dans son nid caché.**

Bir kekliği gizli yuvasından çalabilirdi.

**Il a tué des lapins endormis sans un seul bruit.**

Uyuyan tavşanları tek bir ses çıkarmadan öldürüyordu.

**Il pouvait attraper des tamias en plein vol alors qu'ils fuyaient trop lentement.**

Sincaplar çok yavaş kaçtıklarından onları havada yakalayabiliyordu.

**Même les poissons dans les bassins ne pouvaient échapper à ses attaques soudaines.**

Havuzlardaki balıklar bile onun ani saldırılarından kurtulamıyordu.

**Même les castors astucieux qui réparaient les barrages n'étaient pas à l'abri de lui.**

Barajları onaran akıllı kunduzlar bile ondan güvende değildi.

**Il tuait pour se nourrir, pas pour le plaisir, mais il préférait tuer ses propres victimes.**

Eğlence için değil, yemek için öldürüyordu; ama kendi öldürdüklerini daha çok seviyordu.

**Pourtant, un humour sournois traversait certaines de ses chasses silencieuses.**

Yine de, sessiz avlarının bazılarında sinsi bir mizah duygusu hakimdi.

**Il s'est approché des écureuils, mais les a laissés s'échapper.**

Sincaplara doğru gizlice yaklaştı, ancak kaçmalarına izin
verdi.

**Ils allaient fuir vers les arbres, bavardant dans une rage
effrayée.**

Ağaçlara doğru kaçacaklardı, korkuyla öfkeyle gevezelik
ediyorlardı.

**À l'arrivée de l'automne, les orignaux ont commencé à
apparaître en plus grand nombre.**

Sonbaharın gelmesiyle birlikte geyikler daha fazla sayıda
görünmeye başladı.

**Ils se sont déplacés lentement vers les basses vallées pour
affronter l'hiver.**

Kışla buluşmak için yavaş yavaş alçak vadilere doğru
ilerlediler.

**Buck avait déjà abattu un jeune veau errant.**

Buck daha önce genç ve başıboş bir buzağıyı düşürmüştü.

**Mais il aspirait à affronter des proies plus grandes et plus
dangereuses.**

Ama daha büyük, daha tehlikeli bir avla karşılaşmayı
özlüyordu.

**Un jour, à la ligne de partage des eaux, à la tête du ruisseau,
il trouva sa chance.**

Bir gün, su ayrımında, derenin başında fırsatı buldu.

**Un troupeau de vingt orignaux avait traversé des terres
boisées.**

Ormanlık alandan yirmi geyikten oluşan bir sürü gelmişti.

**Parmi eux se trouvait un puissant taureau, le chef du groupe.**

Bunların arasında grubun lideri olan güçlü bir boğa da vardı.

**Le taureau mesurait plus de six pieds de haut et avait l'air
féroce et sauvage.**

Boğanın boyu 1,80 metreden uzundu, vahşi ve vahşi
görünüyordu.

**Il lança ses larges bois, quatorze pointes se ramifiant vers
l'extérieur.**

Geniş boynuzlarını savurdu, on dört ucu dışarı doğru
dallanıyordu.

Les extrémités de ces bois s'étendaient sur sept pieds de large.

Boynuzların uçları yedi metreye kadar uzanıyordu.

Ses petits yeux brûlaient de rage lorsqu'il aperçut Buck à proximité.

Yakınlarda Buck'ı görünce küçük gözleri öfkeyle yandı.

Il poussa un rugissement furieux, tremblant de fureur et de douleur.

Öfke ve acıdan titreyerek şiddetli bir kükreme çıkardı.

Une pointe de flèche sortait près de son flanc, empennée et pointue.

Yan tarafında tüylü ve sivri bir ok ucu vardı.

Cette blessure a contribué à expliquer son humeur sauvage et amère.

Bu yara onun vahşi, acı ruh halini açıklamaya yardımcı oluyordu.

Buck, guidé par un ancien instinct de chasseur, a fait son mouvement.

Buck, kadim avlanma içgüdüsünün yönlendirmesiyle harekete geçti.

Son objectif était de séparer le taureau du reste du troupeau.

Boğayı sürüden ayırmayı amaçlıyordu.

Ce n'était pas une tâche facile : il fallait de la rapidité et une ruse féroce.

Bu kolay bir iş değildi; hız ve acımasız bir kurnazlık gerektiriyordu.

Il aboyait et dansait près du taureau, juste hors de portée.

Boğanın yakınında, ulaşamayacağı bir mesafede havladı ve dans etti.

L'élan s'est précipité avec d'énormes sabots et des bois mortels.

Geyik, kocaman toynakları ve ölümcül boynuzlarıyla saldırıya geçti.

Un seul coup aurait pu mettre fin à la vie de Buck en un clin d'œil.

Tek bir darbe Buck'ın hayatına anında son verebilirdi.

**Incapable de laisser la menace derrière lui, le taureau devint fou.**

Tehlikeyi geride bırakamayan boğa çılgına döndü.

**Il chargea avec fureur, mais Buck s'échappa toujours.**

Öfkeyle hücum etti, ama Buck her seferinde kaçıp gitti.

**Buck simula une faiblesse, l'attirant plus loin du troupeau.**

Buck, onu sürüden daha da uzaklaştırmak için zayıflık numarası yaptı.

**Mais les jeunes taureaux allaient charger pour protéger le leader.**

Ancak genç boğalar lideri korumak için geri adım atacaklardı.

**Ils ont forcé Buck à battre en retraite et le taureau à rejoindre le groupe.**

Buck'ı geri çekilmeye ve boğayı da gruba katılmaya zorladılar.

**Il y a une patience dans la nature, profonde et imparable.**

Vahşi doğada derin ve durdurulamaz bir sabır vardır.

**Une araignée attend immobile dans sa toile pendant d'innombrables heures.**

Bir örümcek, sayısız saatler boyunca ağında hareketsiz bekler.

**Un serpent s'enroule sans tressaillement et attend que son heure soit venue.**

Yılan kıpırdamadan kıvrılır, zamanının gelmesini bekler.

**Une panthère se tient en embuscade, jusqu'à ce que le moment arrive.**

Bir panter pusuda bekler, ta ki o an gelene kadar.

**C'est la patience des prédateurs qui chassent pour survivre.**

Bu, hayatta kalmak için avlanan yırtıcıların sabrıdır.

**Cette même patience brûlait à l'intérieur de Buck alors qu'il restait proche.**

Buck ona yakın kaldıkça aynı sabır içinde yanıyordu.

**Il resta près du troupeau, ralentissant sa marche et suscitant la peur.**

Sürünün yanında durarak yürüyüşünü yavaşlattı ve korku yarattı.

**Il taquinait les jeunes taureaux et harcelait les vaches mères.**

Genç boğaları kızdırıyor, anne inekleri rahatsız ediyordu.

Il a plongé le taureau blessé dans une rage encore plus profonde et impuissante.

Yaralı boğayı daha derin, çaresiz bir öfkeye sürükledi.

Pendant une demi-journée, le combat s'est prolongé sans aucun répit.

Yarım gün kadar süren mücadele hiç ara vermeden devam etti.

Buck attaquait sous tous les angles, rapide et féroce comme le vent.

Buck her açıdan, rüzgar kadar hızlı ve şiddetli bir şekilde saldırıyordu.

Il a empêché le taureau de se reposer ou de se cacher avec son troupeau.

Boğanın sürüyle birlikte dinlenmesini veya saklanmasını engelledi.

Le cerf a épuisé la volonté de l'élan plus vite que son corps.

Buck geyiğin iradesini vücudundan daha hızlı yıprattı.

La journée passa et le soleil se coucha bas dans le ciel du nord-ouest.

Gün geçti ve güneş kuzeybatı göğünde alçaktan battı.

Les jeunes taureaux revinrent plus lentement pour aider leur chef.

Genç boğalar liderlerine yardım etmek için daha yavaş bir şekilde geri döndüler.

Les nuits d'automne étaient revenues et l'obscurité durait désormais six heures.

Sonbahar geceleri geri dönmüştü ve karanlık artık altı saat sürüyordu.

L'hiver les poussait vers des vallées plus sûres et plus chaudes.

Kış onları daha güvenli ve sıcak vadilere doğru itiyordu.

Mais ils ne pouvaient toujours pas échapper au chasseur qui les retenait.

Ama yine de onları tutan avcıdan kurtulamadılar.

Une seule vie était en jeu : pas celle du troupeau, mais celle de leur chef.

Söz konusu olan yalnızca bir hayattı; sürünün değil, liderlerinin hayatı.

**Cela rendait la menace lointaine et non leur préoccupation urgente.**

Bu durum, tehdidin uzakta olduğunu ve acil bir endişe kaynağı olmadığını gösteriyordu.

**Au fil du temps, ils ont accepté ce prix et ont laissé Buck prendre le vieux taureau.**

Zamanla bu bedeli kabullendiler ve Buck'ın yaşlı boğayı almasına izin verdiler.

**Alors que le crépuscule s'installait, le vieux taureau se tenait debout, la tête baissée.**

Alacakaranlık çökerken yaşlı boğa başını öne eğmiş bir şekilde duruyordu.

**Il regarda le troupeau qu'il avait conduit disparaître dans la lumière déclinante.**

Önderlik ettiği sürünün, azalan ışıkta kayboluşunu izledi.

**Il y avait des vaches qu'il avait connues, des veaux qu'il avait autrefois engendrés.**

Tanıdığı inekler vardı, bir zamanlar babası olduğu buzağılar.

**Il y avait des taureaux plus jeunes qu'il avait combattus et dominés au cours des saisons précédentes.**

Geçmiş sezonlarda dövüştürdüğü ve yönettiği daha genç boğalar da vardı.

**Il ne pouvait pas les suivre, car Buck était à nouveau accroupi devant lui.**

Onları takip edemezdi çünkü Buck yine önünde çömelmişti.

**La terreur impitoyable aux crocs bloquait tous les chemins qu'il pouvait emprunter.**

Acımasız dişli dehşet, onun gidebileceği her yolu kapatıyordu.

**Le taureau pesait plus de trois cents livres de puissance dense.**

Boğa üç yüz kilodan daha ağır ve yoğun bir güce sahipti.

**Il avait vécu longtemps et s'était battu avec acharnement dans un monde de luttes.**

Mücadele dolu bir dünyada uzun yıllar yaşamış ve çok mücadele etmişti.

**Mais maintenant, à la fin, la mort venait d'une bête bien en dessous de lui.**

Ama şimdi, sonunda, ölüm kendisinden çok daha aşağıda bir canavardan geldi.

**La tête de Buck n'atteignait même pas les énormes genoux noueux du taureau.**

Buck'ın başı boğanın kocaman eklemli dizlerinin hizasına bile gelmiyordu.

**À partir de ce moment, Buck resta avec le taureau nuit et jour.**

O andan itibaren Buck gece gündüz boğanın yanında kaldı.

**Il ne lui a jamais laissé de repos, ne lui a jamais permis de brouter ou de boire.**

Ona asla dinlenme fırsatı vermedi, otlamasına veya su içmesine asla izin vermedi.

**Le taureau a essayé de manger de jeunes pousses de bouleau et des feuilles de saule.**

Boğa genç huş ağacı sürgünlerini ve söğüt yapraklarını yemeye çalıştı.

**Mais Buck le repoussa, toujours alerte et toujours attaquant.**

Ama Buck her zaman tetikte ve her zaman saldırgan bir tavırla onu uzaklaştırdı.

**Même dans les ruisseaux qui ruisselaient, Buck bloquait toute tentative assoiffée.**

Buck, akan sularda bile her susuz girişimi engelliyordu.

**Parfois, par désespoir, le taureau s'enfuyait à toute vitesse.**

Bazen boğa çaresizlikten son sürat kaçıyordu.

**Buck le laissa courir, galopant calmement juste derrière, jamais très loin.**

Buck onun koşmasına izin verdi, sakin bir şekilde hemen arkasından koştu, asla fazla uzaklaşmadı.

**Lorsque l'élan s'arrêta, Buck s'allongea, mais resta prêt.**

Geyik durduğunda Buck uzandı ama hazır kaldı.

**Si le taureau essayait de manger ou de boire, Buck frappait avec une fureur totale.**

Boğa bir şey yemeye veya içmeye kalktığında Buck tüm öfkesiyle saldırıyordu.

La grosse tête du taureau s'affaissait sous ses vastes bois.

Boğanın büyük başı, geniş boynuzlarının altında daha da sarkmıştı.

Son rythme ralentit, le trot devint lourd, une marche trébuchante.

Adımları yavaşladı, tırıs ağırlaştı; tökezleyerek yürüdü.

Il restait souvent immobile, les oreilles tombantes et le nez au sol.

Çoğu zaman kulakları düşük, burnu yere değecek şekilde hareketsiz dururdu.

Pendant ces moments-là, Buck prenait le temps de boire et de se reposer.

Buck o anlarda içki içip dinlenmeye vakit ayırıyordu.

La langue tirée, les yeux fixés, Buck sentait que la terre était en train de changer.

Dilini çıkarıp gözlerini dikerek Buck, arazinin değiştiğini hissetti.

Il sentit quelque chose de nouveau se déplacer dans la forêt et dans le ciel.

Ormanda ve gökyüzünde yeni bir şeyin hareket ettiğini hissetti.

Avec le retour des orignaux, d'autres créatures sauvages ont fait de même.

Geyiklerin geri dönmesiyle birlikte vahşi doğanın diğer canlıları da geri döndü.

La terre semblait vivante, avec une présence invisible mais fortement connue.

Toprak, görünmeyen ama güçlü bir şekilde bilinen bir varlıkla canlanıyordu.

Ce n'était ni par l'ouïe, ni par la vue, ni par l'odorat que Buck le savait.

Buck bunu ne sesinden, ne görüntüsünden, ne de kokusundan biliyordu.

Un sentiment plus profond lui disait que de nouvelles forces étaient en mouvement.

Daha derin bir his ona yeni güçlerin harekete geçtiğini söylüyordu.

Une vie étrange s'agitait dans les bois et le long des ruisseaux.

Ormanda ve dere kenarlarında tuhaf bir canlılık vardı.

Il a décidé d'explorer cet esprit, une fois la chasse terminée.

Av tamamlandıktan sonra bu ruhu keşfetmeye karar verdi.

Le quatrième jour, Buck a finalement abattu l'élan.

Dördüncü gün Buck sonunda geyiği indirmeyi başardı.

Il est resté près de la proie pendant une journée et une nuit entières, se nourrissant et se reposant.

Bir gün ve bir gece boyunca avının yanında kalıp beslendi ve dinlendi.

Il mangea, puis dormit, puis mangea à nouveau, jusqu'à ce qu'il soit fort et rassasié.

Yedi, sonra uyudu, sonra yine yedi, ta ki güçlenip tok oluncaya kadar.

Lorsqu'il fut prêt, il retourna vers le camp et Thornton.

Hazır olduğunda kampa ve Thornton'a doğru geri döndü.

D'un pas régulier, il commença le long voyage de retour vers la maison.

Yavaş yavaş evine doğru uzun dönüş yolculuğuna başladı.

Il courait d'un pas infatigable, heure après heure, sans jamais s'égarer.

Yorulmak bilmez koşusuyla saatlerce koştu, bir an bile yoldan sapmadı.

À travers des terres inconnues, il se déplaçait droit comme l'aiguille d'une boussole.

Bilinmeyen diyarlarda pusula ibresi gibi dümdüz ilerledi.

Son sens de l'orientation faisait paraître l'homme et la carte faibles en comparaison.

Yön duygusu, insan ve haritanın yanında zayıf kalıyordu.

Tandis que Buck courait, il sentait plus fortement l'agitation dans la terre sauvage.

Buck koştukça vahşi topraklardaki hareketliliği daha güçlü hissediyordu.

C'était un nouveau genre de vie, différent de celui des mois calmes de l'été.

Yaz aylarının sakinliğinden farklı, yeni bir hayattı.

**Ce sentiment n'était plus un message subtil ou distant.**
Bu his artık uzaktan gelen, belirsiz bir mesaj olarak
gelmiyordu.
**Maintenant, les oiseaux parlaient de cette vie et les écureuils
en bavardaient.**
Artık kuşlar bu hayattan bahsediyor, sincaplar da onun
hakkında gevezelik ediyorlardı.
**Même la brise murmurait des avertissements à travers les
arbres silencieux.**
Sessiz ağaçların arasından esen rüzgar bile uyarılar fısıldadı.
**Il s'arrêta à plusieurs reprises et respira l'air frais du matin.**
Birkaç kez durup temiz sabah havasını içine çekti.
**Il y lut un message qui le fit bondir plus vite en avant.**
Orada okuduğu bir mesaj onu daha hızlı ileri atılmaya
yöneltti.
**Un lourd sentiment de danger l'envahit, comme si quelque
chose s'était mal passé.**
Sanki bir şeyler ters gidiyormuş gibi, içini ağır bir tehlike
duygusu kapladı.
**Il craignait qu'une catastrophe ne se produise – ou ne soit
déjà arrivée.**
Felaketin gelmekte olduğundan veya çoktan geldiğinden
korkuyordu.
**Il franchit la dernière crête et entra dans la vallée en
contrebas.**
Son sırtı geçip aşağıdaki vadiye girdi.
**Il se déplaçait plus lentement, alerte et prudent à chaque
pas.**
Her adımda daha yavaş, daha dikkatli ve daha temkinli
hareket ediyordu.
**À trois milles de là, il trouva une piste fraîche qui le fit se
raidir.**
Üç mil ötede onu sertleştiren taze bir iz buldu.
**Les cheveux le long de son cou ondulaient et se hérissaient
d'alarme.**
Boynundaki tüyler telaşla dalgalanıyor ve diken diken
oluyordu.

Le sentier menait directement au camp où Thornton attendait.

Patikalar Thornton'un beklediği kampa doğru uzanıyordu.

Buck se déplaçait désormais plus rapidement, sa foulée à la fois silencieuse et rapide.

Buck artık daha hızlı hareket ediyordu, adımları hem sessiz hem de hızlıydı.

Ses nerfs se sont resserrés lorsqu'il a lu des signes que d'autres allaient manquer.

Başkalarının fark etmeyeceği işaretleri okudukça sinirleri gerilmişti.

Chaque détail du sentier racontait une histoire, sauf le dernier morceau.

İzdeki her ayrıntı bir hikaye anlatıyordu; son parça hariç.

Son nez lui parlait de la vie qui s'était déroulée ici.

Burnu ona buradan geçen hayatı anlatıyordu.

L'odeur lui donnait une image changeante alors qu'il le suivait de près.

Koku, onun hemen arkasından takip ederken ona değişen bir görüntü veriyordu.

Mais la forêt elle-même était devenue silencieuse, anormalement immobile.

Ama ormanın kendisi sessizliğe gömülmüştü; doğal olmayan bir durgunluk.

Les oiseaux avaient disparu, les écureuils étaient cachés, silencieux et immobiles.

Kuşlar kaybolmuş, sincaplar saklanmış, sessiz ve hareketsizdi.

Il n'a vu qu'un seul écureuil gris, allongé sur un arbre mort.

Sadece bir tane gri sincap gördü, o da ölü bir ağacın üzerinde yatıyordu.

L'écureuil se fondait dans la masse, raide et immobile comme une partie de la forêt.

Sincap ormanın bir parçası gibi kaskatı ve hareketsiz bir şekilde ortalığa karışmıştı.

Buck se déplaçait comme une ombre, silencieux et sûr à travers les arbres.

Buck ağaçların arasında bir gölge gibi sessiz ve emin adımlarla hareket ediyordu.

**Son nez se souleva sur le côté comme s'il était tiré par une main invisible.**

Burnu sanki görünmeyen bir el tarafından çekiliyormuş gibi yana doğru fırladı.

**Il se retourna et suivit la nouvelle odeur jusqu'au plus profond d'un fourré.**

Döndü ve yeni kokuyu çalılığın derinliklerine kadar takip etti.

**Là, il trouva Nig, étendu mort, transpercé par une flèche.**

Orada Nig'i bir okla delinmiş halde ölü buldu.

**La flèche traversa son corps, laissant encore apparaître ses plumes.**

Ok, vücudunun içinden geçip gitti, tüyleri hâlâ görünüyordu.

**Nig s'était traîné jusqu'ici, mais il était mort avant d'avoir pu obtenir de l'aide.**

Nig kendini oraya sürüklemiş, ancak yardıma yetişemeden ölmüştü.

**Une centaine de mètres plus loin, Buck trouva un autre chien de traîneau.**

Yüz metre kadar ötede Buck başka bir kızak köpeği buldu.

**C'était un chien que Thornton avait racheté à Dawson City.**

Thornton'un Dawson City'den satın aldığı bir köpekti.

**Le chien était en proie à une lutte à mort, se débattant violemment sur le sentier.**

Köpek patikada ölüm kalım mücadelesi veriyordu.

**Buck le contourna sans s'arrêter, les yeux fixés devant lui.**

Buck durmadan etrafından geçti, gözleri ileriye dikilmişti.

**Du côté du camp venait un chant lointain et rythmé.**

Kampın olduğu taraftan uzaktan ritmik bir tezahürat duyuluyordu.

**Les voix s'élevaient et retombaient sur un ton étrange, inquiétant et chantant.**

Sesler tuhaf, ürkütücü, şarkı söyler gibi bir tonda yükselip alçalıyordu.

**Buck rampa jusqu'au bord de la clairière en silence.**

Buck sessizce açıklığın kenarına doğru süründü.

Là, il vit Hans étendu face contre terre, percé de nombreuses flèches.

Orada Hans'ı yüzüstü yatarken gördü, vücudu oklarla delinmişti.

Son corps ressemblait à celui d'un porc-épic, hérissé de plumes.

Vücudu bir kirpiye benziyordu, tüylü oklarla kaplıydı.

Au même moment, Buck regarda vers le pavillon en ruine.

Aynı anda Buck harap olmuş kulübeye doğru baktı.

Cette vue lui fit dresser les cheveux sur la nuque et les épaules.

Görüntü, adamın boynundaki ve omuzlarındaki tüylerin diken diken olmasına neden oldu.

Une tempête de rage sauvage parcourut tout le corps de Buck.

Buck'ın tüm bedenini vahşi bir öfke fırtınası sardı.

Il grogna à haute voix, même s'il ne savait pas qu'il l'avait fait.

Yüksek sesle hırladı, ama bunu yaptığını bilmiyordu.

Le son était brut, rempli d'une fureur terrifiante et sauvage.

Sesi çiğdi, dehşet verici, vahşi bir öfkeyle doluydu.

Pour la dernière fois de sa vie, Buck a perdu la raison au profit de l'émotion.

Buck, hayatında son kez aklını duygularına kaptırdı.

C'est l'amour pour John Thornton qui a brisé son contrôle minutieux.

John Thornton'a olan aşkı onun dikkatli kontrolünü bozdu.

Les Yeehats dansaient autour de la hutte en épicéa détruite.

Yeehatlar harap olmuş ladin kulübesinin etrafında dans ediyorlardı.

Puis un rugissement retentit et une bête inconnue chargea vers eux.

Sonra bir kükreme duyuldu ve bilinmeyen bir canavar onlara doğru koştu.

C'était Buck ; une fureur en mouvement ; une tempête vivante de vengeance.

Buck'tı; harekete geçen bir öfke; yaşayan bir intikam fırtınası.

**Il se jeta au milieu d'eux, fou du besoin de tuer.**

Öldürme ihtiyacıyla çılgına dönmüş bir halde kendini onların arasına attı.

**Il sauta sur le premier homme, le chef Yeehat, et frappa juste.**

İlk adama, Yeehat şefine doğru atıldı ve isabetli vurdu.

**Sa gorge fut déchirée et du sang jaillit à flots.**

Boğazı yarıldı ve kan fışkırdı.

**Buck ne s'arrêta pas, mais déchira la gorge de l'homme suivant d'un seul bond.**

Buck durmadı ve tek bir sıçrayışta yanındaki adamın boğazını parçaladı.

**Il était inarrêtable : il déchirait, taillait, ne s'arrêtait jamais pour se reposer.**

Durdurulamazdı; parçalıyor, kesiyor, asla durup dinlenmiyordu.

**Il s'élança et bondit si vite que leurs flèches ne purent l'atteindre.**

Öyle hızlı atıldı ve sıçradı ki, oklar ona dokunamadı.

**Les Yeehats étaient pris dans leur propre panique et confusion.**

Yeehatlar kendi panik ve karmaşalarının içindeydiler.

**Leurs flèches manquèrent Buck et se frappèrent l'une l'autre à la place.**

Okları Buck'ı ıskalayıp birbirlerine isabet etti.

**Un jeune homme a lancé une lance sur Buck et a touché un autre homme.**

Gençlerden biri Buck'a mızrak fırlattı ve bir başka adama isabet etti.

**La lance lui transperça la poitrine, la pointe lui transperçant le dos.**

Mızrak göğsünü deldi, ucu sırtını deldi.

**La terreur s'empara des Yeehats et ils se mirent en retraite.**

Yeehatlar'ın üzerine dehşet çöktü ve tam bir geri çekilmeye başladılar.

**Ils crièrent à l'Esprit Maléfique et s'enfuirent dans les ombres de la forêt.**

Kötü Ruh'tan çığlık atıp ormanın gölgelerine doğru kaçtılar.

**Vraiment, Buck était comme un démon alors qu'il poursuivait les Yeehats.**

Gerçekten de Buck, Yeehat'ları kovalarken bir iblis gibiydi.

**Il les poursuivit à travers la forêt, les faisant tomber comme des cerfs.**

Ormanın içinden onların peşine düştü ve onları geyikler gibi yere serdi.

**Ce fut un jour de destin et de terreur pour les Yeehats effrayés.**

Korkmuş Yeehatlar için bu bir kader ve dehşet günü haline geldi.

**Ils se dispersèrent à travers le pays, fuyant au loin dans toutes les directions.**

Ülkenin dört bir yanına dağıldılar, her yöne doğru kaçıp gittiler.

**Une semaine entière s'est écoulée avant que les derniers survivants ne se retrouvent dans une vallée.**

Son kurtulanların bir vadide buluşması tam bir hafta sürdü.

**Ce n'est qu'alors qu'ils ont compté leurs pertes et parlé de ce qui s'était passé.**

Ancak ondan sonra kayıplarını saydılar ve yaşananları anlattılar.

**Buck, après s'être lassé de la chasse, retourna au camp en ruine.**

Buck, kovalamacadan yorulduktan sonra harap olmuş kampa geri döndü.

**Il a trouvé Pete, toujours dans ses couvertures, tué lors de la première attaque.**

Pete'i ilk saldırıda öldürülmüş halde, hâlâ battaniyelerin içinde buldu.

**Les signes du dernier combat de Thornton étaient marqués dans la terre à proximité.**

Thornton'un son mücadelesinin izleri yakındaki toprakta görülüyordu.

**Buck a suivi chaque trace, reniflant chaque marque jusqu'à un point final.**

Buck her izi takip ediyor, her izi son noktasına kadar kokluyordu.

**Au bord d'un bassin profond, il trouva le fidèle Skeet, allongé immobile.**

Derin bir havuzun kenarında sadık Skeet'i hareketsiz yatarken buldu.

**La tête et les pattes avant de Skeet étaient dans l'eau, immobiles dans la mort.**

Skeet'in başı ve ön pençeleri suyun içindeydi, ölüm anında hareketsizdi.

**La piscine était boueuse et contaminée par les eaux de ruissellement provenant des écluses.**

Havuz çamurluydu ve su kanallarından gelen sularla kirlenmişti.

**Sa surface nuageuse cachait ce qui se trouvait en dessous, mais Buck connaissait la vérité.**

Bulutlu yüzeyi altında ne olduğunu gizliyordu ama Buck gerçeği biliyordu.

**Il a suivi l'odeur de Thornton dans la piscine, mais l'odeur ne menait nulle part ailleurs.**

Thornton'un kokusunu havuza kadar takip etti; ancak koku başka hiçbir yere gitmiyordu.

**Aucune odeur ne menait à l'extérieur, seulement le silence des eaux profondes.**

Dışarıya doğru uzanan bir koku yoktu; sadece derin suların sessizliği vardı.

**Toute la journée, Buck resta près de la piscine, arpentant le camp avec chagrin.**

Buck bütün gün havuzun başında durup keder içinde kampta volta atıyordu.

**Il errait sans cesse ou restait assis, immobile, perdu dans ses pensées.**

Huzursuzca dolaşıyor ya da ağır düşüncelere dalmış bir şekilde sessizce oturuyordu.

**Il connaissait la mort, la fin de la vie, la disparition de tout mouvement.**

Ölümü, hayatın sonunu, bütün hareketin yok oluşunu biliyordu.

**Il comprit que John Thornton était parti et ne reviendrait jamais.**

John Thornton'un gittiğini ve bir daha asla geri dönmeyeceğini anlamıştı.

**La perte a laissé en lui un vide qui palpitait comme la faim.**

Bu kayıp, içinde açlık gibi zonklayan bir boşluk bırakmıştı.

**Mais c'était une faim que la nourriture ne pouvait apaiser, peu importe la quantité qu'il mangeait.**

Ama bu, ne kadar çok yerse yesin, hiçbir şeyin gideremediği bir açlıktı.

**Parfois, alors qu'il regardait les Yeehats morts, la douleur s'estompait.**

Bazen ölü Yeehat'lara baktıkça acısı azalıyordu.

**Et puis une étrange fierté monta en lui, féroce et complète.**

Ve sonra içinde tuhaf bir gurur yükseldi, vahşi ve tam.

**Il avait tué l'homme, le gibier le plus élevé et le plus dangereux de tous.**

Bütün avların en yücesi ve en tehlikelisi olan insanı öldürmüştü.

**Il avait tué au mépris de l'ancienne loi du gourdin et des crocs.**

Sopa ve dişle öldürmenin eski yasasını hiçe sayarak öldürmüştü.

**Buck renifla leurs corps sans vie, curieux et pensif.**

Buck, meraklı ve düşünceli bir şekilde cansız bedenlerini kokladı.

**Ils étaient morts si facilement, bien plus facilement qu'un husky dans un combat.**

Çok kolay ölmüşlerdi; bir Sibirya kurdunun kavgada ölmesinden çok daha kolay.

**Sans leurs armes, ils n'avaient aucune véritable force ni menace.**

Silahları olmadan gerçek bir güçleri veya tehditleri yoktu.

**Buck n'aurait plus jamais peur d'eux, à moins qu'ils ne soient armés.**

Buck, silahlı olmadıkları sürece bir daha asla onlardan korkmayacaktı.

**Ce n'est que lorsqu'ils portaient des gourdins, des lances ou des flèches qu'il se méfiait.**

Ancak ellerinde sopa, mızrak veya ok olduğunda dikkatli olurdu.

**La nuit tomba et une pleine lune se leva au-dessus de la cime des arbres.**

Gece oldu ve dolunay ağaçların tepelerinden oldukça yükseğe çıktı.

**La pâle lumière de la lune baignait la terre d'une douce lueur fantomatique, comme le jour.**

Ayın soluk ışığı toprağı gündüz gibi yumuşak, hayaletsi bir parıltıyla yıkıyordu.

**Alors que la nuit s'approfondissait, Buck pleurait toujours au bord de la piscine silencieuse.**

Gece derinleşirken Buck hâlâ sessiz havuzun başında yas tutuyordu.

**Puis il prit conscience d'un autre mouvement dans la forêt.**

Sonra ormanda farklı bir kıpırtı olduğunu fark etti.

**L'agitation ne venait pas des Yeehats, mais de quelque chose de plus ancien et de plus profond.**

Bu kıpırtı Yeehat'lardan değil, daha eski ve daha derin bir şeyden kaynaklanıyordu.

**Il se leva, les oreilles dressées, le nez testant la brise avec précaution.**

Ayağa kalktı, kulaklarını dikleştirdi, burnunu dikkatle rüzgara doğru süzdü.

**De loin, un cri faible et aigu perça le silence.**

Çok uzaklardan, sessizliği delen hafif, keskin bir çığlık duyuldu.

**Puis un chœur de cris similaires suivit de près le premier.**

Daha sonra ilkinin hemen ardından benzer haykırışlar korosu geldi.

**Le bruit se rapprochait, devenant plus fort à chaque instant qui passait.**

Ses giderek yaklaşıyor, her geçen an daha da yükseliyordu.

**Buck connaissait ce cri : il venait de cet autre monde dans sa mémoire.**

Buck bu çığlığı tanıyordu; hafızasındaki o diğer dünyadan geliyordu.

**Il se dirigea vers le centre de l'espace ouvert et écouta attentivement.**

Açık alanın ortasına doğru yürüdü ve dikkatle dinledi.

**L'appel retentit, multiple et plus puissant que jamais.**

Çağrı her zamankinden daha güçlü ve çok sesli bir şekilde yankılandı.

**Et maintenant, plus que jamais, Buck était prêt à répondre à son appel.**

Ve şimdi, her zamankinden daha fazla, Buck onun çağrısına cevap vermeye hazırdı.

**John Thornton était mort et il ne lui restait plus aucun lien avec l'homme.**

John Thornton ölmüştü ve içinde insana dair hiçbir bağ kalmamıştı.

**L'homme et toutes ses prétentions avaient disparu : il était enfin libre.**

İnsan ve insana ait bütün haklar tükenmişti; sonunda özgürdü.

**La meute de loups chassait de la viande comme les Yeehats l'avaient fait autrefois.**

Kurt sürüsü, bir zamanlar Yeehat'ların yaptığı gibi et peşindeydi.

**Ils avaient suivi les orignaux depuis les terres boisées.**

Ormanlık arazilerden geyikleri takip etmişlerdi.

**Maintenant, sauvages et affamés de proies, ils traversèrent sa vallée.**

Artık vahşileşmiş ve avlanmaya aç bir halde vadisine doğru ilerliyorlardı.

**Ils arrivèrent dans la clairière éclairée par la lune, coulant comme de l'eau argentée.**

Ay ışığının aydınlattığı açıklığa gümüş su gibi akarak geldiler.

**Buck se tenait immobile au centre, les attendant.**

Buck ortada hareketsiz bir şekilde durmuş onları bekliyordu.

**Sa présence calme et imposante a stupéfié la meute et l'a plongée dans un bref silence.**

Sakin ve iri duruşu sürüyü kısa bir sessizliğe boğdu.

**Alors le loup le plus audacieux sauta droit sur lui sans hésitation.**

Sonra en cesur kurt hiç tereddüt etmeden onun üzerine atıldı.

**Buck frappa vite et brisa le cou du loup d'un seul coup.**

Buck hızlı bir hamle yaptı ve tek vuruşta kurdun boynunu kırdı.

**Il resta immobile à nouveau tandis que le loup mourant se tordait derrière lui.**

Ölmekte olan kurt arkasında kıvrılırken yine hareketsiz kaldı.

**Trois autres loups ont attaqué rapidement, l'un après l'autre.**

Üç kurt daha hızla, birbiri ardına saldırıya geçti.

**Chacun d'eux s'est retiré en sang, la gorge ou les épaules tranchées.**

Her biri kanlar içinde geri çekildi, boğazları veya omuzları kesilmişti.

**Cela a suffi à déclencher une charge sauvage de toute la meute.**

Bu, tüm sürünün çılgınca bir saldırıya geçmesi için yeterliydi.

**Ils se précipitèrent ensemble, trop impatients et trop nombreux pour bien frapper.**

Hepsi birden hücuma geçtiler, çok istekli ve kalabalık oldukları için iyi bir vuruş yapamadılar.

**La vitesse et l'habileté de Buck lui ont permis de rester en tête de l'attaque.**

Buck'ın hızı ve becerisi, saldırının önünde kalmasını sağladı.

**Il tournait sur ses pattes arrière, claquant et frappant dans toutes les directions.**

Arka ayakları üzerinde dönerek her yöne doğru saldırıyordu.

**Pour les loups, cela donnait l'impression que sa défense ne s'était jamais ouverte ou n'avait jamais faibli.**

Kurtlara göre bu, onun savunmasının hiç açılmadığı veya tökezlemediği anlamına geliyordu.

Il s'est retourné et a frappé si vite qu'ils ne pouvaient pas passer derrière lui.

O kadar hızlı dönüp saldırdı ki, arkasına geçemediler.

Néanmoins, leur nombre l'obligea à céder du terrain et à reculer.

Ancak, onların çokluğu onu geri çekilmeye ve teslim olmaya zorladı.

Il passa devant la piscine et descendit dans le lit rocheux du ruisseau.

Havuzun yanından geçip kayalık dere yatağına doğru ilerledi.

Là, il se heurta à un talus abrupt de gravier et de terre.

Orada çakıl ve topraktan oluşan dik bir yamaçla karşılaştı.

Il s'est retrouvé coincé dans un coin coupé lors des fouilles des mineurs.

Madencilerin eski kazıları sırasında bir köşe kesiğine saplandı.

Désormais protégé sur trois côtés, Buck ne faisait face qu'au loup de devant.

Artık üç taraftan korunan Buck, yalnızca öndeki kurtla karşı karşıyaydı.

Là, il se tenait à distance, prêt pour la prochaine vague d'assaut.

Orada, bir sonraki saldırı dalgasına hazır bir şekilde bekledi.

Buck a tenu bon si farouchement que les loups ont reculé.

Buck öyle sert bir şekilde direndi ki kurtlar geri çekildi.

Au bout d'une demi-heure, ils étaient épuisés et visiblement vaincus.

Yarım saat sonra bitkin ve açıkça yenik düşmüşlerdi.

Leurs langues pendaient, leurs crocs blancs brillaient au clair de lune.

Dilleri dışarı sarkmıştı, beyaz dişleri ay ışığında parlıyordu.

Certains loups se sont couchés, la tête levée, les oreilles dressées vers Buck.

Bazı kurtlar başlarını kaldırıp kulaklarını Buck'a doğru dikerek yere uzandılar.

D'autres restaient immobiles, vigilants et observant chacun de ses mouvements.

Diğerleri ise hareketsiz, tetikte duruyor ve onun her hareketini izliyorlardı.

**Quelques-uns se sont dirigés vers la piscine et ont bu de l'eau froide.**

Birkaç kişi havuza doğru yürüyüp soğuk su içti.

**Puis un loup gris, long et maigre, s'avança doucement.**

Sonra uzun, zayıf bir gri kurt yavaşça öne doğru süründü.

**Buck le reconnut : c'était le frère sauvage de tout à l'heure.**

Buck onu tanıdı; bu, az önceki vahşi kardeşti.

**Le loup gris gémit doucement, et Buck répondit par un gémissement.**

Gri kurt yumuşak bir şekilde inledi ve Buck da inleyerek karşılık verdi.

**Ils se touchèrent le nez, tranquillement et sans menace ni peur.**

Burunlarını sessizce, tehdit veya korku duymadan birbirine değdirdiler.

**Ensuite est arrivé un loup plus âgé, maigre et marqué par de nombreuses batailles.**

Sonra, zayıflamış ve birçok savaştan yara almış yaşlı bir kurt geldi.

**Buck commença à grogner, mais s'arrêta et renifla le nez du vieux loup.**

Buck hırlamaya başladı ama sonra durup yaşlı kurdun burnunu kokladı.

**Le vieux s'assit, leva le nez et hurla à la lune.**

Yaşlı adam oturdu, burnunu kaldırdı ve aya doğru uludu.

**Le reste de la meute s'assit et se joignit au long hurlement.**

Sürünün geri kalanı da oturup uzun ulumaya katıldı.

**Et maintenant, l'appel est venu à Buck, indubitable et fort.**

Ve şimdi Buck'a gelen çağrı, açıkça ve güçlü bir şekildeydi.

**Il s'assit, leva la tête et hurla avec les autres.**

Oturdu, başını kaldırdı ve diğerleriyle birlikte haykırdı.

**Lorsque les hurlements ont cessé, Buck est sorti de son abri rocheux.**

Ulumalar sona erdiğinde Buck kayalık sığınağından dışarı çıktı.

La meute se referma autour de lui, reniflant à la fois gentiment et avec prudence.

Sürü etrafını sardı, hem şefkatle hem de tedirginlikle kokluyorlardı.

Les chefs ont alors poussé un cri et se sont précipités dans la forêt.

Bunun üzerine liderler çığlık atarak ormana doğru koştular.

Les autres loups suivirent, hurlant en chœur, sauvages et rapides dans la nuit.

Diğer kurtlar da onu takip ediyor, gecede çılgınca ve hızlı bir şekilde uluyorlardı.

Buck courait avec eux, à côté de son frère sauvage, hurlant en courant.

Buck da vahşi kardeşinin yanında onlarla birlikte koşuyor, koşarken uluyordu.

Ici, l'histoire de Buck fait bien de se terminer.

İşte Buck'ın hikayesinin sonuna gelmek çok güzel.

Dans les années qui suivirent, les Yeehats remarquèrent d'étranges loups.

İlerleyen yıllarda Yeehatlar garip kurtların varlığını fark ettiler.

Certains avaient du brun sur la tête et le museau, du blanc sur la poitrine.

Bazılarının başlarında ve ağızlarında kahverengi, göğüslerinde beyazlık vardı.

Mais plus encore, ils craignaient une silhouette fantomatique parmi les loups.

Ama daha da önemlisi kurtların arasında hayaletimsi bir figür olmasından korkuyorlardı.

Ils parlaient à voix basse du Chien Fantôme, chef de la meute.

Sürünün lideri Hayalet Köpek'ten fısıltıyla bahsediyorlardı.

Ce chien fantôme était plus rusé que le plus audacieux des chasseurs Yeehat.

Bu Hayalet Köpek, en cesur Yeehat avcısından bile daha kurnazdı.

**Le chien fantôme a volé dans les camps en plein hiver et a déchiré leurs pièges.**
Hayalet köpek kışın ortasında kamplardan hırsızlık yapıyor ve tuzaklarını parçalıyordu.

**Le chien fantôme a tué leurs chiens et a échappé à leurs flèches sans laisser de trace.**
Hayalet köpek onların köpeklerini öldürmüş ve iz bırakmadan oklarından kurtulmuştur.

**Même leurs guerriers les plus courageux craignaient d'affronter cet esprit sauvage.**
En cesur savaşçıları bile bu vahşi ruhla karşılaşmaktan korkuyordu.

**Non, l'histoire devient encore plus sombre à mesure que les années passent dans la nature.**
Hayır, yıllar geçikçe hikaye daha da karanlıklaşıyor.

**Certains chasseurs disparaissent et ne reviennent jamais dans leurs camps éloignés.**
Bazı avcılar kaybolur ve bir daha uzaklardaki kamplarına geri dönmezler.

**D'autres sont retrouvés la gorge arrachée, tués dans la neige.**
Diğerleri ise boğazları yırtılmış, karda öldürülmüş halde bulunuyor.

**Autour de leur corps se trouvent des traces plus grandes que celles que n'importe quel loup pourrait laisser.**
Vücutlarının etrafında, herhangi bir kurdun bırakabileceğinden daha büyük izler var.

**Chaque automne, les Yeehats suivent la piste de l'élan.**
Her sonbaharda Yeehat'lar geyiklerin izini sürüyor.

**Mais ils évitent une vallée avec la peur profondément gravée dans leur cœur.**
Ama bir vadiden, yüreklerine derin bir korku kazınarak kaçınıyorlar.

**Ils disent que la vallée a été choisie par l'Esprit du Mal pour y vivre.**
Kötü Ruh'un bu vadiyi kendine ev olarak seçtiğini söylüyorlar.

Et quand l'histoire est racontée, certaines femmes pleurent près du feu.

Ve hikaye anlatılırken bazı kadınlar ateşin başında ağlıyorlar.

Mais en été, un visiteur vient dans cette vallée tranquille et sacrée.

Ama yazın, o sessiz, kutsal vadiye bir ziyaretçi gelir.

Les Yeehats ne le connaissent pas et ne peuvent pas le comprendre.

Yeehatlar onu tanımıyor ve anlayamıyorlardı.

Le loup est un grand loup, revêtu de gloire, comme aucun autre de son espèce.

Kurt, türünün hiçbir örneğine benzemeyen, ihtişamla kaplı büyük bir kurttur.

Lui seul traverse le bois vert et entre dans la clairière de la forêt.

O, yeşil ormandan tek başına geçip orman açıklığına girer.

Là, la poussière dorée des sacs en peau d'élan s'infiltre dans le sol.

Orada geyik derisinden yapılmış çuvallardan çıkan altın rengi tozlar toprağa sızıyor.

L'herbe et les vieilles feuilles ont caché le jaune du soleil.

Otlar ve yaşlı yapraklar güneşin sararmasını gizlemiş.

Ici, le loup se tient en silence, réfléchissant et se souvenant.

Kurt burada sessizce duruyor, düşünüyor ve hatırlıyor.

Il hurle une fois, longuement et tristement, avant de se retourner pour partir.

Gitmek üzere dönmeden önce bir kez uzun ve hüzünlü bir şekilde uluyor.

Mais il n'est pas toujours seul au pays du froid et de la neige.

Ama soğuk ve karlı topraklarda her zaman yalnız değildir.

Quand les longues nuits d'hiver descendent sur les basses vallées.

Uzun kış geceleri alçak vadilere indiğinde.

Quand les loups suivent le gibier à travers le clair de lune et le gel.

Kurtlar ay ışığında ve donda avlarını takip ettiğinde.

**Puis il court en tête du peloton, sautant haut et sauvagement.**
Sonra sürünün başında koşar, yükseklere ve çılgınca sıçrar.
**Sa silhouette domine les autres, sa gorge est animée par le chant.**
Diğerlerinden çok daha uzun boyluydu, boğazı şarkıyla canlanıyordu.
**C'est le chant du monde plus jeune, la voix de la meute.**
Genç dünyanın şarkısıdır, sürünün sesidir.
**Il chante en courant, fort, libre et toujours sauvage.**
Koşarken şarkı söylüyor; güçlü, özgür ve sonsuza dek vahşi.

www.ingramcontent.com/pod-product-compliance
Lightning Source LLC
Chambersburg PA
CBHW011729020426
42333CB00024B/2813